소설 FAQ

장일구는 서강대학교 국어국문학과를 졸업하고 같은 대학원에서 현대 소설 이론을 전공하여 박사학위를 받았다. 1996년 조선일보 신춘문예 문학평론 부문에 당선되어 등단하였다. 현재 전남대학교 국어국문학과 교수이다.
최명희의 소설 『혼불』에 관심하여 저서 『혼불읽기 문화읽기』, 『혼불의 언어』, 『서사+문화@혼불_α』 등을 냈으며, 서사 공간에 관심하여 『경계와 이행의 서사 공간』, 『서사 공간과 소설의 역학』 등의 저서와 다수의 논문을 냈다.
요즈음 공간에 대한 관심을 확장하여 차원·인지·뇌·신경에 관한 과학적 성과를 공부하는 데 힘을 쏟고 있다. '문학 더하기'라는 표제를 걸고 문학의 조건과 변수를 탐구하는 과정의 일환이다.

소설 FAQ

인 쇄 | 2019년 8월 20일
발 행 | 2019년 8월 30일

저 자 | 장일구
발행인 | 정병석
발행처 | 전남대학교출판문화원

등록 | 1981. 5. 21. 제53호
주소 | 61186 광주광역시 북구 용봉로 77
전화 | (062) 530-0571~2 마케팅 530-0573
팩스 | (062) 530-0579
홈페이지 | http://www.cnup.co.kr
이메일 | cnup0571@hanmail.net

값 17,000원

ISBN 978-89-6849-652-3 (03800)

이 도서의 국립중앙도서관 출판예정도서목록(CIP)은
서지정보유통지원시스템 홈페이지(http://seoji.nl.go.kr)와
국가자료공동목록시스템(http://www.nl.go.kr/kolisnet)에서 이용하실 수 있습니다.
(CIP제어번호 : CIP2019032961)

NOVEL

소설 FAQ

장일구 저

전남대학교출판문화원

서

도나 동양 철학에 관심이 있으십니까?

서울 생활에 채 적응하지 못하던 대학 초년생 때, 종로 거리에서 대뜸 말을 걸어오는 이가 있었다. "도나 동양 철학에 관심이 있으십니까?" 나는 당시 동양학 공부가 유행하던 시류에 편승하여 펑유란馮友蘭의 『중국 철학사』를 탐독하고 라오쯔老子의 『도덕경』 원문을 강독하며 짐짓 동양 철학에 대한 관심이 깊었던 때이다. 귀가 쫑긋했다. 나는 물정 모른 채 그이(여자였는지 남자였는지는 가물가물하다)와 짐짓 도와 동양 철학에 대해 진지하게 얘기를 나누기 시작했다. 그런데 웬걸, 얘기가 조금 진전되기도 전에 나는 그 자리를 얼른 뜰 궁리를 하기 시작했다. 그 사람의 손아귀에서 벗어나는 데 힘이 제법 들었던 기억으로 미루어 어떤 마수에 된통 걸려들었던 듯 싶다.

같은 말이라고 다 같은 말이 아니다!

사소한 해프닝이었지만 나는 그 일에서 깨달은 바를 뜬금없이 공부하는 데 대입하였다. 표지가 같은 말이라도 그 말이 쓰인 맥락은 물론 그 말의 뜻을 지은 생각의 체계에 대한 이해를 바탕으로 의미의 계열을 재구하는 것이 긴요하다는 교훈을 얻은 것이다. 그래서 어떤 방법적 개념이나 사유의 결실에 접근할 때에 될 수 있는 한 그 계보를 추적하는 일에 주안하게 되었다. '소설'에 대해서 그러한 식을 적용하여 산출한 잠정적 결과가 이 책을 지은 바탕이다.

무슨 일이든 그러하지만 소설 연구를 업으로 삼던 순간부터 소설을 읽는 일이나 관련 이론을 탐색하는 일이 고역이 되어 버렸다. 좀 거리를 두고 소일 삼아 소설을 즐거이 접하기는 이제 꿈도 못 꿀 '일'이 되어 버린 것이다. 게다가 대학에서 소설론 관련 강의를 해야 하는 책무를 온전히 수행하기 위해서 이 '일'에 나름대로 최선을 다하다 보니 짐짓 소설과 거리가 좁혀진 대신 '상대'하기에 너무 밀착되어 버린 듯한 느낌마저 들곤 한다. 나는 더 늦기 전에 소설과 거리를 두지 않으면 안 되겠다는 생각을 우연찮은 계기에 하게 되었다. 언제 어떤 상황에서인지는 사실 기억조차 없다. 내 마음의 어떤 자리에 소설에 대해 구성한 생각의 코드들이 얽히고설켜 작화증처럼 내 생각의 도식 체계를 장악하여 내 마음을 컨트롤하고 있는지도 모르겠다. 여하튼 소설과 거리를 두려는 심산이 이 책의 동력원이 된 셈이다.

같은 이야기라고 다 같은 이야기가 아니다!

소설은 쉬울지 모르지만 소설 이론은 결코 쉽지 않다. 어쩌면 쉬운 것이 왜 쉬운지 밝히는 것이 어려워서 그런지도 모르겠다. 별스럽지 않은 의문에서 시작한 생각이라도 진전시키다 보면 난항에 부딪히기 십상이다. 그래서 더욱 소설에, 그리고 소설 이론에 거리를 조금 두어 볼 요량을 한 듯도 하다.

여러 방식을 궁리하다가 '소설 FAQ'라는 구성과 표제를 내걸었다. 사실 자주 묻는 물음에 답하는 방식인 'FAQ'라고 하기에는 구성과 얘기의 진전 방식이 '문답'에 가깝다. 그런데도 FAQ라 한 것은 소설에 대해 또는 소설 이론에 대해 꼭 알아야 할 개념과, 마땅히 물음으로써 오늘날 진전된 이론의 바탕을 이해하는 데 도움이 될 생각의 계열을 설명하고 있는 점을 감안해서다. 단편적인 문답으로 그치기보다는 개념에 개념이 더해지고 생각에 생각이 더해지면서 소설과 소설 이론의 계보와 현황을 조망하고 전망해 보는 시야를 제안하고 있어서도 '소설 문답(QnA)'과 같은 표제를 후보군에서 일찌감치 떨어뜨렸다. 사실 표제가 자질이나 내용을 전부 결정하는 것은 아니니 아쉬운 대로 이 책의 지향에 근사하다고 여겨 『소설 FAQ』를 내는 것이다.

이 책을 쓰기 시작하면서 소설론 수업의 교재로 쓰이면 좋겠다 싶었다. 소설 이론을 경로로 하여 인문학의 문에 들어서게 하면 어떨까 하는 욕심이 섞이기도 했다. 많은 이들이 이 책을 통해 생각의 여지를 열고 교양의 지평을 확장할 수 있으면 좋겠다는 '꿈을 꾸고도' 있다.

그런데 이 책의 구성이 그리 친절한 편은 아니다. 촌철살인 명징한 현문賢問과 현답賢答이 이어지지 않고, 때로 지지부진 맴도는 듯한 질문과 답변이 이어지는가 하면 선연한 답을 쉬이 내어 주지 않기도 한다. 어려운 듯 쉽기도 하며 쉬운 듯 어려운 내용이 꼬리를 물며 생각의 무한 루프를 돌게 하는지도 모른다.

실은 이해를 돕기 위해 용어를 따로 모아 명쾌한 뜻을 알 수 있도록 정리해 둘까 생각도 했지만 결국 그리하지 않았다. 기껏해야 매 답변 대목 끝에 해시-태그를 달아 주목할 말들을 추려 둔 것이 전부다. 인덱스라고 해야 해시-태그 붙은 말들을 찾아볼 수 있는 페이지 숫자를 정돈해 둔 것뿐이다.

그러니 이 책은 불친절한 구성에 맞추어 읽을 수밖에 없다. 개념을 규정하여 그 뜻을 알려고 하기보다는, 쓰이는 맥락과 정황에 견주어 이해하려고 하는 편이 수월할 것이다. 애초에 의미가 주어진 전문 용어를 대하지 말고, 소설에 관여된 어떤 현상을 이해하기 위한 방법적 개념을 대하기 바라는 의중이 없잖다. 소설의 이론, 서사의 이론을 정리한 입문서를 기획하고서는 고심을 거듭하고 초고를 여러 번 고쳐 쓰다가 문득 이와 같은 문답의 형식을 취하게 된 사연이 없지 않은 것이다.

찬찬히 읽어 가면서 소설의 여러 면면에 대한 이해를 확장해 갈 수 있도록 하였음을 어쨌든 염두에 두고, 자구에 얽매이거나 지식을 순차적으로 쌓으려 하기보다는, 이해의 구심점을 찾고 이를 거점으로 소용돌이처럼 생각을 확산시켜 나가는 식으로 읽는 편을 권한다. 심상한 생각이라도 이리저리 궁리하고 물음을 던지는 식으로 진전되는 이 책의 구성처럼, 여러 면들을 가로지르며 생각을 진전시키기를 바라는데, 모두들 그리할지는 모르겠다. 대체로 '개념·구성·인물' 장까지는 순조롭게 읽을 수 있을 듯하며 '시간' 장부터 난도가 급히 오르는 듯하다. '계보와 전망'은 상대적으로 수월하게 내용을 따를 만할 것이다. 난이도를 고려하여 장 사이를 이리저리 오가며 읽어도 좋겠다.

'지평에서'와 '더 나은 이해를 위하여'는 지식의 확장을 도모할 때 생각해 볼 만한 논점들과 더 볼 만한 텍스트를 제안하는 절이다. 너무 많은 것을 제시하여 되려 생각의 갈피를 흐트러뜨리는 일이나 본말이 전도되는 일이 생기지 않도록 그 수를 각각 넷으로 제한하였다. 물론 이 제안은 제안일 뿐 이를 다 수행하여야 하는 과제로 여기면 곤란하다. 또한 그 제안이 오롯이 모범적인 것만은 아니라는 점 염두에 두면 좋겠다. 여러분의 이해와 생각의 여지를 넓히고 지평을 진전시키는 데 이 책이 조금이나마 도움이 되면 바랄 나위 없다.

이 책의 초고를 강의 시간에 쓰면서 학생들의 피드백을 얻을 수 있었다. 특히 고은솔·김태완·서형하·임수민 네 사람의 도움이 크다. 대학원생들이 윤독하고 토론한 의견도 얻을 수 있었다. 김수연·문지환·서보영 세 사람이 기꺼이 도와주었다. 이들에게 고마운 마음을 전한다. 이들의 의견을 중계해 주고 교정 일을 도맡아 준 정미선 박사에게 특별한 감사를 전한다. 이제는 벗이 되어 신선한 자극으로 학문적 동력을 보태 주는 후배 오윤호 교수와 여지영 선생께 마음 깊은 우정을 표하며 함께하는 자리를 마련하리라. 출판 과정에서 각별히 마음을 써 주신 우리대학 출판문화원장 성승현 교수님과, 난삽한 초고를 아름다운 책으로 거듭나게 해 주신 출판문화원 여러분께도 감사 말씀 드린다.

처음 이 책을 기획했을 때 서연·서은 자매의 공부를 도울 요량도 있었는데 많이 늦어 버렸다. 이제는 이들이 읽어나 주면 고마울 일일 테고 함께 탐색할 세계가 앞에 열리면 좋겠다 하고서 마음을 다잡아 본다. 늘 내 책의 최고 독자이자 비평가인 김수인 선생의 일독만큼은 기대해도 좋으리라.

작년에 제자들에게 두툼한 책 두 권을 안겨 주시면서 서로 모일 자리까지 마련해 주신 이재선 선생님께 조금은 낯이 선 듯싶다. 감히 미치지 못하겠지만 따를 힘을 재삼 내어 본다.

부디 이 사차원 시공의 모든 이들이
소설과 같은 자유로운 차원을 찾기 바라며,

장일구 삼가……

차례

소설의 개념

Q 소설의 3요소로 '주제·구성·문체'를 꼽는데요, 워낙에 중학교 때부터 배운 것이라 왠지 미덥지는 않은 정보처럼 여겨집니다. 어떠한지요?

A 소설 이론의 주요 개념에 대해서 중·고등학교 교육 과정에서 다루는 내용이 제법 적확한 편입니다. 이를 다루는 수준에서 차이가 있거나 최근 이론의 성과에 비추어 낡았거나 오류가 있다고 지적되는 개념, 용어, 논점 등이 있지만 대체로 소설 이론의 주요 국면들은 중·고등학교 때 배우는 셈이지요. 그 가운데 소설의 요소에 관한 것이 특히 적확합니다. 이론가들이 상정하는 개념과 용어에 따라 차이가 있지만 이래저래 따져 보아 소설의 요소를 '제재·구성·담론' 정도로 정리할 수 있는데 자세한 것은 차차 얘기하기로 하지요.

사실 '주제·구성·문체'가 소설의 요소만은 아닙니다. 이들 셋은 요컨대 모든 글의 요소입니다. 글쓰기를 배울 때를 돌이켜 생각해 보세요. 글을 쓰기 위한 첫 과정인 구상 단계에서 무엇을 쓸 것인지부터 궁리하게 마련입니다. 이를 주제 설정이라 하지요. 그리고 주제에 걸맞은 글의 개요를 짭니다. 글의 구성 단계입니다. 구성을 바탕으로 글을 쓸 때에는 틀에 박히지 않게 멋진 글을 쓰려고 노력합니다. 남다른 문체를 구사하려는 것이지요. 이처럼 소설의 요소로 꼽히는 세 항은 일반적인 글의 요소라고 할 수 있습니다. 그래도 통상 소설의 3요소를 꼽을 때 쓰이는 것은 사실입니다.

#소설의 3요소

Q 구성의 3요소를 따로 꼽기도 하고 자꾸 헷갈리는 문제이기도 했어요…….

A 저도 그랬는데, 중학교 때 소설의 3요소와 소설 구성의 3요소를 배우면서 통상 구성 요소에 익숙하다 보니, 소설의 3요소가 무엇이냐 하고 물으면 구성의 요소인 '인물·사건·배경'이라 답하여 틀린 답을 제시하기 십상이었죠. 이는 소설의 3요소인 '주제·구성·문체'의 한 요소인 구성의 요소에 관한 개념인 것이지요. 물론 이들 요소로 소설의 전역을 규정할 수는 없다는 점은 염두에 두어야 하며, 앞으로 하나하나 얘기하겠지만 이론의 진전에 따라 다른 개념들이 제시되고 있기도 하니 이 요소들만 금과옥조처럼 받아들여서는 곤란합니다.

#소설 구성의 3요소

Q 그렇군요. 그런데 늘 궁금하기도 하고 못마땅하기도 하고, 대체 소설이 왜 소설인가요? 상대되는 말이 대설인가요?

A 그러게요, 하필 소설小說이지요. 작을 소 자를 쓰고 말 설 자를 쓰는데, 언뜻 생각하기에 반대말이 대설일 것 같습니다. 실제 소설의 반대로 대설이라 얘기하는 이들이 없지 않습니다

만, 온전히 적절하지는 않습니다. 이를테면 소 자에 대 자를 대응시킨다면 설 자에는 문 자, 곧 글월 문 자 정도를 대응시켜야 온전히 상대되는 말의 조합을 얻을 수 있습니다. 대설이라는 장르를 주장하는 경우, 그 근거가 타당한지는 의문입니다.

'소설'은 소인배들이 지껄이는 소리라는 말이며 대체로 여항閭巷에 떠도는 황당무계한 이야기, 허탄虛誕한 가공의 이야기, 말하자면 판타지fantasy를 낮잡아 이르는 말입니다. 이는 요컨대 문인, 곧 사대부나 선비 같이 글을 읽고 쓰는 이들 입장에서 자신들이 즐겨 하는 '문' 그러니까 요즘 식으로 '문학'에 비할 바 없이 천박하기 십상인 이야기를 두고 일컬은 말이라 할 수 있습니다. 소설은 문학의 영역에 있는 것이 아니었습니다. 이를테면 사대부들이 즐기던 문학은 요즘과 같은 식이 아니라, 글자 그대로 글을 읽고 쓰며 배우는 수단이었습니다.

#소설 #문학 #소인배 #문인

Q 그런데 그것은 동양이나 우리 고전에 해당하는 경우일 텐데, 오늘날 우리가 아는 소설은 그렇지 않은 것 아닌지요? 서양에서 들어온 문학의 갈래인데 이렇게 대응시켜 번역어로 쓴 것이 온당할까요?

A 서양의 경우도 양상은 유사합니다. 오늘날 '소설'에 해당하는 장르는 서양의 '노블novel'에 상응하는 것입니다. 아니, 정확히 말해서 서양의 노블이 소설이며, 노블을 번역한 말이 소설이니 같은 것이라고 해야 옳겠군요. 노블이라 하면 새롭다는 의미를 안고 있는 말인데요, 이전에 비해 새로운 이야기 양식이라는 셈입니다. 말하자면 이전에 판타지 풍이던 이야기에서 벗어나 현실의 일을 이야기하니 전과 다른 새로운 이야기라는

심산이지요. 그 새롭다는 것의 자질은 대체로 '현실' 혹은 '일상'에 관한 것입니다.

근대의 개인은 스스로 '생각'할 줄 알며 자신이 세상의 주역이라는 깨달음을 얻었다 하여 이른바 '계몽적 자아'입니다. 그러한 개인이 직면한 현실이야말로 이야깃거리로 삼을 중요한 거점인 것이지요. 현실에 관여된 이야기를 하자니 일상에서 늘상 쓰는 수월한 말로 한 이야기를 글로 적는 편이 온당해 보입니다.

근대의 새로운 이야기 양식인 노블은 현실의 이야기를 일상의 언어로 이야기하는 것입니다. 꿈 같은 이야기나 이상향이 소환된 이야기가 아니며, 라틴어나 고상한 문어文語로 쓴 이야기가 아닌 것이지요. 노블은 이야기의 제재는 물론 이야기 전략(구성과 담론) 층위에서도 이전의 방식과 궤를 달리하는, 짐짓 새로이 거래된 이야기의 양상들을 아우르는 서사 양식의 개념으로 제시된 이름입니다.

그런데 새롭다고는 하지만, 기본적으로 일상에서 쓰는 말로 이야기를 지어 소통하면서, 공식적인 문학을 향유할 수 없던 이들이 문예적 욕구를 충족하던 수행과 다를 바 없는 것입니다. 그러니 소설이라고 해도 좋은 것이지요.

우리의 경우도 그 양상 면에서 다르지 않습니다. 대체로 조선 후기에 임병양란을 거치는 과정에서 민중의 위상이 높아진 측면이 이에 관여됩니다. 전란 와중에 민중은 의병을 일으켜 삶의 장은 물론 나라를 지켜 낸 주역이었습니다. 이에 대한 자부심을 바탕으로, 기존의 신분적 질서와 이념에 갇혔던 의식이

숨을 트게 됩니다. 자신들의 생각과 경험, 감정 등을 표출할 문예적 경로를 찾게 되는 것이 수순이지요. 그렇다고 해서, 배울 수도 없었고 배우기도 어려운 한문으로 지어진 시와 같은 장르를 택할 수 있었던 것은 아니지요.

좀 더 분방한 감성과 의식을 표현하기에는 자신들에게 낯선 매체와 방식을 선택하기가 수월치 않은 법이지요. 기존에도 자신들이 활용하던 문예적 소통의 매체와 방식을 택하는 편이 온당한 선택이 될 텐데요, 소설이 바로 그 선택지 중 으뜸이었던 것입니다. 제재나 구성 면에서는 허구일지라도 담론 면에서는 일상적으로 쓰는 말을 글로 옮기는 식이었으니 노블을 창안한 서양의 경우에 견주어 볼 수 있는 것이지요. 노블을 소설로 번역하게 된 유래나 연유가 어떠한지 여하와 무관하게 그 자질을 고려하고 보자면 번역의 함수적 경위가 적절하다고 할 수 있겠습니다.

#노블 #소설 #근대 #계몽적 자아 #일상 #현실

Q 소설하면 픽션, 그러니까 허구를 떠올리기 십상인데요, 일상적 이야기라고 하니 다소 어폐가 있어 보입니다.

A 허구라고 해서 시쳇말로 쓰는 허구라고만 여겨서는 곤란합니다. 허구를 전제로 소설의 개념을 따질 때의 '허구'는 단순히 허황한 가공의 것만을 가리키는 말이 아닙니다. 허구는 소설의 제재인 이야깃거리가 허구라는 뜻이기도 하지만 소설의 구성이 허구라는 뜻이기도 합니다. 어떤 이야기도 이야깃거리만으로 이루어지지 않습니다. 적절히 구성되고서야 이야

기를 지을 수 있는 조건이 형성됩니다. 그럴싸한 이야기를 지을 수 있는 얼개를 우선 지어야 하는데 이러한 맥락에서 '개연적 허구'라는 개념이 비롯됩니다. 그럴싸하게 꾸며 이야기하는 것은 이야깃거리가 사실이든 허구이든 간에 이야기를 짓는 과정에서 늘상 구동되는 공정 같은 것입니다. 허구적인 이야깃거리일수록 더더욱 그럴싸하게 꾸미는 공정이 정밀해지게 마련입니다. 거짓말을 거짓말처럼 하면 거짓말이 될 수 없다고 할까요, 거짓일수록 짐짓 사실처럼 말한다는 점을 떠올려도 좋겠습니다.

관건은 사실이냐 허구냐 하는 식으로 어느 한쪽을 편드는 데 있지 않고, 사실과 허구 사이의 함수라고 할까요 아니면 장력이라고 할까요, 이야기의 효과를 고려하면서 최적의 이야기 구성을 짓기 위해 둘 사이의 관계를 적절히 조율할 수 있도록 하는 데 있습니다. 사실에 근사한 이야기가 효과적인 맥락도 있고 허구로 꾸민 이야기가 효과적인 맥락도 있습니다. 요구되는 맥락에 걸맞은 이야기를 구성하는 것이 관건이 되는 셈이지요. 특히 이 문제는 역사와 소설의 관계에 대한 물음을 유발하는 것이기도 합니다.

#허구 #픽션 #개연적

Q 역사와 소설의 관계라……. 그러고 보니 역사적 사실의 진위를 논할 때 이를테면 '소설 쓰지 마라.'는 식의 표현이 있는가 하면, 믿기지 않을 만큼 충격적인 일이 벌어진 상황을 두고 소설 같은 일이라고 하지요. 역사는 사실이고 소설은 허구인데 관계에 대한 물음 자체가 어불성설은 아닌가요?

역사와 소설의 관계는 늘 상대적인 관계로 설정됩니다. 상대적 관계라면 공통분모가 있을 때 설정해야 의미 있는 값을 얻을 수 있을 텐데요, 역사와 소설의 공분모는 서사 양식이라는 데 있습니다. 유사한 양식이지만 그 목적이나 목표 효과, 내용 등이 대비 관계에 놓인다고 할 수 있는 것이지요. 소설을 소설이라 한 점이 실은 사서나 경서에 비해 열등한 자질을 안고 있다는 생각에서 비롯되었음을 고려하고 보면 그 차이가 분명해 보이며 둘을 변별할 때 그 위상에 대한 생각이 어떠한지 엿보기 어렵지 않습니다. 역사는 역사, 소설은 소설이라는 것이지요. 그나마 소설이 역사를 제재로 하는 등, 역사적 사실이나 진실에 근사할수록 그 가치를 인정할 수 있다는 생각이 이에서 비롯되기도 하는 듯합니다.

그런데 이와 관련해서 아리스토텔레스Aristotle가 제기한 견해에 주목해 볼 만합니다. 그가 문학에 대해 논한 책이 '시학'이라 번역되는 『포에티카Poetika』인데요, 이 책에서 '시'로 번역되는 말은 '문학'에 상응하는 것이며 주요 논의 대상은 그리스 비극입니다. 내용을 따지자면 '비극론'쯤 되는 셈이지요. 비극과 서사시의 차이에 대한 논의가 뒤에 덧붙는 식으로 구성된 만큼 이를테면 서사 장르에 대한 논의를 펼친 셈입니다.

이러한 맥락으로 문학에 대한 논의를 펼치면서 모두冒頭에서 전제처럼 제시한 것이 역사와 문학의 차이에 관한 생각입니다. 바로 "역사는 사실을 기술하고 문학은 사실 너머를 기술한다."라고 한 것입니다. 뉘앙스를 살펴 이해하자면, 역사는 사실을 기술하는 데 그치지만 문학은 사실만으로 드러낼 수 없는 당위적 세계를 기술할 수 있다는 식으로 받아들여도 좋습니다. 아리스토텔레스는 과연 역사보다 문학의 가치를 높게 본 것이지요. 다만 이를 돌려 생각해 보면, 당위적 세계를 기술할 경우에만 문학의 가치를 인정할 수 있다는 생각이 내포된 것이기도 하지요. 그가 다른 장르보다 비극에 주목하였고 특히 소포클레스의 비극에 주목한 것은 이러한 전제적 생각의 단서를 반증합니다.

#역사 #문학 #역사와 문학 #문학과 역사 #아리스토텔레스 #시학 #비극

Q 그렇다면 역사보다 소설이 우월한 양식이라고 이해해도 좋은지요?

A 아리스토텔레스 입장에서라면 그러한데, 구성에 관한 장에서 더 얘기할 맥락이 있겠지만, 여하튼 리얼한 세계에 가치의 중심을 둔다면 소설이 되려 역사보다 우월할 수 있는 것이지요. 사실을 넘어선 당위적 실재의 세계! 실재 곧 리얼real한 것은, 실제 곧 액추얼actual 또는 팩추얼factual한 것이 아니라는 점을 유념해야 합니다. 아리스토텔레스 철학의 기본적인 입장이 리얼리즘의 맹아萌芽일 텐데요, 사실을 있는 그대로 제시하는 것이 아니라 실체 혹은 본체에서 멀어진 현상이나 개체에 내재한 본연의 형상에 상응하는 실재 형상을 제시하여야 한다는 생각이 그 벼리입니다.

역사가 현상적 팩트를 기술하는 서사 양식이라는 점은 이러한 입장에서 보건대 한계로 지적될 수밖에 없습니다. 사실을 기술할 수밖에 없는 역사의 양식상 한계를 문학은 넘어설 수 있다고 보는 것입니다. 사실에 구애됨 없는 범위의 것을 기술할 수 있는 문학의 장점을 살려, 현상이나 현실에서는 구현되지 않은 실재를 문학적 형상으로 구현할 수 있다고 보았다고 할 수 있겠지요. 이는 우열을 따지려는 의중이 개입했다고 이해하기보다 역사 못지않게 문학이 의미심장하게 담당할 수 있는 영역이 있다는 점을 강조하려는 의중에서 비롯된 생각이라고 하겠습니다. 방편적 양식에 불과한 단말의 매체를 두고 어느 편이 더 우월하다는 식으로 이해의 향배를 결정해서는 곤란하다는 생각을 앞세워 하는 편이 온당해 보입니다. 다만 역사와 문학이 각각 담당하는 역할이 있으며 그중 문학이 담당할 역할이 실재의 기술이라는 점만큼은 분명히 해 둘 필요가 있겠습니다.

#리얼 #실재 #현상

역사와 문학이 서사 양식이라는 공분모를 지니지만 사실 영역의 세계를 기술하는 데 쓰이느냐 당위 영역의 세계를 기술하는 데 쓰이느냐에 따라서 각각의 역할이 구분될 수 있다는 얘기로 정리하면 되겠군요. 그런데 여태 여기에서도 그러했듯이 이야기라고도 하고 서사라고도 하는데요, 서사라 하면 좀 더 폼나는 말처럼 느껴지는데 둘을 같은 개념으로 받아들여도 좋은가요? 아예 외래어처럼 내러티브라고도 하지요. 내러티브가 있네 없네, 내러티브가 약해서 소설로서 미흡한 구석이 있네 하는 식으로 평가하는 경우들이 종종 있던데요.

흔히 혼용해서 쓰이고 있으며 그리해서 크게 문제가 있는 것은 아닙니다. 다만 그 용례들이 현상 자체에 관한 것이라기보다 현상을 어떻게 이해할지 방법적인 전제에 관한 것이라고 볼 여지가 있습니다.

말을 좀 어렵게 했는데요, 세상에는 '이야기'에 관련된 현상이 여럿 있습니다. 신화, 전설, 민담 등 이야기의 원형에 관여된 것부터 오늘날 소설이나 영화, 나아가 디지털 게임 등에 이르기까지 이야기에 관련된 현상을 확인할 수 있습니다. 각각의 현상은 고정된 형태의 텍스트로도 주어지지만 유동적인 변주에 부쳐지는 텍스트로도 드러나는 만큼 고정불변의 실체로 전제하기 어려운 것이 사실입니다. 짐짓 이야기에 관한 현상은 워낙 소통에 부쳐질 때에 모습이 드러나기 십상입니다. 이야기란 혼자서 할 수 있는 것이 아니라는 점을 재삼 돌이켜 볼 만한 것이지요. 이야기 현상은 인간의 의사소통 현상 가운데 으뜸입니다. 그만큼 대화적 상황을 전제로 그 양상을 살피는 방편을 세우는 것이 적절합니다. '서사narrative'는 이러한 방편에 관여된 방법적 개념으로 상정되는 것입니다. 시쳇말의 용례와는 차이가 있는 만큼 맥락에 주의할 필요가 있는 셈이지요.

이를테면 서사가 있다 없다 하는 식이나 서사가 약하다 하는 식의 표현은 방법적 개념으로 쓰이는 서사 개념과 무관한 것입니다. 어디에도 실체적 서사는 없습니다. 이야기에 관련된 현상을, 이야기라는 개념, 서사라는 개념으로 이해하고자 하는 방편이 있을 뿐이지요.

서사에 관한 이론이 특히 소설을 대상으로 삼으면서 눈에 띄게 진전되었는데요, 이는 소설을 통한 소통의 양상에 관한 논의가 서사 개념을 전제로 한 방법적 개념항들을 요구하였던 까닭입니다. 그만큼 소설은 이전의 이야기 장르들과 사뭇 다른 차원들로 이루어진 새로운 이야기 양식이었던 것이지요. 서사는 실체적 개념이 아니라 구성적 개념으로 이야기 현상을 이해하자는 방법적 전제입니다. 소설을 다른 방법적 개념으로 이해할 수 있지만 서사 개념 맥락에 넘길 때에는, 소설에 대해 소통의 회로에서 유동적인 의미를 산출할 수 있는 텍스트로 전제하고 그 의미망을 찾는 식으로 해석과 평가의 항배를 세울 필요가 있습니다.

#이야기 #서사 #내러티브 #구성적 개념

Q 요즈음 여러 방면에서 내러티브를 얘기하곤 하지요. 가령 영화에서도 내러티브를 얘기하고 서사 영화라는 장르도 따로 떼어 얘기하던데요. 만화도 게임도 시나리오 운운하며 내러티브에 대해 들먹이는 예가 있구요.

A 그런 경우도 '내러티브·서사'에 대한 상식적인 개념이 배인 용례에 해당합니다. 한 가지 '서사 영화'라는 장르에 대한 언급에 주목할 필요가 있겠군요. 기실 영화사를 보면, 영화에 서사 개념이 도입되면서 급속한 발전의 계기가 생겼습니다.

초기 영화는 요즘 식으로 보자면 동영상, 아니 글자 그대로 활동 사진[motion pictures] 수준이었습니다. 뤼미에르 형제가 처음 상영한 영화는 영화라는 말을 붙이기 민망할 정도로 단순한, 움직이는 사진의 연속체였습니다. 처음에는 관객들의 시선을 끌기에 적당했고 그들의 경이감을 불러일으킬 만한 획기적인 이벤트였지요. 그런데 신기함이란 곧 시들해지게 마련입니다. 관객의 흥미가 떨어질 수밖에 없는 단순한 영상만으로 영화의 흥행을 이어 갈 수는 없었던 것이지요.

그래서인지 영화를 통해 극적인 장면을 연출하기 시작합니다. <달나라 여행> 같은 영화를 보면 연극을 카메라로 찍어 스크린에 투영하여 보이는 것만 같습니다. 미장센이나 연기 연출 등 대체를 보면 연극이나 마찬가지인 것이지요. 요즈음 우리가 선뜻 떠올리는 영화와는 표현 범위나 표현의 방식이 사뭇 다릅니다. 연극 영화였던 것이며 실상 영화라고 부르기에는 미심쩍은 구석이 보이는 것이지요.

한계에 봉착할 수밖에 없던 영화에 새로운 가능성이 생기게 된 것은 극에 불과했던 영화를 서사 양식으로 전환하려는 모색에서 생겼습니다. 문학을 전공했던 그리피스David Wark Griffith는 디킨즈의 소설에서 영감을 얻어 영화에 서사적 자질을 부여할 방법을 창안하게 됩니다. 동시에 진행되는 사건을 서술하는 소설의 병치 기법에 착안하여, 영화 필름의 숏shot들을 편집해서 서사적 효과를 내는 영화 기법을 창안한 것입니다. 숏은 그 자체로 아무런 이야기를 자아낼 수 없지만 이들을 편집하여 이야기 선을 지을 수 있는 것이지요. 이로써 영화는 단순한 활동 사진이나 영상으로 재연한 극 수준에서 벗어나 영상으로 서술한 소설의 수준에 이를 수 있게 됩니다. 이른바 서사 영화의 탄생, 혹은 영화라는 새로운 서사 장르의 탄생이 이루어진 셈이지요. 영화가 장편화 되는 계기도 이로써 생겼습니다. 인종 차별을 조장하는 극우 이념에 대한 옹호가 문제이지만 그리피스가 연출한 <국가의 탄생>이 기념비적인 영화인 것은 사실입니다.

이런 맥락을 고려해 보면, 영화가 서사라는 것은 영화가 소설과 같은 이야깃거리를 다루는 것이라서라기보다, 서사의 구성이나 담론 면에서 소설의 기법을 적용하여 서사적 소통에 부쳐질 수 있게 되어서라고 하는 편이 옳습니다. 극에서도 서사극episches Theater이 있지요. 브레히트Bertolt Brecht가 극적인 몰입에 기반을 둔 아리스토텔리안 드라마 대신 서사극을 제안한 것은, 관객들이 극적 상황에 대해 거리를 둠으로써 성찰의 계기를 얻을 수 있도록 하는 데[Entfrämdungseffekt] 기본 입장이 있습니다. 서사는 다른 무엇보다, 사람들이 세계를 이야기에 비춤으로써 돌이켜 생각하고 성찰하여 얻은 의미와 가치 따위를 다른 이들과 나누는 특별한 소통의 한 방식이라는 점을 기억해 두면 좋겠습니다.

#서사 #내러티브 #영화 #뤼미에르 #그리피스 #영화 기법 #서사극 #브레히트

Q 요는 서사 개념을 거리 두기 정도로 이해하면 될까요? 그래도 일반적으로 이야기에 상응하는 한자어로 늘상 쓰는 서사의 개념대로라면 혼동할 소지가 있거든요…….

A 일상에서 하는 이야기라도 실은 '거리 두기'의 자질을 안고 있습니다. 이야기의 속성은 대화를 전제로 한 상황에서 파생됩니다. 경험이나 생각은 물론 감정을 표현하여 대화의 장에 부칠 때에는, 떠오르는 대로 혹은 치미는 대로 곧바로 표출하여서는 곤란한 상황이 연출되기 십상이지요. 그래서 일반적인 상식으로 진전되는 대화에 이야기를 부치자면 재차 삼차 생각의 여과를 거치고 상대방의 정황 등을 고려하는 일부터 먼저 하게 마련입니다. 자기 감정과 생각만을 고집하고서는 대화의 장, 이야기의 장이 진전될 수 없는 법이지요. 감정을 표출하는 것과 표현하는 것은 차이가 있습니다. 좀 어렵게 얘기하자면 표출은 즉자적卽自的인 방식의 행위이고 표현은 대자적對自的인 방식의 행위입니다.

화가 난다고 버럭 소리를 지르는 것과 에둘러 하는 말로 화가 났음을 전하는 것은, 드러내는 방식의 차이도 크지만 상대방에게 전해져 상대방의 마음을 움직이는 양상도 그 차이가 클 것입니다. 슬프다고 무조건 울음을 터뜨리는 것이 능사는 아니듯이, 사람들은 감정을 생각으로 다스려 말로 표현하고 이야기함으로써 남들의 공감을 더 잘 부를 수 있다는 점을 경험을 통해, 또한 다른 사람들의 이야기를 통해 잘 알고 있습니다. 표현은 이야기이며 이야기는 대화이며 대화는 나누어 공감을 부르는 수행입니다.

#거리두기 #이야기 #대화 #공감

Q 서사와 대화의 관계라, 그러고 보면 누군가 소설을 대화 장르라고 했다는 얘기를 들은 기억이 얼핏 떠오릅니다만…….

A 예, 미하일 바흐친Mikhail Bakhtin이 소설의 장르적 특성을 대화적 자질로 설명하는 논의를 폈지요. 촌철살인과도 같은 적절한 논지입니다. 이야기는 대화를 통해 소통되는 것을 전제로 합니다. 혼자서 노래를 읊조린다고 해서 이상할 것 없지만, 상대방 없이 이야기를 중얼거리는 것은 당찮은 일이지요. 아무리 좋은 이야기라도 읽거나 듣는 이가 없으면 무미한 독백에 그쳐 본색이 바래게 마련입니다. 좋은 이야기일수록 나누어야 제맛인데, 이때 이야기는 성원들을 어우러지게 합니다. 나누고 어우러지는 장에서 비로소 완성되는 이야기는 이처럼 대화적 자질을 안고 있습니다.

일방적인 전언傳言message에 그치고서는 이야기가 온전히 이루어질 수 없다는 사실과 궤를 같이하여, 이야기는 무엇보다 삶의 다면과 다층을 돌이킵니다. 삶의 체험을 나누기로 따지자면 이야기만큼 수월한 방편이 없습니다. 대화의 장으로 이관된 서사의 국면이 다양한 삶의 면면을 옮기고 바꿔 짓는 양상을 띨 것은 자명합니다. 이야기를 주고받노라면 성원들 서로의 삶의 결이 축적된 서사의 층이 두터워질 것도 분명하지요.

그러다 보면 각양의 생각과 목소리가 혼재하여 어우러지는 담화가 펼쳐지게 마련입니다. 서로 생각이 다르고 세계에 대한 태도가 다른 이들 사이에 조성되는 갈등이라도, 이를 표현하고 중재하는 효력이 이야기에서 발휘됩니다. 얽히고설킨 감정의 골이나 이념적 단층斷層을 그대로 두고서야 삶의 안정을 도모하기 어려운 법이지요. 단적인 대립으로 빚어진 마음의 상처를 메우고 봉합하여 새살을 돋우는 역할을 하니, 이야기는 치유의 효험도 발하는 것이 보통입니다. 갈등을 그대로 두고서야 삶의 온전함을 추구하기 힘들 것은 말할 나위 없으니, 이야기는 세계의 온전한 상을 구성하는 데 중요한 기제로 작용합니다.

그래서 이야기는 나누어 푸는 것이 본색입니다. 현실에서 억눌린 열망을 투사하고 맺힌 고를 풀어 삶의 새로운 장을 구축하는 계기를 이야기를 통해 조성할 수 있습니다. 사람 사이에 얽히고설켜 맺힌 갈등의 난마亂麻를 푸는 일 또한 이야기의 장에서 이룩되곤 하지요. 현실에서 풀기 힘든 문제일수록 좋은 이야깃거리로 변주될 가능성이 이런 맥락에서 빚어집니다. 사실과 허구가 어우러진 가상의 서사 세계에서라면, 삶의 구석구석에 산재한 갈등을 해소할 수 있는 국면을 빚을 수 있는 것이지요. 꼬이고 맺힌 대립적 관계를 이야기를 통해 풀려는 대화의 원리가 서사의 원리로 수렴되는 것은 이와 맥을 같이합니다.

따라서 이야기의 장에서는 성원들이 서로 어우러짐으로써, 불평등 구조로 점철된 현실의 제약에서 벗어나고자 하는 열망이 분출되며, 그 열망의 구현을 돕는 기제가 역동하게 마련입니다. 권위적인 서술자나 주도적 인물의 일방적인 목소리만 불거져서는 이야기의 대화적 본질을 구현할 수 없습니다. 이야기를 나누어 풀어야 할 상황에서 누군가 큰 소리를 내어 좌중을 압도하는 일이 벌어져서는 온전한 소통의 장이 형성될 수 없는 법이지요. 이야기에 연루된 이들의 생각이나 감정, 체험 등을 고루 담을수록 좋은 이야기입니다. 주제의식이나 이념적 태도를 분명히 하여 누군가의 편을 들어주는 이야기라고 해서 나쁠 것은 없지만, 이야기의 대화적 본질을 염두에 두는 터라면, 각양의 사상과 각색의 정서를 다채롭게 기술함으로써 드넓은 소통의 장에 부친 이야기에 비할 바 아닙니다. 이야기가 삶의 다면과 다층을 조망하도록 돕는다는 점을 재삼 돌이켜 보아도 좋을 것입니다.

이제 소설의 요소에 대해 얘기하기로 하지요. 구성, 인물, 시간, 공간, 담론 등에 대해 차례로 얘기하고, 소설의 계보와 전망에 대한 얘기를 하면서 마무리할 생각입니다. 대체로 구성과 인물에 대해서까지는 크게 어려움이 없을 것입니다. 소설의 계보와 전망에 대한 얘기도 수월하게 이해할 수 있을 듯합니다. 이들에 비해 시간·공간·담론에 대한 대목을 어렵게 느낄 수 있습니다. 그래도 이 책을 통해 소설 이론의 심층에 제법 수월하게 다가설 수 있기를 바랄 따름입니다. 관건은 어려운 것을 익혀 생각의 지평을 넓히려는 여러분의 지향에 있겠지요. 여기서는 소설의 이론, 혹은 서사 이론에 관해 기본적으로 알아야 하거나 자주 질문을 받아 답하여 왔던 방법적 개념과 술어technical terms에 대한 얘기를 주로 하고, 좀 더 진전된 해석의 실제에 대해서는 다음을 기약하기로 합니다.

#대화 #대화 장르 #바흐친 #이야기 #소통 #어우러짐 #풀기 #치유

지평에서

❶ 이른바 논픽션(nonfiction, 수기·실화)이라 이름 붙은 책(글)을 찾아보자. 이들에서 사실에 해당하는 부분을 몇 골라서 읽고 어느 정도 사실적인지 곰곰이 따져 보자.

❷ 이규보의 「동명왕편_병서」를 읽되 특히 그 서문의 논지를 잘 따져 읽어 보자. 서문의 생각을 염두에 두고, 동명왕의 신이한 행적을 노래한 이 서사시를 진중하게 읽어 보자. 문학적 서사의 역할에 대한 혜안을 얻게 되는가? 참고로 주옥같은 이규보의 글은 한국고전번역원 웹사이트*에서 쉬이 얻어 읽을 수 있다.

(* http://db.itkc.or.kr/inLink?DCI=ITKC_BT_0004A_0050_010_0010_2000_001_XML)

❸ 임철우가 쓴 '5·18 광주민주화운동(광주민중항쟁)'과 관련된 소설(『달빛 밟기』, 『봄날』 등)을 찾아 읽어 보자. 「곡두 운동회」나 「아버지의 땅」도 읽어 보자. 이를 중심으로 역사와 소설의 관계에 대해 분석적으로 생각해 보자.

❹ 워쇼스키 형제가 연출한 영화 〈매트릭스〉 시리즈를 감상해 보자. 우리가 사실이라고 수긍하는 현실 세계는 짐짓 자명하게 주어진 사실인가, 그렇다면 그렇다는 증거는 어디서 찾을 수 있는가?

더 나은 이해를 위하여

- 지난 일주일 동안 있었던 일 가운데 가장 기억에 남는 것 하나를 정해 그에 대해 낱낱이 서술해 보자. 쉬운가? 어려운가? 왜 그러한가?
- 지난 일주일 동안(안 되면 한 달 동안) 벌어진 사건 가운데 사람들의 이목을 끌었던 사건 하나를 택하여 관련된 기사나 보도문을 최대한 많이 수집하라. 그리고 그들을 서로 비교해 보라. 그 결과를 정리하고 그 과정에서 드는 생각을 기술해 보라.
- 츠베탕 토도로프 지음, 최현무 옮김, 『바흐찐: 문학 사회학과 대화이론』, 까치, 1987.
- E. H. 카 지음, 길현모 옮김, 『역사란 무엇인가』, 탐구당, 2014.

소설의 구성

Q 소설의 구성 하면 '스토리' 아닌 '플롯'이라고 하는 것이라 알고 있습니다. 특히 현대 소설의 구성은 스토리 아닌 플롯이라고 배웠던 것 같은데요…….

A 잘 알고 계시군요. 이는 영국의 소설가 포스터E. M. Forster가 소설의 양상에 대해 강의하면서 제시했던 구성 개념으로 알려져 있습니다.

포스터는 소설이 단순히 스토리story를 제시하는 데 그치지 않고 플롯plot을 제시한다고 전제합니다. 사건을 시간 순서에 따라 이야기하는 것은 스토리에 불과하지만 소설은 인과적 관계에 따라 이야기를 제시하는 플롯을 따른다는 것입니다. 예를 들어 '왕이 죽고 나서 왕비가 죽었다.'라고 이야기하면 스토리이고 '왕이 죽고 나서 이를 슬퍼한 왕비가 죽었다.'라고 이야기하면 플롯이라는 것입니다.

이러한 스토리와 플롯의 구분은 현대 소설에서 제재보다 구성이 중요한 요소라는 점을 강조하였다는 면에서 의미심장한 단서를 제시하였다고 할 수 있지만, 그 논의의 디테일이나 심도 면에서 전적인 가치를 인정할 만한 수준은 아닙니다. 특히 인과성 개념과 시간성 개념의 심층을 이해해야 하는데, 포스터의 생각은 단서나 전제 정도의 논의를 한 수준에 그치므로 딱 그 정도 선에서 의의를 인정하는 편이 온당해 보입니다. 단적으로 시간은 가장 비근한 인과성 개념이라는 점을 염두에 두어도 좋겠군요.

기실 플롯 개념의 원조는 인문학의 개념들 대개가 그러하듯이 아리스토텔레스가 제시한 것입니다. 그가 제안한 '뮈토스mythos'가 곧 플롯 개념입니다. 앞서도 얘기했듯이 아리스토텔레스는 당대 그리스 문학의 전범典範으로 비극을 꼽았습니다. 비극이야말로 인간의 그릇된 마음을 돌려 선한 의지를 북돋워 줄 수 있도록 돕는 최적의 문예 장르라고 보았던 것이지요. 그렇다고 모든 비극이 다 같은 가치를 지닌다고 본 것은 아니며 그 가치의 차이를 뮈토스가 가른다고 보았습니다. '뮈토스'를 번역한 말이 '플롯'입니다. 말하자면 아리스토텔레스는 좋은 비극의 조건으로 좋은 플롯을 꼽았던 셈이지요. 가령 외디푸스 왕 설화를 제재로 한 수다한 극작들 가운데 소포클레스의 작품에 특별히 주목하게 되는 것은 특유의 플롯 덕이라는 애깁니다. 같은 이야기라고 해서 다 같은 이야기가 아니라고 할 수 있는 것이지요.

#포스터 #스토리 #플롯 #뮈토스

Q 플롯이 뮈토스에서 비롯된 개념이라니 흥미롭군요. 뮈토스라면 신화에 관련된 말일 듯한데 무슨 관련은 있는 것인지 아리스토텔레스가 제기했다는 그 개념의 내막이 궁금해집니다.

▲ 오늘날 우리가 접하는 신화는 정제된 언어 형태로 텍스트화된 형태입니다. 항간에 떠돌던 이야기가 일정한 형태를 입은 경우이지요. 뮈토스를 신화라고 이해해도 좋은 것은 그 자체로서 구성된 이야기라는 점에서 그럼직하다고 하겠습니다. 다만 아리스토텔레스가 쓴 개념에 그러한 의미 맥락이 개재되어 있는지는 확인할 바 없습니다. 다만 이야기에 관한 용례가 우리의 경우도 그러하듯이 제재와 구성 맥락에서 공히 쓰였던 것이고 이에 착안하여 비극의 의미와 가치를 평가하는 방법적 술어로 적용했을 테지요.

다행히도 아리스토텔레스는 플롯에 대해 먼저 정의해 줍니다. 다만 그 정의가 해설이라기보다 또 다른 해설을 요하는 의문 같은 것이지요. 플롯을 가리켜 '행위의 모방'이라고 정의한 것입니다. 이 말을 이해하는 것은 아리스토텔레스의 문학관을 이해하는 것에 상응한다고 해도 좋을 만큼 중요한 구심인데요, 여기에서 관건은 '행위'의 개념입니다. 이는 한 사람 한 사람의 개별적이고 실제적인 행동을 가리키는 것이 아닙니다. 이를테면 사람들의 행동거지를 아우르는 보편적 개념이거나 사람으로서 마땅히 해야 할 것에 상응하는 당위적 개념입니다. 아무런 행동을 모방해서 되는 것이 아니라 마땅히 귀감으로 삼을 만한 행위를 모방해야 좋은 문학의 전범이 될 수 있다는 심산인 것이지요.

이러한 전제에서 그가 비극의 가치를 고평한 맥락이 섭니다. 희극은 보통 이하 사람의 행동을 모방하는 데 비해 비극은 고상한 인물의 행위를 모방하기에 비극의 가치가 높다는 논리를 펼 수 있는 것이지요. 이를테면 희극에서는 보통 사람들에 비해 무엇이든지 급이 떨어지는 이들 개개의 생각과 행동을 희화하여 극화함으로써 단말적 쾌감을 유발하는 데 관전 포인트가 있습니다. 이에 반해 비극에서는 보통 사람들이 미치기 어려운 지위와 격조를 갖춘 고귀한 인물의 생각과 행동을 이상적인 표상으로 상정합니다. 이러한 이상적 인간상을 갖춘 이가 파국에 치닫게 되는 비극적 운명fate의 얼개를 짓고, 이에다 극적 디테일을 부여함으로써 비극 특유의 파토스(pathos; 파토스에 대해서는 뒤에 다시 얘기하기로 하지요)를 유발하는데, 비극의 관전 포인트가 여기 있습니다.

희극적 인물은 그가 벌이는 행동거지 하나하나에 우스꽝스러운 모습이 배일 때에 희화적 효과가 최적화되게 마련입니다. 일상적 혹은 상식적인 행동과 생각에 미치지 못하는 인물의 상황을 극화함으로써 보통 사람들로 하여금 자신보다 못한 이들의 모습을 낮잡아 보고 조소하는 즐거움을 주는 것이 희극의 성패를 결정짓는 관건이지요. 이러한 인물을 거울삼아 본받으려 할 리 만무할 터, 희극은 적어도 인간사의 귀감이 될 만한 면면을 모방하는 데 관심을 두지 않습니다.

이와 대조적으로, 비극적 인물은 보통 사람들에 비해 혈통이나 지위 면에서 우월한 이들로 설정됩니다. 보통 사람들로서는 감히 범접하기 힘들 만큼 고귀한 이조차 피해 갈 수 없는 파국이 펼쳐진다면 이를 목도한 이들의 마음에 불러일으켜질 비극적 반전의 효력은 커질 수밖에 없겠지요. 우월한 지위 못지않게 선한 의지와 탁월한 역량으로, 공동체를 위기로 내몬 문제

기-절정-결말'로 상정하고 그 구도를 이런 식으로 그려 설명하고는 하지요. 그림을 한번 보세요.

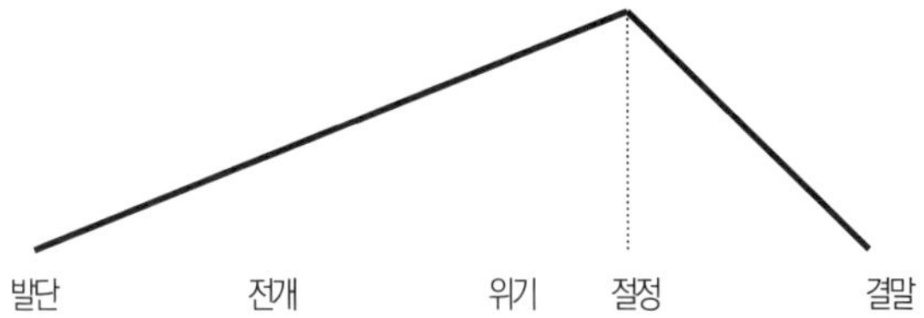

제법 잘 알려진 그림이지요. 소설의 구성을 설명할 때에도 자주 인용되는 그림입니다. 흔히 소설 구성의 5단계라고 하여 이렇게 도시圖示하면서 이해를 돕고는 합니다. 그런데 말이죠, 이는 원래 극의 구성을 설명하기 위해 극작가인 크레인이 제시한 그림입니다. 전통적인 극의 구성에 관해 아리스토텔레스가 제시했다는 것이 그 전제일 텝니다. 그런데 이러한 구성의 양상은 아리스토텔레스가 제시한 플롯의 전형에 온전히 부합하지는 않습니다. 결론부터 말하자면 그 구성의 양상은 다음과 같은 형태 정도로 도시할 수 있습니다.

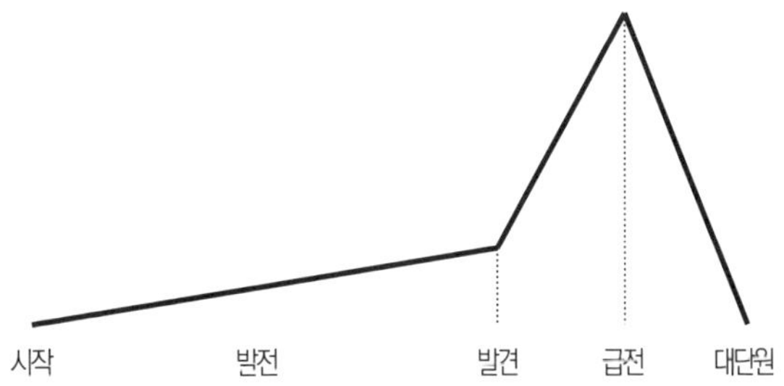

두 그림을 비교해 보시지요. 가장 큰 차이점은 결말에 이르기 전의 국면이 다르게 그려진 것입니다. 아리스토텔레스가 보기에 비극의 효과를 가장 잘 살리는 구성은 절정에 이르기까지 완만하게 전개된 형국에서 완만한 하강선을 긋는 식이 아니라고 생각하였던 듯, 실제 훌륭한 플롯에 미치지 못하는 사례로 저 앞의 경우와 같이 완만한 형국의 전환을 그리는 구성 양상을 꼽습니다. 물론 최악의 구성은 갈등의 단속이 빈발하여 급전 요소를 전혀 구현하지 못하는 삽화(에피소드episode)적 구성을 꼽습니다. 최선의 플롯이라면 위와 같은 형태로 도시할 수 있는 구성의 양상이어야 합니다. 이를테면 이렇습니다.

갈등을 유발한 요인의 실상이 감추어진 채, 극의 전개 과정에서 밝혀져야 마땅한 사건의 전말과 실체가 오리무중에 빠져 사건을 해결할 수 없을 지경에까지 이를수록 긴장감이 더해져 극적인 효과가 최적화되게 마련입니다. 극이 끝나갈 무렵이 다 되어 가기까지, 주인공의 문제 해결 노력이 무색할 정도로, 사건의 단서조차도 속 시원히 드러나지 않는다면 사건 자체의 전개에서 오는 긴장감 이상의 긴장감이 감돌 수 있는 것이지요. 어차피 이야깃거리는 잘 알려진 터고 여러 극 작품에서 공히 쓰이고 있는 까닭에 사건의 전개 과정에서 긴장감을 부르는 요인인 갈등 국면에 관여된 요소들은 일찍이 알려져 있습니다. 그만큼 그들에서 파생되는 긴장감과 흥미가 관건이 되기는 난망할 따름입니다. 대신 다 아는 사건의 수순이지만 이를 색다른 시각과 구도로 꾸며 뜻밖의 극적 상황을 조성함으로써 관객의 기대에 균열을 가하여 긴장감을 부르는 묘수를 택하는 편이

나은 전략이라 하겠습니다.

남다른 구성이 부르는 흥미는 이야깃거리가 색다른 데서 비롯하는 흥미 못지않습니다. 되려 처음 제시된 이야깃거리라도 구성 면에서 다른 이야기에 비해 다를 바 없다면 지속적인 흥미를 끌 수 없겠지요. 어차피 이색적인 이야깃거리라도 갈등 관계로 빚어진 내막을 정리하고 보면 흡사하거나 심지어 동일한 양태의 구조로 환원되게 마련일 텐데요 뭐. 그 구성이 밋밋하다면 이채로운 디테일을 붙이는 데 한계가 있을 수밖에 없으며 그렇다면 흥미를 지속시킬 동력원을 착장하기 곤란해지는 것이겠지요. 극적 긴장과 흥미를 발전하는 동력의 핵core은 구성입니다.

예를 들어 외디푸스 왕의 운명은 관객에게 다 알려진 이야깃거리입니다. 그의 태생에서부터 그가 수행한 영웅적 과업과 함께, 무고하게 범한 패륜과 이로써 그가 겪게 될 고통의 파국을 관객들은 다 알고 있습니다. 그렇다면 주인공을 둘러싼 사건이 어찌 전개될지 여하는 큰 관심거리일 수 없습니다. 그렇다고 다 아는 사건의 양상을 바꾸어 관객들을 놀라게 하는 것은 극에 대한 반응을 시쳇말로 복불복 판에 내모는 형국이 될 터라서 바람직한 방향은 아닐 것입니다. 그러니 원 이야기의 소스는 그대로 두고 다른 식으로 이야기를 꾸며 흥미를 유발할 방편을 짜야 마땅합니다.

한참 문화 콘텐츠에 대한 관심이 우후죽순처럼 번질 때에 유행어처럼 떠돌던 말이 이른바 '원 소스 멀티 유스OSMU'였는데 그 원조격에 해당하는 개념이 아리스토텔레스의 생각에 담겼던 셈이지요. 같은 소스라도 다양한 방식으로 다채로운 결과를 낼 수 있다는 것은 삶의 장에서 흔히 경험할 수 있는 바이기도 합니다. 한정된 재료를 제각각의 구미와 격에 맞게 변주하여 색다른 맛을 빚으려는 시도들이, 삶의 여러 국면에서 창발적인 결과를 가져오는 수행의 중요한 구심임은 말할 나위 없습니다. 플로팅은 비단 비극과 같은 문학적 구성에서만 소용되는 것이 아니라는 얘기입니다. 얘기가 좀 샜는데 다시 아리스토텔레스의 생각으로 초점을 모으죠.

가령, 아리스토텔레스가 높이 평가한 소포클레스의 비극에서는 신탁을 받들어 나라의 위기를 부른 패륜아를 찾는 일의 진전이 매우 더디게 구성됩니다. 물론 그 자가 누군지 모르는 바 아닙니다만, 당사자인 외디푸스가 그 자의 정체를 알게 되기까지의 극적 진전이 좀체 의식되지 않을 정도로만 극화됩니다.

그러다 나라를 위기로 내몬 패륜의 당사자가 자신임을 외디푸스가 알게 되면서[발견] 갈등이 비로소 표면화되고 동시에 사건의 양상이 극점에 다다라 '급전'되는 국면에 이르게 됩니다. 그 결말은 이미 예고되어 있었던 터, 외디푸스가 자신으로서는 피하고자 했던 운명의 굴레에 걸려들어 되려 무구한 자신의 의지와 반대로 극악한 행동을 했음을 알고서 스스로 내걸었던 형벌을 수용하느냐 여부만 남습니다.

물론 그가 참혹한 형벌을 수용하는 이야기의 수순을 알고 있는 관객들로서는 그 이야기 결말 자체에서 오는 효과에는 무덤덤할 가능성이 크겠지요. 대신 급전 이후 극화된 영웅의 행위가 부른 파토스에 연민은 물론 섬뜩한 공포마저 느끼게 하는 극적 구성에 몸서리칠 법합니다. 정말 슬플 때에는 눈물도 나오지 않는 법, 저 고귀한 혈통의 영웅도 거스르지 못하는 신탁의 힘 앞에 범부凡夫들이야 어찌할 도리가 있겠습니까. 보통 사람들로서 마음을 다잡고서 선한 의지를 돌이키기 좋게 된 터이지요.

아리스토텔레스의 실재론적 사유의 체계를 염두에 두고 보면, 모든 사람들이 진리에 다가설 수는 없더라도 제 안의 참된 가치를 돌이킬 수 있도록 선한 의지를 돋우는 데 힘써야 한다고 생각했을 텐데요, 저러한 비극의 플롯은 선의 가치를 깨닫게 하는 데 최적화된 매체로 여겨졌을 게 분명합니다. 비극적 플롯의 효과로 꼽은 '카타르시스katharsis'는 이러한 맥락에서 이해해야 합니다.

카타르시스는 씻어 낸다는 뜻을 가진 말입니다. 흔히 '감정의 정화'라고 하여 굳이 씻어 낼 대상을 한정하여 이해하곤 하는데 맥락상 딱히 적절하지는 않은 듯합니다. 언뜻 생각하기에 비극은 슬프다, 슬프니 눈물을 흘리며 감정을 표출할 테고, 울고 나면 속이 시원해지는 느낌이니 감정이 정화된 효과가 나겠군 하고 받아들이기 좋을 듯도 합니다. 그런데 앞서 얘기했듯이 아리스토텔레스가 높이 평가한 비극은 사람들로 하여금 감정에 북받치도록 하여 감상에 젖게 하는 멜로 드라마가 아닙니다. 대놓고 언급한 것은 아니지만 감정의 도가니에 빠지게 하는 극만 있었다면 애초에 문학에 대한 논의를 시작하지도 않았을지 모릅니다. 스승인 플라톤이야 진리를 이데아 세계에 관여된 것으로 보고 이데아를 모방한 현실 세계를 다시금 모방하여 참모습에서 한참 멀어진 가짜 중의 가짜에 상응하는 문학을 쓸

모없다고 취급할 수밖에 없었겠지만, 아리스토텔레스는 훌륭한 플롯으로 지어진 비극 작품들을 접하면서 문학을 숫제 쓰레기처럼 버릴 것만은 아니라고 여겼던 모양입니다. 좋은 극은 인간의 참된 모습을 모방하여 당위적 가치를 드높이고 사람들로 하여금 선한 의지를 갖고서 삶을 이어 갈 수 있도록 긴요한 역할을 한다는 점을 통찰했던 것이지요.

#플롯 #구성 #구성 단계 #발견 #급전 #파국 #아리스토텔레스 #당위 #카타르시스 #외디푸스 #선한 의지 #플라톤 #이데아

Q 그렇다면 플롯은 비극의 구성을 일컬은 개념이라는 얘기인데요, 흔히 그렇게 생각하지 않고 소설 구성의 개념으로 플롯을 쓰잖아요? 소설의 구성이 플롯이고 플롯을 기준으로 소설 구성에 대해 평가하는 것이 일반적이지 않습니까? 다소 혼란스러운데요…….

A 맞습니다. 플롯 하면 소설의 구성 개념을 떠올리지 비극의 구성 개념을 떠올리지 않는 것이 상례입니다. 그런데 이는 분명 잘못된 매칭입니다.

플롯은 비극의 구성을 논급하기 위해 창안된 개념이 맞습니다. 이를 소설의 구성 개념으로 빌려 썼다고 하는 편이 온당합니다. 대체로 이 엠 포스터가 현대 소설의 변별 자질로 스토리 대신 플롯을 제시하면서 소설의 구성을 대변하는 술어로 정착된 듯한데요, 러시아 형식주의자들이 파불라fabula와 수제트sujzhet로 대별하여 현대 소설의 구성에 관한 개념을 제시한 맥락도 함께 고려할 필요가 있습니다. 파불라는 스토리에 수제트는 플롯에 대응되는 개념인 것이지요. 여하튼 소설은 단순히 사건을 시간 순차적으로 제시하는 데 그치지 않고 인과적 재편과 구조화를 통해 구성의 묘를 살려 제시하는 것이라는 점을 강조한 점이 공분모를 이룬다고 보면 되겠습니다. 그렇다면 이들이 제기한 플롯이나 수제트는 아리스토텔레스가 창안한 플롯 개념과 상관되지 않는 별개의 것으로 취급해야지 굳이 그 원조 격을 따져 모든 공을 아리스토텔레스에게 귀속시킬 이유는 없지 않을까 하는 생각을 해 봄 직도 합니다. 일리 있는 생각입니다만, 한 개념의 계보학이나 고고학적 탐색을 할 때에는 그 자질의 여러 관여적 국면을 살펴 계열체를 얻는 혜안이 필요합니다.

이를테면 플롯은 소설의 극적 구성 원리에 관한 개념 계열로 볼 여지가 생깁니다. 현대 소설이 전前 시대의 이야기 장르들과 변별되는 가장 중요한 포인트는 '현실'입니다. 신화에서부터 기사담에 이르기까지 이전의 이야기는 꿈과 환상에 투사된 사람들의 이상이 주축을 이루었습니다. 새로운 양식을 표방하여 이름부터 '노블'인 현대 소설[근대 소설]은 그와 달리 현실에서 출발하고 현실에 귀결되는 이야기를 기조로 삼습니다. 현실의 문제를 환상 세계에서 풀어 인간적 여망을 충족할 수 있었던 전대의 판타지 양식들과 달리, 현대 소설은 현실의 문제를 현실 세계에서 풀어야 합니다. 당연히 현실에서는 문제를 풀 길 없는 것은 물론 일이 진전될수록 문제의 진폭이 커지는 상황조차 빚어집니다. 종내 문제를 해결할 길이 없다는 파장에 이르는 수순을 현대 소설은 박진하게 이야기합니다. 개인의 의지와 노력이 현실의 벽 앞에 무색해지는 지경은 흡사 운명의 신탁 앞에 무력한 인간을 그린 비극의 정경과도 같습니다. 그래서 골드만Lucien Goldmann이나 루카치Georg Lucás는 현대 소설[근대 소설]의 저변을 '비극적 세계관'으로 설명하는데 이는 타당한 해석입니다.

그나마 희랍 비극의 시대에는 신탁에 순응할 요량으로 마음을 고쳐먹으면 자신에게도 닥칠지 모를 비극적 운명을 피해 갈 수 있었지만, 근대 소설의 시대에는 그렇게 가탁할 대상이나 문제 해결을 도울 힘을 기대할 수 없으니 비극도 그만한 비극이 없었을 겝니다. '나는 생각하므로 존재한다.'는 데카르트의 근대적 정언은 세상의 주역으로서 오롯이 설 수 있다는 기쁨에 들뜬 주체의 탄생을 보장하는 언설만은 아니었던 셈입니다. 현실을 비춘 이성의 빛은 생의 이면에 그늘진 구석을 짓는 원흉이기도 하다는 점을 소설이 이야기합니다. 현대 소설이 비극의 구성을 취할 수밖에 없는, 아니 나아가 비극적 구성을 최적으로 살려 쓸 수밖에 없는 수순이 빚어진 것입니다. 소설의 구성은 플롯이라는 등식이 온당한 맥락을 가진 셈이지요.

#플롯 #파불라 #수제트 #현대 소설 #근대 소설 #비극적 세계관 #골드만 #루카치 #데카르트

Q 그렇다고 현대 소설이 모두 그런 비극적 세계를 다루는 것만은 아니지 않습니까. 그렇다면 그런 등식을 일반화할 수는 없을 테고요.

A 옳은 얘깁니다. 현대 소설이 세상사의 비극적인 면모만 다루는 것은 아니지요. 되려 현대 소설[근대 소설]이 전 시대의 서사 양식들에 비해 차별화되는 지점은 세상의 다채로운 이야깃거리들을 취하여 다양한 방식으로 이야기한다는 점입니다. 비극적 세계를 이야기하는 데에는 비극적 구성인 플롯에 최적화

된 세계의 리얼리티를 살리는 방향으로 구성하는 것이 온당하겠지만, 그렇지 않은 이야깃거리를 비극의 플롯에 걸맞게 구성할 까닭은 없습니다. 그리해서는 되려 역효과를 내거나 잘해봐도 최적의 효과를 낼 수는 없을 테지요. 그러니 이야깃거리의 특징을 고려하여, 또한 이야기의 주제와 방향을 고려하여 적절한 구성 방식을 구상하는 편이 온당합니다.

소설의 구성 이퀄 플롯 하는 식으로 등식 관계를 세우고서 플롯에 걸맞지 않으니 구성이 잘못되었다는 식으로 평하는 태도는 바르지 않습니다. 플롯이 소설의 구성을 설명하는 데 소용될 개념이라면 비극적 세계관을 전하여 세계에 대한 문제의식을 극화하려는 리얼리즘 계열 소설의 구성에 부합하는 정도로 국한해야 합니다. 모든 소설의 구성을 설명하는 데 대입할 개념항이 아닌 것이지요.

#플롯 #현대 소설 #근대 소설 #비극적 세계관

Q 그렇다면 한정적인 플롯 개념 대신 무엇으로 어떻게 구성을 분석하지요?

A 금과옥조처럼 여기던 방법적 개념이 절대적인 기준이 아니라는 사실에 직면하고 보면 이를 대체할 다른 개념이 없는지 궁금해 하기 마련이며 그러한 규준적 개념을 찾지 못하면 그와 관련된 요소 자체에 대한 의구심이 생기게 마련입니다. 그런데 이렇게 생각해 보면 어떨까요. 애초에 소설의 구성을 평가할 규준이 있는 것이 아니며 소설의 여러 구성 양상을 간명하게 기술하기 위한 방편이 될 만한 개념을 추리는 과정에서 무릎을 칠 만한 개념이 눈에 띌 수 있는 것입니다. 그런데 그 보는 눈

의 방향이나 시야의 범위가 한정될 수밖에 없는 점을 고려해야 하는데 사람들은 대체로 그러하지 못하는 수가 많습니다. 그리고 될 수 있는 한 단순하고 간결한 개념 틀로 현상의 수다한 변이형들을 환원할 수 있기를 바라고 그런 환원적 개념을 더할 나위 없는 최선의 개념으로 수긍하기를 바랍니다. 얽히고설킨 난마를 단칼에 쾌도하는 무사의 모습, 얼마나 경쾌하고 멋집니까. 비평가나 이론가들, 혹은 선생·교수들 가운데는 저렇듯 폼을 과시하고자 하는 열망에 사로잡힌 이들이 적지 않은 모양입니다. ……, 각설.

소설은 다른 문예 장르에 비해 분방한 양식입니다. 이야기 자체가 그러하지만 소설은 이야기 방식의 일정한 틀이 정해져 있지 않습니다. 근대의 새로운 이야기 양식으로 부상한 소설은 형식에 얽매이지 않고 일상어를 사용하여 일상의 경험은 물론 무한한 상상에 이르기까지 제한 없는 이야기를 펼칩니다. 그래서 소설 자체가 한정된 경계 안에 갇히지 않습니다. 가장 최신의 문예 장르인 만큼 기존의 여러 문예 장르를 계승하기도 하고 그들과 절연하기도 하는 양상을 띠며 진전된 만큼 분방한 자질이 고양될 수 있는 셈이기도 하겠지요.

이런 맥락을 염두에 두고 보면, 소설의 구성을 해석할 일정한 개념 틀 자체를 전제하는 것이 온당치 않다고 할 수밖에 없습니다. 이야기의 얼개가 어떠한지 그 양상을 추론하여 소설 각 편의 구성을 이해하는 가늠자로 삼을 수 있겠지요. 물론 일정한 유형으로 계열화할 수 있는 여지도 있을 테니 그럴 경우 그에 걸맞은 구성의 양태를 재구할 수도 있을 것입니다. 그렇다고 해서 유형에 환원하기 위해 일부러 계열체들을 지으려 할 일은 아닙니다. 소설의 구성적 가치는 되려 고정된 틀에서 탈피하여 다각적인 이야기 양상을 빚는 데서 최적으로 산출되는 편입니다. 그러므로 구성의 형식을 일별하거나 구조의 요체를 간추려 정리하는 것보다 이야깃거리에 걸맞은 구성적 대응의 양태나 이야기의 효과를 최적화할 수 있는 구성의 역동적 양상을 해석하는 데 구성 논의의 초점을 맞출 필요가 있습니다.

#구성 #구조 #형식 #유형 #장르 #틀 #환원 #쾌도난마

Q 규준이 무색해진다면 구성 자체에 대해 논급하는 것 자체가 무의미한 것 아닌지요? 게다가 그저 막 써도 좋다면 짐짓 항간에 횡행하는 소설과 오늘날 문학 장르의 정점에 있는 소설이 다를 바 무엇인지 혼란스러워지는군요…….

A 일리 있는 얘깁니다. 규준이나 형식의 틀에서 자유롭다는 것이 다소 딜레마인 것은 사실입니다. 그렇다고 해도 가령 리얼리즘 계열의 소설이라면 비극적 구성에 걸맞은 형과 태를 취해야 한다는 점을 고려해 보면 구성의 규준 자체가 무의미하다고 할 수는 없습니다. 다만 그러한 계열의 소설이 아닐 경우까지 형식적 규준을 적용하여 구성을 논할 수는 없다는 얘기지요. 그런 경우에는 구성에 대한 논의가 그리 의미심장한 결과에 도달할 가능성은 낮습니다.

구성보다는 소설의 매체인 언어의 운용 양상에 대해 논의하는 것이 더 적절할 것입니다. 이른바 문체가 관건으로 떠오른다고 하겠습니다. 같은 구성이라도 어떻게 다르게 서술하는지, 혹은 구성의 틀에 얽매이지 않는 분방한 이야기를 어떤 양상으로 소통에 부쳐 이야기의 효과를 드높이는지에 대한 논점인 디스코스discourse, 즉 담론의 양상을 분석하는 것이 더 중요한 일이지요. 요즈음 소설의 성향을 염두에 두고 보자면 확실히 구성보다는 담론에 대한 논의에 집중할 여지가 큽니다. 학자들에 따라서 구성을 제재와 같은 개념 층위로 보기도 하는 것은 이러한 현황에 대한 통찰에서 비롯한다고 할 수 있을 것입니다.

특히 언어만 아니라 다른 매체 서사 양식과의 영향 관계를 고려하지 않을 수 없습니다. 오늘날 소설의 담론에 대한 논의는 더욱, 효과적 소통의 가능성을 확장하는 매체의 변수를 고려해야 할 여지가 커집니다. 이를테면 소설의 담론 문제에 관여된 문체를 논의하는 방향 또한 단순히 유형론이나 구조론에 머무르기 어렵다는 데 유념할 필요가 있는 것이지요. 이에 대해서는 뒤에 본격적으로 얘기하기로 하고, 다음 화제인 인물 얘기로 넘어가기로 하지요.

#구성 #디스코스 #담론 #매체 #규준 #틀

헤르메스의 교신*

한국인은 삶의 크고 작은 토막들을 통틀어서 '이야기'라고 했다. 그러면서도 더러 '사연'과 같은 뜻으로 쓰이는가 하면 아예 '말' 그것과 같은 뜻으로 쓰이기도 한 것이 곧 '이야기'다. 요컨대 '이야기'야말로 우리들이 가장 많이, 가장 긴요하게 주고받는 '말의 말'이다. 그것으로 한국인은 인생을 말하고, 인생을 풀이하고 인생에 매듭을 지어 나갔다.

'이야기'로 살고, 사는 것을 이야기 삼아 왔다. 최명희는 그런 뜻으로 받아들일 '이야기'를 말하는 출중한 '이야기꾼'이다. … (중략) … 그래 이 작가는 장단이며 사설에 걸쳐서 그녀의 고향 남도의 판소리 홍이며 기운을 이야기에 싣는 것을 절묘하게 연행演行해 보이고 있다. 판소리 양식이며 문체에다 여공女功의 극을 다한 이야기 풀이라고 한다면, 그녀가 소리하는 이야기꾼이라고 한다면, 전통적 이야기 곧 전통적 서사敍事가 오늘의 역사를 만나서 이룩한 최절정이 곧 『혼불』이라 해도 좋다.

위는 최명희의 소설 『혼불』에 부쳐 고 김열규 선생께서 촌평한 글의 일부로, 『혼불』이야말로 한국인 고유의 이야기 맥을 잇는 작품이라는 것이 그 요지이다. 많은 이들이 『혼불』의 전통성에 대해 언급하고 있지만, 이 촌평만큼 그 핵심을 언명하고 있는 예는 없는 것 같다. 『혼불』이 소설이라는 점, 소설이 이야기를 서술한 서사체라는 점을 고려하자면, 한국인의 이야기를 의미 있게 전승하여 구현하였다는 사실이 이 작품의 본질적 의의를 드러낸다고 할 수 있는 것이다. 이런 맥락에서, 독특하지만 낯설지 않은 그 이야기 방식을 이해하는 것이 『혼불』을 읽어 나가는 데서 핵심이 된다고 하겠다.

이를테면 일상에서 쓰는 '이야기'의 용법은 크게 두가지 정도다. 어려서 어머니께, 할머니께 들려 달라고 조르는 옛날 '이야기'며, 학창 시절 수업 시간에 공부하기 싫어서 선생님께 '이야기 하나' 해 달라고 떼를 쓸 때의 그 '이야기', 오래전 한참 인기를 끌었던 TV 프로그램 〈이야기 속으로〉에서 '이야기' 등, 모종의 사건이 있고 이를 적절히 각색하여 허구로 엮어 놓은 것 정도로 정의할 수 있는 '이야기'란 말이 그 첫째이다. 보통 '이야기' 하면 이런 용법으로 쓰는 말이며, 소설을 이야기 문학이다 서사 문학이다 하고 규정할 때도 이런 뜻을 염두에 둔 것이기 십상이다. 그래서 소설의 본질인 이야기 속성을 구현하기 위해서, 거기에는 인물간의 갈등으로 빚어진 사건의 추이가 드러나 있어야 한다고 여겨지는 것이 상례다.

그런가 하면, 미팅 자리처럼 처음 만난 사람들이 서로 서먹서먹해 하고 있을 때, 자리를 주선한 사람이 "야 뭐라고 얘기(이야기)들 좀 해라."라고 한다든가, 오랜만에 만난 친구끼리 "요즘 어떻게 지냈는지 이야기 좀 해 봐."라고 하는 데서는, '이야기'란 말의 용법이 앞의 경우와 다소 차이 있다. 이를테면 '담소'나 '말'이란 뜻으로 쓰이는 것이다. '이야기'란 말처럼 우리가 일상에서 자주 쓰는 말도 없을 것이다. 그렇게 일상적으로 쓰이기에 소설을 이야기 문학이라고 할 때에는 이런 용법과는 별반 관계없을 것으로 생각하는 게 보통이다. 확실히 소설이라고 하면 무엔지 그럴 듯하고 크나큰 의미를 담고 있는, 정말이지 '이야깃거리'가 되는 것이 있어야 한다고 여기기 십상인 것이다. 그러나 그럴싸하게 꾸민 흥미진진한 사건이 펼쳐지는 이야기의 용례에만 소설의 이야기 개념이 국한되지 않는다는 사실을 『혼불』이 극명하게 보여주고 있다는 것이, 바로 김열규 선생의 통찰이다.

삶의 자리 곳곳에서 터져 나오는 말, 제 인생을 넋두리하고 남의 영혼을 어루만져 주는 위로의 말, 서로의 생각을 나누어 갖는 말 하나하나까지 다 소설의 이야깃거리가 될 수 있다는 것이다. 혹 굵직한 사건이라 할 만한 이야기를 나누다가도 그 흐름에서 빗겨난 자잘한 얘기들이 끼어들곤 하는 것도 예사인 점을 염두에 두어도 좋겠다. 어쩌면 그런 지류支流로 흘러든 이야기들이 더 흥미로울 수 있을지 모른다. 이를테면 도도한 역사의 한 시대를 이야기할 때에도 그 줄기보다도 곁가지 쳐 나간 야사野史에 더 재미 붙이곤 하는 것도 일례로 들어 봄 직하다.

삶을 소재로 한 이야기, 아니 한결음 더 나아가 삶의 한 자리를 점유한 이야기, 그런 이야기를 전하는 것이야말로, 『혼불』 특유의

의의라는 생각이 바로 김열규 선생의 논지이다. 이를테면 소설이지만 여느 소설과 다른 양식이라는 얘기이다. "그런 뜻으로 받아들일 '이야기'" 가운데 표나게 뛰어난 것이라는 말이다. 앞서 전통성이라 했지만, 우리 이야기의 전통을 낡은 인습에 묶어 두지 않고, 혹은 전통적 이야기를 소재 차원에서 전승하는 데 그치지 않고, 그 이야기 내용과 양식의 본질을 통찰하고 이를 해석하여 소설로 구현함으로써, 고루해 보이거나 반대로 생경하게 느껴지지 않게끔 구성되어 있다는 것이다.

과연 『혼불』 서사의 자질은 사건의 추이推移를 전하는 데 있지 않고, 이야기를 찬찬히 풀어 내는 데 있다고 할 수 있다. 사실 따지고 보면, 하나로 주욱 이어져 쉼없이 전개되는 이야기가 어디 있겠는가 하고 의구심을 품을 법도 하다. 사건의 추이만 하더라도 그 시작과 끝이 한줄기로 내리 전개되는 예는 흔치 않을 것이다. 혹 그런 예가 있다고 하더라도 재미를 기대하기는 어려울 듯하다. 인물 간의 갈등으로 빚어질 사건의 발단이 있고 전개가 있으며 그 위기감이 고조되다가 종내는 대단원된다고 하는, 이른바 '플롯(이야기 구성)'의 단계는, 이야기의 구조, 즉 뼈대를 추려 정리한 것에 지나지 않을 뿐, 모든 이야기, 모든 소설의 구성상 자질을 대변하는 것이 아니다. 확실히 『혼불』이 플롯의 기본 모형과는 근본적으로 다른 구성적 자질을 지니고 있다는 점은, 이 작품을 일독해 본 이들에게 그리 낯선 사실이 아닐 테다. 어떤 비평가가 아예 "이야기 중심, 사건 중심이 아닌 소설 장르의 새로운 영토를 개척"했다고까지 논평하였던 것도 바로 이런 맥락에서였을 것이다. 물론 그렇다고까지 얘기하는 것은 다소 오해의 소지가 있다.

우선 '이야기'라는 말을 어떤 개념으로 이해하느냐 하는 데서 문제가 있을 것이며, 사건 중심이 아니기 때문에 소설 장르의 새로운 영역을 처음 열었다는 식으로 얘기하는 데도 분명히 문제가 있다. 아마도 그리 논급한 이는 소설의 구성 개념을 기본 모형에 국한시켜서만 이해하였던 듯하다. 그러나 사건의 전개 양상에 초점을 맞추지 않거나 사건 흐름의 맥을 달리한 대목들을 삽입하여 구성한 소설이 적잖이 있는 까닭에 『혼불』이 저러한 소설 구성의 양태를 개척했다고 하는 생각이 꼭 맞는 것은 아니다. 말 꼬투리를 물고 늘어지자는 것이 아니며 그 말을 논박하자는 것이 아니다. 다만 『혼불』을 좋게 말해서는 새로운 소설이라지만, 한편에서는 소설의 기본 요소나 기법을 갖추지 못한 생경한 작품에 지나지 않는다며 비판의 날을 들이대고 있다는 점을 염두에 두어, 이 점을 꼭 짚고 넘어가야겠다고 여겨서 하는 얘기다. 요컨대 『혼불』은 여느 소설의 기술 방식과 비교해서 새롭고 독특한 방식으로 이야기를 기술하고 있다지만, 아무런 맥락도 없이 툭 불거져 나온 작품은 아니라는 점을 의식하자는 얘기다. 앞서 김열규 선생의 언명에서도 잘 드러났듯이, 『혼불』은 사건 전개를 기술하는 데 초점을 맞춘 단선적單線的 구성 대신에, 삶을 '넋두리'하는 데서나 판소리 판에서 펼쳐지는 구성진 이야기 방식을 체현體現이라도 하듯 구사함으로써 특유의 구성적 자질을 이루었다고 하는 편이 온당하다.

— 『혼불읽기 문화읽기』(한길사) 중에서

* '헤르메스Hermes'는 그리스 신화에서 신의 언어를 인간의 언어로 해석하여 전하는 신으로 '해석학Hermeneutik'의 어원이다. 몇몇 개념에 관한 사례를 해석하여 제시하려는 '헤르메스의 교신'의 내용은 내가 쓴 저술의 일부를 인용하여 고쳐 쓴 것으로, 이 책의 성격을 고려하여 자세한 서지 사항은 생략하기로 한다.

지평에서

❶ 흔히 알려진 대로 소설의 구성 단계를 떠올려 보자. '발단-전개-위기-절정-결말'이라는 단계가 소설마다 잘 적용되는지 검토해 보자. 가령 김유정의 「동백꽃」이나 「봄봄」의 경우는 어떠한가? 황순원의 「소나기」의 구성은 어떠한가? 이들과 김동인의 「감자」나 현진건의 「운수 좋은 날」의 경우는 좀 양상이 다른가? 소설의 구성과 관련하여 비근하게 참조하는 구성 단계의 의의에 대해 짐짓 신중하게 생각해 보자.

❷ 위 ❶에서 찾아 읽은 소설을 두고, 플롯에서 파생된다는 파토스와 카타르시스에 대해 따져 보자. 「동백꽃」에서 그러한 국면을 발견할 수 있는가? 「소나기」에서는? 「감자」나 「운수 좋은 날」에서는 또 어떤가? 그 외에 찾아본 소설에서는 어떠한가? 혹 플롯에 부합하지 않는 소설을 찾지는 않았는가? 그렇다면 그 소설의 구성에 대해 어떻게 평가해야 할까?

❸ 이승우의 「미궁에 대한 추측」을 읽고 그 구성에 대해 생각해 보자. 이 소설은 과연 소설다운 구성을 갖추고 있는가? 이와 비슷한 국면에서 따져 봄직한 소설을 더 찾아보고, 소설의 구성에 관해 어떤 시사점을 얻을 수 있을지 궁리해 보자.

❹ 크리스토퍼 놀란이 연출한 영화 〈메멘토〉를 찾아 감상해 보자. 무엇보다 서사의 요소와 관련하여 살필 여지가 많을 것이다. 이를 바탕으로 소설 구성의 문제에 대한 생각을 다른 서사체의 문제로 확장해서 생각해 보자.

더 나은 이해를 위하여

- 최근 사회적 반향을 부른 사건을 하나 선택하여 관련 기사를 스크랩하고 이를 바탕으로 하나의 스토리 저본을 써 보라. 그리고 이 저본을 바탕으로 세 편 이상의 다른 판본(버전)을 구성하라. 각 구성을 비교하여 온전히 다른 편이 구성되는지 검토하고 가장 마음에 드는 구성을 바탕으로 해당 사건을 서술해 보라.
- 유사한 제재(예컨대 진부하지만 '사랑' 같은)를 다룬 서로 다른 소설을 찾아보라. 소설에만 국한할 필요는 없으니 다른 장르의 것도 찾아보라. 찾은 텍스트들을 서로 견주어 가며 구성의 공분모와 변별 요소 등을 분석하여 정리해 보라.

- E. M. 포스터 지음, 이성호 옮김, 『소설의 이해』, 문예출판사, 1993. 이 책은 번역상 오류의 여지가 없지 않은 까닭에 원서를 읽어도 좋을 듯하다. 전자책 형태의 파일을 검색해서 보는 편이 수월하다. 아마존 킨들 에디션(E. M. Forster, Aspects of the Novel, Kindle Edition, Rosetta Books, 2010. 등)이 괜찮은 선택일 듯하다.
- 아리스토텔레스 지음, 천병희 옮김, 『시학』, 문예출판사, 2002.

소설의 인물

Q 소설의 인물에 대해 얘기 시작하지요. 이야기의 주역이 인물이니 이야기의 실감 등과 같은 진면목이 인물을 통해 가장 잘 구현되는 것이 맞겠지요?

A 옳습니다. 사람들은 대체로 소설의 실감을 등장인물의 실감에서 크게 느낍니다. 특히 살면서 직·간접적으로 경험한 바에 비추어 인물의 감정이나 생각, 행동에 밀착된 느낌을 가질 때 실감을 느끼게 마련입니다. 소설에 대한 감상을 말하거나 줄거리를 전할 때 주인공을 중심으로 얘기를 펼치기도 하지요. 일반적으로 소설에서 가장 눈에 띄는 요소가 인물이라 해도 좋은 것입니다. 사건의 주역이니 그럴 수밖에 없을 테고, 이야기를 이해할 때 인물의 느낌이나 생각, 행동에 자신을 대입하는 것이 가장 수월한 편이기도 합니다. 그러니 이야기의 실감이 인물의 실감에 직결된다고 해도 좋을 것입니다.

상대적으로 인물이 실감나지 않는다면 전반적으로 소설의 실감 자체가 떨어질 수 있겠지요. 물론 실감을 구현하는 데 무관심하거나 실감과 거리가 먼 효과를 자아내려는 소설도 있다는 점을 염두에 두고 보자면 인물에서 실감을 느낄 수 없다고 해서 인물을 잘못 형상화했다고 치부해도 곤란하겠지요.

#인물 #실감 #인물의 실감

Q 소설이 인생을 이야기하는 양식이니 인물의 실감을 살리는 방향이 본색 아닐까요?

A 일면 맞는 말씀입니다. 그런데 삶의 문제를 다루는 방식이 꼭 직접 보여 주는 것이 왕도는 아닐 터, 복잡하게 얽힌 인간사에서 겉에 드러난 면면만이 다는 아닐 것입니다. 이면에 가로놓인 의미의 여지들을 들출 요량이라면 실감만을 살릴 일은 아닙니다. 일견 대상의 구체적인 형상과 달리 비구상의 소묘나 추상적 조형을 통해 미적 효과의 다른 차원을 구현하려는 미술의 한 경향에 견주어 보아도 좋겠습니다. 소설이 반드시 실감 나는 이야기를 전하는 것만은 아니라는 점은 여러 경로로 확인할 수 있을 텐데요, 그런 소설에서 인물의 실감을 요구하는 것은 난센스입니다. 인물의 실감을 살리는 방향이 본색인 소설이 있고 그렇지 않은 소설이 있다는 데 꼭 유의해야 합니다.

#인물의 실감 #구체적 #추상적 #비구상

Q 인물의 유형에 대해서 배운 기억이 있거든요. 개성적/전형적, 입체적/평면적 인물 유형 말입니다. 고전 소설과 달리 현대 소설에서는 앞의 두 유형에 걸맞은 인물, 그러니까 개성적이고 입체적인 인물이 특징적이라고 하지요?!

A 기억력이 좋군요. 말씀하신 인물의 유형은 구성 얘기할 때도 등장했던 포스터의 견해에서 비롯된 설정입니다.

현대 소설이 그전의 서사 양식과 차별되는 점을 부각하기 위해 각 유형 가운데 '개성적, 입체적' 인물 유형을 현대 소설의 인물형이라는 식으로 얘기하였지요. 어떤 집단을 대표하는 전형적 인물은 대체로 관념이나 이념을 표상하는 장치로 활용될 수 있는데 이전 영웅담 계열의 서사물에서 등장하는 인물형이 대체로 그러하다는 것입니다. 이러한 전형적 인물은 그 성격이나 됨됨이가 변함없이 끝까지 이어지기에 대체로 평면적 인물에 상응하게 되겠지요.

반면 개성적 인물은 말 그대로 인물 각각이 나름의 개성을 지닌 것으로 설정된 경우인데 이는 근대의 철학적 명제인 주체로서의 개인에 관여된 인물형이라고 할 수 있습니다. 근대의 대표적 문예 장르인 소설에서 개성적 인물이 등장하는 것은 수순이라 하겠지요. 영웅담의 구성에 따라 정해진 인물형이 아니라 현실의 조건과 환경 속에서 행위와 관념이 변모할 수 있는 가능성에 노출된 인물이므로 입체적인 양상을 띤다고 할 수 있습니다. 그렇다고 인물의 성격이 내내 변화무상할 수는 없습니다. 성격이 변화할 수 있는 여지에 회부된다는 점에서 입체적이라고 이해해야 마땅합니다.

그렇다면 전형적이고 평면적인 인물형은 개성적이고 입체적인 인물형에 비해 가치가 떨어지느냐, 혹은 현대 소설에서는 전형적·평면적 인물형이 쓰이지 않느냐 하면 그렇지 않습니다. 오히려 사회 현실의 구조적 문제에 주목하여 이를 비판적으로 재구성하여 근대 세계의 모순된 면면을 이야기한 리얼리즘 계열의 소설에서는 계층적·계급적 전형을 대변하는 인물형을 앞세웁니다. 직면한 현실 문제의 구조적 차원에 무지하던 주인공이 의식의 변화를 겪는 과정을 염두에 두자면 개성적·입체적 인물형을 엿볼 수 있지만, 일견 그러한 변화의 양상이 일정한 방향에 놓이며 그러한 과정을 겪은 인물의 형상적 공통점을 추론하고 보면 전형적·평면적 인물형에 대입할 수 있는 여지가 있습니다. 같은 맥락에서 고전 서사체에서 보이는 인물들의 경우에서도, 상대적 차이는 있겠지만, 개성적·입체적 인물의 자질을 추론할 수 있는 여지가 없지 않습니다.

관건은 이러한 인물 유형이 방법적 개념으로 적용되어야지 모든 사례를 일별하여 특정 유형에 환원하는 규준으로 쓰여서는 곤란하다는 점을 의식하는 데 있습니다.

#인물의 유형 #인물형 #개성적 #전형적 #입체적 #평면적 #현대 소설 #고전 서사체

Q 현대 소설의 인물이라도 전형적이고 평면적인 인물형인 경우가 있다는 점은 그럴 수 있겠다 싶지만, 고전 소설의 인물도 개성적이고 입체적일 수 있다는 얘기는 낯선데요.

A 「춘향전」의 주인공 '춘향'의 경우를 생각해 봅시다. 이본이 120종이 넘는 까닭에 춘향이라는 인물을, 특정한 누구라고 지칭하기 어려운 것이 사실입니다. 판본에 따라서는 캐릭터의 공분모를 찾기 어렵기도 합니다. 이 점만으로도 고전 소설의 인물형은 이러하다 하는 식으로 환원해서는 안 된다는 점을 방증할 수 있겠지요. 여하튼 대체로 대별되기는 경판본 계열과 완판본 계열의 춘향 캐릭터 간에 변별점이 있습니다. 태생에 관해서 특히 그러하죠. 한쪽은 춘향이 천기의 딸이라 하고, 한

쪽은 성 참판댁 서녀라고 합니다. 어느 편이든 태생적으로 핸디캡을 지닌 인물이라 할 수 있어서 캐릭터의 자질 면에서 공분모를 지니고 있지만 신분상 크게 차이가 있는 것이 사실입니다. 나중에 이몽룡과 결연하여, 본에 따라서는, 정렬부인으로 공인(물론 임금의 명에 따르는 것이지만)된다는 점을 고려하자면 신분의 변화가 핵심인 구성의 개연성 면에서 차이가 빚어지는 만큼 제법 중요한 변별점이라고 할 수 있을 것입니다.

개연성 측면의 차이는 있지만 어쨌든 춘향의 캐릭터를 이루는 중요한 지점인 '신분 변화'는 이 인물을 평면적이라면서 선뜻 얘기하고 넘겨서는 곤란하다는 점을 시사합니다. 춘향은 분명 발전적 인물developing character입니다. 자신에게 부과된 조건과 환경의 한계를 넘어서서 더 나은 단계로 나아가는 의지가 강고하며 목표를 달성하기 위해 지난하게 노력하는 행위를 통해 자아를 완성하는 인물형입니다. 물론 이러한 발전적 인물형의 구도에 걸맞은 이야기 전개에 비추어 그 자체가 틀에 박힌 유형이라 할 수 있는 만큼 상대적인 맥락에서 이해할 여지가 있습니다만, 적어도 평면적 인물이라고 단번에 치부할 수는 없는 것입니다.

「심청전」의 주인공 '심청'의 경우를 보아도 그러합니다. 일부 계열 판본에서는 심청이 옥황상제의 딸로서나 선녀로서 설정되어 본디 천상 존재의 속성이 부여됩니다. 하늘에서 죄를 짓고[득죄得罪] 인간 세계로 내쳐진 지경에 처한[적강謫降] 인물이 죗값을 치르고 결국 원래 자리인 천상으로 돌아가는[회복回復] 과정을 이야기선(스토리라인storyline)으로 하는 구성을 따르고 있는 셈입니다. 이러한 구성을 따르는 유형을 '적강 소설'이라 하는데요, 적강이란 소위 실낙원paradise lost 모티프에 상응합니다. 아담과 이브가 죄를 짓고 에덴에서 쫓겨나 지상에서 땅을 일구는 고통과 아이를 낳는 고통을 짊어지게 되었다는 낙원 상실에 관한 원형적 이야기를 따르는 것이지요. 물론 낙원에서 쫓겨난 인간이 죄값을 치른다고 낙원에 다시 복귀할 수는 없는 법이지만, 그럴 수 있다는 판타지마저도 불가한 것은 아닙니다. 적강 소설은 인간이 현실 속에서 겪는 고통에서 벗어날 수 있다는 희망의 전언을 전하는 판타지로 귀결되는데, 이를 두고 현실 문제를 도외시하는 것이라 폄훼할 이유는 없습니다. 판타지를 돌이키는 일 또한 현실에 대응하는 하나의 방식으로 이해해 마땅한 것이지요.

여하튼 「심청전」 가운데 이러한 적강 모티프를 취한 본이 있는데, 이 경우 아버지의 눈을 뜨게 하기 위해 자신을 희생한 효녀로서의 고귀한 캐릭터는 심청의 인물형을 이루는 표층에 불과한 것일 수 있습니다. 오히려 인당수에 제물로 바쳐지는 상황은 심청이 천상의 죗값을 지상에서 치르는 결정적 계기이자 이야기의 향배가 바뀌고 심청의 인물 형상에 반전이 생기는 전환점이 됩니다. 심청은 인당수에 빠진 후라야 용궁에서 자신의 본디 태생을 확인할 수 있게 되고 곧이어 상승의 단서가 지어지게 됩니다. 연꽃에 실려 인양되고 황후가 되기까지 심청의 캐릭터는 긍정적인 지향점을 향해 고양됩니다. 승천에 관한 이야기가 나오지 않더라도 심청의 적강 상태는 해소된 것으로 보입니다. 그렇다면 심청이 평면적 인물형에 환원될 이유 또한 사라지거나 적어도 흐릿해집니다.

이때 개성적이냐 전형적이냐는 이 맥락에 결부할 사항이 아닙니다. 두 유형 층위를 서로 대응시켜 이해하는 편이 타당한 경우가 없지 않지만 처음부터 서로 묶인 조합이 규준화되어 있는 것은 아닙니다. 유형의 층위는 인물형에 관한 서로 다른 개념의 양태를 이해하기 위해 고안된 것이지 처음부터 둘의 조합을 의도할 수는 없는 것입니다. 심청의 경우 이를테면 춘향에 비해 개성적 자질이 덜한 인물형이라는 정도는 가늠할 수 있겠지만 이 또한 상대적인 판정에 불과합니다. 흥부나 놀부에 비해서는 전형성이 덜한 인물형이라 해도 좋겠으나 마찬가지 맥락에서 상대적입니다. 이본들 간에도 다소의 격차가 있을 수 있다는 점을 염두에 두어야 하는 것은 매한가지입니다.

#고전 소설 #판본 #춘향전 #춘향 #심청전 #심청 #적강 #실낙원 #적강 소설 #판타지 #발전적 인물 #개성적 인물 #전형적 인물 #평면적 인물

Q 고전 소설의 인물 유형에 대해 일반적으로 오해된 면이 크다니 좀 놀랍습니다. 디테일을 따라 읽지 않고 대충 줄거리만 간추린 내용을 바탕으로 유형을 가늠하니 그런 문제가 생긴 것 같군요. 인물 유형을 좀 더 꼼꼼히 적용해야겠어요.

A 그렇지요. 그런데 사실 이렇듯 인물 유형을 앞세워 어느 편에 귀속시킬 것인지 논의하는 것 자체가 온당한지도 질문해 봄직하지요. 거듭 언급합니다만 인물 유형에 관한 개념은 방법적 개념 정도로 쓰는 편이 온당하므로, 유형화 논의를 하는 절대 기준으로 쓰는 편을 택하지 않는 것이 진전된 논의를 위해 좋을 것입니다. 각각의 인물 유형을 따지는 것이 소설의 인물

을 이해하는 데 딱히 도움이 되지 않을 수도 있습니다. 인물에 관한 논점으로서 제기해 봄직한 것은 맞지만 하나마나한 얘기를 하고 그칠 우려도 없지 않습니다. 특히 소설의 양태가 여러 분기점에서 분화되고 형과 태를 일정한 시야로 조망하기 곤란해질 정도로 다각적이고 다채로운 양상으로 드러나는 현황을 고려하자면 저러한 인물 유형에 관한 개념은 낡아도 한참 낡은 것이라 할 수 있습니다. 기실은 이론적 성찰의 결과가 애초에 아니었던 만큼 고전적인 개념이라고 해서 전범典範 삼아 계승할 이유는 없다고 단언해도 좋을 것입니다. 일찍이 아리스토텔레스는 플롯을 강조하면서 인물 없는 극이 가능하다고까지 했는데 이 맥락에서 새삼스럽습니다.

#인물 유형 #인물 없는 극 #방법적 개념

Q 또 아리스토텔레스군요……. 아니 인물 없는 극이 가능하다구요. 인물이 등장하지 않고 어떻게 극적 상황을 전개해 갈 수 있다는 것이지요?

A 등장인물이 없이 극이 상연될 수는 없겠지요. 맥락을 고려하여 말하자면 캐릭터 없는 극이 가능하다는 것입니다. 캐릭터 없는 극은 가능하지만 플롯 없는 극은 불가능하다고 얘기한 것이 전부입니다. 플롯의 중요성을 강조하기 위한 언명일 텐데요, 캐릭터는 플롯에 의해 주어지는 수순에 불과하다는 생각이 내포되어 있다고 할 수 있습니다. 이를테면 외디푸스 왕의 됨됨이나 행위의 향배가, 신탁을 거스른 영웅의 운명이 파국에 이르게 되는 플롯의 수순에서 비롯되는 것이지, 개인의 선한 의지나 행동에서 비롯되는 것은 아니라는 식으로 이해하면 마땅

할 것입니다.

#캐릭터 #인물 없는 극 #플롯 없는 극

정말 모든 소설이 다 그런 것은 아니겠지요? 이도 아리스토텔레스적 즉 비극적 세계관으로 된 소설에 해당하는 것이라 이해해도 될까요? 모든 소설이 비극적 플롯에 부합하는 것은 아니라고 하였으니 그렇다면 인물이 꼭 플롯에서 비롯된다고 할 수 없지 않을까요? 아리스토텔레스 식의 인물이라면 전형적인 인물형을 염두에 두게 할 뿐 인물의 모든 유형이나 양상을 포괄한다고 할 수는 없을 것 같습니다만…….

옳습니다. 비극적 플롯에 어울리지 않을 이야기라면 인물의 형상이 구성에서 자명하게 파생된다고 얘기하기 곤란하겠지요. 특히 근대 이후 소설의 양태가 리얼리즘 계열에만 국한되지 않고, 범박하게 말해 모더니즘 계열이라 할 수 있는 소설군으로 다채롭게 재편되어 갈 때에는 인물의 서사적 기능에 주목할 수밖에 없는 사례들이 수다해집니다. 특히 인물에 모종의 의미 연관을 지을 경우 단순히 사건을 벌이는 행동의 주역 정도에 그치지 않는 역할이 부여됩니다. 인물을 '캐릭터character' 차원에 국한할 수 없는 상황이 지어진 것입니다.

#인물 #캐릭터

그럼 소설에서 인물에 관한 개념은 캐릭터 말고 다른 양상들이 있다는 얘긴가요?

캐릭터는 이야기에 실로 등장하는 인물 개개의 행동거지나 됨됨이를 일컫는 개념일 텐데요, 이러한 캐릭터는 그 자체가 의미체로 전제되지 않습니다. 그가 벌이는 행동이나 사건에 관여되는 양상, 그리고 인물의 의식을 매개로 전달되는 관념 등을 종합하여 추론할 수 있는 의미는 플롯에 의해 이미 규정된 것으로 전제되는 것이지요. 인물은 그저 정해진 플롯의 수순대로 움직이는 등장인물에 불과하며 사건의 진전 수순에 따라 캐릭터 각각의 특징이 드러나는 것이지요. 제아무리 튀는 캐릭터나 흥미로운 캐릭터나 비중 있는 캐릭터라도 사건의 진전을 바탕으로 하는 플롯에 기여해야 하는 것으로 전제됩니다.

이에 비해 비유적 또는 상징적 의미를 구성하는 표상적 표지로서의 기능이 부여될 경우 인물은 그 자체로서 의미심장한 서사적 기능을 담당하는 설정이 됩니다. 이러한 인물 개념은 '피규어figure' 차원에서 이해할 수 있습니다. 이는 인물의 비유적 형상이라 이해할 만한 개념 술어입니다. 구상으로 그려져 해당 인물의 실제 모습에 근사한 형상을 제시하기보다는 인물의 자질에서 추상할 수 있는 표상적 형상을 제시하여 그 자체에 의미소로서의 역할을 부여하는 것이지요.

피규어 스케이팅에서 스케이팅을 통해 어떤 형상을 연상하게 하는 것을 떠올려도 좋겠고, 유명인이나 영화 캐릭터의 모습을 본따 제작한 피규어 제품을 떠올려도 좋겠습니다. 좀 더 구상에 가까운 형태도 있고 추상에 가까운 형태도 있지만 대체로 실제 모습 자체를 표현하여 실감을 자아내기보다 특징적인 면모를 눈에 띄게 할 만한 자질을 통해 의미를 부여하는 것이 피규어를 지을 때 제일 지향하는 바입니다. 인물의 형상이 피규어 차원에서 구성될 때에는 소설의 플롯보다 인물에 이니셔티브initiative가 부여된다고 할 수 있습니다. 사건 중심의 소설이 아니라는 얘기이지요. 현대 소설 가운데 사건 중심에서 벗어난 소설의 경우가 수다해지는데요, 인물이 서사의 주축을 이루는 경우가 한 계열을 이룹니다.

#인물 #피규어 #인물 형상

Q 인물이 주도권을 가진 소설이라면 얼른 이해가 되는데, 그렇다고 사건이 중심이 아닌 소설이라는 것은 선뜻 납득하기 어렵습니다. 소설인데 사건이 부수적인 것이거나 아예 사건이 없는 경우를 상정하라는 얘기일 텐데, 이야기에서 사건이 주가 되지 않는다는 것이 말이 되나요?

A 얼른 생각하기에 이야기의 핵은 사건의 전개라고 하는 것이 옳습니다. 그런데 특히 현대 소설에서는 사건이 주가 되지 않는 사례들이 나오기 시작합니다. 심지어 사건 중심이 아닌 소설의 한 경향으로 인간의 자의식 또는 무의식을 다루는 소설의 계열이 현대 소설에서 특징적인 국면을 이룹니다. 이러한 계열의 소설에서는 인물의 비중이 지대할 수밖에 없는데요, 이 경우 인물의 외형상 특징이나 행위의 면면을 추상하는 수준에서 인물의 의미를 이해할 수 있는 것은 아니어서 당혹감을 자아내기 십상입니다. 단순히 비유적 형상을 통해 모종의 의미를 함축적으로 전하려는 정도가 아닌 것이지요. 인물의 형상보다 내면의 의식, 심지어 눈에 띄지도 의식되지도 않는 심층 의식이나 무의식에 이야기의 거점이 있는 만큼 이때의 인물에 대해서는 캐릭터도 피규어도 어울리지 않습니다. 이 맥락을 아우를 만한 개념 술어로, 인간의 심리나 정신에 관여된 '페르소나persona'를 채용해 봄직합니다.

#인물 #페르소나 #자의식 #심층 의식 #무의식 #현대 소설

Q 페르소나요? 낯선 용어이기는 하지만 제 경우 심리학 개론 시간에 들은 기억이 있기는 한데 소설의 인물 개념으로 쓸 수 있다니 말하자면 인물에게 부과된 일종의 역할과 같은 것인가요?

A 일리 있는 얘깁니다. 페르소나는 본디 그리스 시대 극에서 배우가 분한 인물 배역에 걸맞게 쓴 가면을 가리키는 말입니다. 같은 배우라도 페르소나를 쓰기에 따라 다른 역할을 맡아 그에 걸맞은 캐릭터를 연기해야 하는 것이지요. 그래서 아예 극중 역할을 뜻하는 말로 쓰이기도 합니다. 배우와 극중 인물 사이의 실제 연관 관계를 직접 짓는 것은 어불성설이지만 극적 상황에 몰입한 관객 입장에서는 실제 배우의 모습을 페르소나를 쓴 인물과 겹쳐 보기 십상입니다. 배우 입장에서도 페르소나를 쓴 역할에 몰입하여야 배역을 온전히 소화할 수 있을 것입니다. 페르소나는 배우의 실제 역할이 아닌 가상의 극적 역할에 불과하지만 페르소나가 부여된 상황에서만큼은 그에 충실해야 하는, 아니 배우 자신과 페르소나가 일치되어야 하는 실체적 전범典範이나 마찬가지입니다. 페르소나에 따라 느끼고 생각하며 움직여야 하는 까닭에 극중 상황 전역에서 그 실체적 존재감이 실로 드러난다고도 할 수 있습니다. 물론 같은 배우라도 다른 페르소나를 쓰는 순간 그 배역에 걸맞은 행위를 극적으로 수행해 내야 합니다. 배우가 페르소나를 연기한다기보다 되려 페르소나가 배우를 조종하는 형국이라 해도 좋겠습니다.

이러한 페르소나 수행을 우리는 일상생활 속에서 실로 경험합니다. 이를테면 현대인들은 사회적 관계 속에서 상황과 조건에 걸맞은 역할을 수행하기 일쑤입니다. 관계 맥락에 따라 배역을 달리 맡아 그에 걸맞은 페르소나를 쓰게 되는 셈이지요. 저만 해도 집에서는 아버지로서 남편으로서 시시각각 페르소나를 바꿔 써야 합니다. 학교에서는 교수자로서 상담자로서 동료·선후배로서 관계 맥락과 조건 상황에 따라 다른 페르소나를 써야 합니다. 각각에 걸맞은 페르소나로 교체하지 못하고 정황에 어울리지 않는 페르소나를 쓰고 있으면 관계 속에서 소통할 수 없으며 온전한 사회적 위상을 얻을 수 없습니다.

집에서 선생 노릇을 지속한다고 생각해 보세요, 끔찍하지 않습니까? 상황과 조건, 맥락에 따라서 역동적으로 변하는 사회적 역할이 많을수록 페르소나를 바꿔 쓰는 순발력이 요구되는 법, 현대인들은 스스로 감당하기 어려운 페르소나의 네트워크에 얽히고설켜 고통 당하는지도 모를 일입니다. 그렇다면 자신에게 어울리지 않거나 하고 싶지 않은 역할을 배당 받을 우려에도 노출되어 있을 터, 이때 억눌린 욕망이 무의식의 역동을 부추길 수 있습니다. 그러면 잠재되었던 무의식이 의식의 통제선을 벗어나 표층으로 분출하게 될 가능성이 커집니다. 이럴 경우 특히 페르소나의 기전을 살피는 것이 관건으로 부상합니다. 요컨대 페르소나는 인물의 역동적 심리 기제 또는 정신 세계를 이야기할 때 전제되어야 할 인물 개념인 것입니다.

오늘날 소설의 인물에 대해 논할 때 십중팔구는 피규어나 페르소나 개념을 염두에 두어야 할 만큼 인물이 구성에 종속적인 주변 요소에 그치거나 실감을 구현하는 데 수단으로 동원되는 단순 매개체 정도에 그치지 않습니다.

#페르소나 #역할 #현대인 #심리 기제

역할과 관련하여 현대인의 초상에 연관된 개념들이 더해진 셈이겠군요…….

그렇지요. 현대인들이 처한 상황이 투영된 결과이겠지요. 소설이 사람들의 마음을 이해하고 위로하는 데 효과적이라는 점을 염두에 두어도 좋겠어요. 실제로 정신 분석 상황에서 내담자들의 정신적 상흔의 병반을 추정하기 위해 서사 요법narrative therapy을 적용한다는 점도 염두에 두면 좋겠습니다. 사람들은 삶의 다난한 면면들을 이야기로 엮고 이야기로 풉니다. 갈등이 빚어지는 연원도 이야기이며 이를 푸는 거점도 이야기입니다. 얽히고설킨 감정이나 생각의 난마를 단칼에 동강을 내어 돌이키지 못할 상태로 돌리기보다는, 낱낱을 풀어 본디 상태로 회복시켜 두고 갈등의 단서부터 성찰하여 관계를 회복할 수 있는 계기를 여는 데 이야기를 동원하는 것입니다.

내면적 갈등의 경우라도 이와 근사합니다. 말도 꺼내기 싫은, 아니 기억조차 떠올리기 싫은 내면적 갈등의 여지를 풀기 위해서는 자신의 내면 깊이 자리 잡은 잠재의식 또는 무의식에게 말을 건네어 이야기를 이끌어 내는 지혜가 필요합니다. 의식에 억눌린 내면의 말문을 틈으로써 스스로 인정하고 싶지 않은 정신 세계 저층의 것들이 떠올라 모습을 확인케 합니다. 미처 의식하지 못하였거나 의식하여 인정하기 싫었던 이면의 자기 모습들을 대면함으로써 자신도 모르던 자기 갈등의 여지를 비로소 의식하고 이를 해소할 수 있는 방향을 모색할 수 있는 것이지요.

내면적 갈등의 여지가 더할수록 이를 풀 수 있도록 작용하는 서사적 메커니즘은 활발히 작동할 수밖에 없습니다. 요컨대 인간의 심리가 주제 층위로 부상한 소설의 양태가 이전과 다른 현대 소설 특유의 양상이 된 것은 현대인들의 심리적 징후와 무관할 수 없습니다. 특히 현대인들이 다양한 국면에서 각각 부여 받은 사회적·관계적 역할의 다면적인 양상을 염두에 두고 보면 페르소나에 상응하는 인물 개념을 상정하지 않을 수 없는 정황을 가늠할 수 있을 것입니다. 이 경우 소설에서 구성보다 인물이 중요한 관건으로 부상하는 법이지요. 여전히 캐릭터 없는 서사는 가능하겠지만 인물 층위의 요소들이 무의미한 서사가 가능한 것은 아니며 그도 플롯에 종속된 채 아무러한 인물을 등장시켜도 성립하는 서사가 무조건 가능한 것도 혹은 그러한 서사가 예의 가치 있는 것도 아닌 것입니다. 빗대어 말하자면 소설 자체가 조건이나 정황 맥락에 따라 페르소나를 바꿔 써야 적절한 의미와 가치를 얻을 수 있다고 해도 좋을 것입니다.

#페르소나 #서사 요법 #심리 #정신 분석 #정신적 상흔 #갈등 #해소 #성찰 #쾌도난마

Q 인물의 유형에 대한 개념과 관련지어 볼 때 피규어나 페르소나 개념에 상응하는 인물형이 현대 소설에서 확인되는 것이라면 이를 근거로 고전 소설에 비해 현대 소설이 발전된 형태라고 해도 좋은지요? 여하튼 고전과 현대의 차이에 대한 설명에서 인물 유형의 차이에서 오는 격차를 강조한 결론을 배웠던 기억이 상대적으로 뚜렷한 편이라서요…….

A 앞서도 언급했지만 인물의 유형은 캐릭터 차원에서 구분한 것인데 유형 개념이 다 그러하듯이 기준이 유효하고 지속적

으로 적용되는 한 적절한 구분입니다. 그런데 이를 기준으로 일련의 현상에 적용하여 유형화를 할 때에는, 짐짓 구상을 추상에 환원할 때 파생되는 문제점에 노출될 수밖에 없음을 전제 삼아야 합니다. 말하자면 유형화는 수다한 현상을 간명하게 일별할 때 유효적절한 방편이지 이로써 현상의 모든 국면을 다 기술할 수 있는 것은 아니라는 점을 인정해야 한다는 얘깁니다. 그렇다면 유형화 결과를 바탕으로 어떠한 가치의 차등을 논할 수는 없는 법이지요. 인물의 유형을 나누어 볼 수는 있는데, 현대 소설과 고전 소설 전역을 대입시켜 유형화하는 것은 부당할 여지가 큽니다. 설사 그리 유형화할 수 있다손 치더라도 이를 통해 현대 소설의 인물형이 고전 소설의 인물형보다 우월하고 발전된 양태라고 주장하는 것은 억측에 불과합니다. 유형화는 가치에 관한 방법이 아니라 가치중립적인 설명의 방편이지요.

소설의 인물형은 유동적이고 상황 의존적인 방법적 개념입니다. 피규어나 페르소나 개념이라면 말할 나위 없을 테지만, 캐릭터 개념이라도 예외는 아닙니다. 전형적 인물이 개성적 인물에 비해 수준 떨어지는 유형이라고 단언할 근거는 없으며, 평면적 인물이 입체적 인물에 비해 전근대적인 인물 유형이라서 근대 이후에 가치를 상실한 유형이라고 할 수 없습니다. 앞서 소상히 밝혔지만 고전 소설의 인물형은 평면적·전형적 인물, 현대 소설의 인물형은 입체적·개성적 인물이라고 등식을 세울 수도 없습니다. 그러니 인물의 유형에 환원하여 개별 텍스트들을 분류하는 방편 자체는 타당하고 이해를 돕는다는 측면에서 적절하지만 그 선에서 그치는 편이 온당합니다.

#인물형 #유형화 #전형적 #개성적 #평면적 #입체적 #환원

Q 고전 소설의 인물형은 그래도 전형적이고 평면적이지 않나요? 현대 소설의 경우는 변화무상하며 역동적인 캐릭터가 주인공인 경우가 많은 듯하고요.

A 대체로 그러하다는 것만큼은 인정할 만합니다. 그렇지만 유형에 환원한 것이 이해의 출발이 되어야지 귀결이 되는 것은 재삼 경계해도 좋을 것입니다. 과연 다음처럼 물어 봄직하지요. 심청은 효녀인가? 춘향은 열녀인가? 길동은 영웅인가?

춘향이나 심청에 대해서는 앞서 언급한 대로 단편적인 귀결점에 환원하기 곤란한 캐릭터입니다. 판본의 일정한 계열별로 차이가 있는 캐릭터를 일률적인 형에 포괄하기 어려울 뿐만 아니라, 태생적 조건에 비해 발전적으로 진전되는 인물의 변모된 양상을 두고 보자면 특히 평면적이라거나 전형적이라고 잘라 말하기 힘든 면면이 있다고 했습니다. 같은 맥락에서 홍길동의 경우도 상식적인 접근과 달리 접근해 볼 여지가 있습니다. 홍길동은 영웅일까요?

잘 알려져 있다시피 「홍길동전」의 주인공 길동은 시비의 몸에서 난 얼자 또는 서자 출신의 인물로서 태생적으로 핸디캡을 지녔습니다. 그런 이가 태생적 한계를 넘어서서 종내 이상을 성취하여 자아를 완성한다는 이야기 구성을 취하고 있는 전형적인 영웅담이지요. 과연 길동은 영웅입니다.

그런데 길동이 영웅인가 하고서 시시비비를 따져 묻는 것은,

이 소설의 일반적인 얼개만이 아니라 수다한 판본들의 계열에 따라 다소의 차이가 있는 점에 주목하여, 그 디테일의 면면을 살필 때 다른 해석의 여지는 없는지 묻고자 하는 것입니다.

영웅이라고 결론 지을 요량이라면 누구에게 영웅 역할을 하는지 먼저 묻는 것이 수순입니다. 홍길동은 누구의 영웅일까요? [……] 아, 당시 핍박 받던 민중들의 영웅이요?! 그렇게 생각할 수 있겠지요, 대체로 그리 여길 만합니다. 그렇다면 어떤 면에서 영웅이지요? [……] 아, 그렇죠, 활빈당을 조직하여 탐관오리들을 혼내 주고 탐욕에 가득찬 부자들의 재산을 훔쳐 가난한 이들에게 나눠 주고……, 네 그렇죠, 또 율도국이라는, 조선과 다른 이상적인 국가를 건설하기까지 했지요. 민중의 영웅이라 하기에 손색이 없는 인물이겠네요. 뭐, 이러한 일반적인 국면을 부정하자고 꺼내는 얘기는 아닙니다만 과연 그러한지 재미 삼아 따져 보기로 해요.

우선 알아둘 것은 이 소설의 결말입니다. 보통 길동이 조선을 떠나 율도국을 건설했다고 알고 있는 경우가 많은데요, 양대 판본 계열인 경판본이나 완판본의 대표적 이본에는 율도국이 이미 있던 나라이며 이 나라를 홍길동 세력이 차지하는 것으로 나오며, 율도국에서 진전된 이야기 대목이 적지 않게 기술된 경우가 대체를 이룹니다. 율도국을 차지하는 과정에서도 율도국 왕이 포악하고 학정을 일삼았기 때문에 길동이 그를 처단하고 율도국의 왕이 되어 선정을 베풀었다는 식과 함께, 별일 없는 율도국에 침입하여 율도왕의 항복을 받아 내어 왕이 되었다는 식으로, 미묘한 차이지만 서사 구성 면에서 일견 의미심장한 변별 요인이 보입니다.

율도국 왕으로서 화평한 가운데 자기 어머니를 모셔 오는 것까지는 이야기 구성상 차이가 없지만, 자기 아버지의 제사권을 가져 오는 과정에서 벌이는 일에서는 무의미하다고 할 수 없는 차이가 있습니다. 장자인 형의 협조를 얻어 제사를 모셔 오는 것과, 형을 협박하여 제사권을 차지하는 것이 같을 수 없는 것이지요. 아니 그 차이는 생각보다 엄청납니다. 당최 장자도 아니며 적자도 아닌 길동이 장자권이나 진배없는 제사권을 차지하는 데 욕심을 낸다는 점은 길동의 욕망이 어느 정도에 이르렀는지 짐작하게 합니다. 그도 법도에 어긋나는 일의 부당함을 말하는 형에게 권한을 넘기지 않으면 해하겠다며 으름장을 놓았다면 그 욕망의 정도가 도를 지나쳤다고 여길 수밖에 없는 것입니다. 정황이 이러하다면 길동이 바라던 바가 단지 '호부호형呼父呼兄'에 대한 허락 정도에 그치지 않는다는 점을 알기 어렵지 않습니다. 적서 차별의 철폐를 염원했다는 판정도 온당하지 않게 되는 것이지요.

그렇다면 길동의 꿈이 사회적 불평등 구조를 혁파하려는 데 미쳤다기보다는 자신의 태생적 한계를 딛고 지위를 올리는 데 닿아 있다고 해야 옳을 것입니다. 일견 장자권에 욕심을 냈다고 본다면 길동이야말로 기존의 신분적 질서를 용인한 것이며 심지어 그 스스로 그 질서를 공고히 하는 데 기여했다고까지 할 수 있을 것입니다. 길동은 과연 사회 구조의 부당함에 항거한 영웅이었을까요? 의문을 품지 않을 수 없는 것입니다.

민중의 염원을 실현해 준 영웅이라는 점에 대해서도 면면이 재고해 볼 여지가 있습니다. 물론 그가 의적으로서 민중의 아픔을 이해하고 그들을 위로하고 그들에게 용기를 주었으며 실로 재화를 재분배하는 등 질서의 틀 밖에서 영웅다운 면모를 과시한 것은 사실이며 이는 「홍길동전」의 빛나는 의의입니다.

그런데 말입니다, 길동이 활빈당(이 조직도 길동이 직접 조직하지 않았다는 경우가 있습니다)을 통해 자신의 세를 확장하여 과시하고 온 나라에 이름을 떨쳐 급기야 조정 대신들과 임금까지도 그를 경계하기에 이릅니다. 그를 잡을 계책을 세워 그를 대궐에까지 불러들이지만 호락호락 잡힐 길동이 당연히 아니지요. 급기야 임금은 항복 선언을 한 것이나 마찬가지로 길동에게 원하는 바를 묻습니다.

길동이 원하는 바는 무엇이었을까요? 적서 차별의 철폐? 적폐 세력의 축출? 민중의 행복한 삶을 위한 분배의 정의? 그 어떤 것도 아닙니다. 길동은 바로 '병조판서'에 제수해 줄 것을 요구합니다. 임금은 마지못해 그 청을 들어 주고 길동에게 병조판서 직을 맡긴다고 선언합니다. 길동은 곧 자신의 소원을 이루게 한 데 대해 감사의 뜻을 표하고 조선을 떠나기로 맹세합니다. 왜지요?

홍길동이 혁명까지는 아니라도 적어도 조선의 개혁에 뜻을 두었다면 고위 관료로서 제도권에서 사회의 구조적·제도적 문제를 해소하여 민중의 삶에 희망을 주는 일에 착수했어야 옳습니다. 그런데 그는 자기 소망을 이루었다면서 조선을 떠나 율도국의 왕이 됩니다. 물론 조선에서 왕의 자리를 넘보는 것은 대역의 죄를 범하는 것이니 그리해서는 여러모로 곤란한 지경에 처하겠지요. 여하튼 그는 조선을 떠나서라도 왕이 되려는 꿈을 실현한 것으로 이해할 수밖에 없는 일을 벌인 것이 '서사적 사실'입니다. 판타지라구요? 옳습니다. 판타지 구성에 걸맞게 진전된 서사가 판타지 결말에 이르는 것은 별스럽지 않을 텐데 그 끝에 이르는 양상이 자못 당혹감을 자아내는 것이지요. 길동은 과연 조선의 영웅일까요? 이 또한 의문의 여지를 남깁니다.

홍길동이 율도국 왕으로서 선정을 베풀고서 종내 죽어서는 산신이 된다고 결말이 설정된 본이 제법 있습니다. 서자 출신으로서 태생적 결함을 지녔던 길동으로서는 더할 나위 없이 완벽한 자아를 찾은 셈입니다. 그렇게까지 되지 않는다손 치더라도 율도국 왕이든 조선의 병조판서든 자아의 결함을 채우고서 성공하기까지의 도정이 이야기된 서사라면 자아 완성에 관한 '성장소설Bildungsroman'의 한 형태로 보아도 좋을 것입니다. 일견 영웅담의 한 양태이기도 하겠지요. 지어진 당시 사회의 구조적 모순을 직시한 수작이라는 평가에 이의를 제기하려는 것은 아니지만, 적어도 「홍길동전」의 전역을 그러한 평가에 환원하는 것은 온당치 않아 보입니다. 무엇보다 홍길동의 인물형을 어떠한 유형 한편에 귀결시키는 것이 부당해 보이는 것이지요. 길동의 발전적 자질에 주목하여 이해하는 방편이 요구되는 것이기도 하지만, 그가 벌인 행위를 맥락적 조건과 조응시켜 그 의미망을 온전히 직조하려는 찬찬한 태도가 요구되는 셈입니다.

길동은 영웅인가? 일견 이러한 질문 방식 자체가 적절하지 않을 여지가 있습니다. 대신 이렇게 물음직합니다. 길동은 어떠한 인물형인가, 영웅이라면 누구에게 영웅이며 그의 영웅적 행위는 어떤 양상으로 진전되는가?

소설의 인물이야말로 서사의 여러 조건에 따라 가역적인 구성태일 것입니다.

#고전 소설 #평면적 인물 #전형적 인물 #홍길동 #영웅 #욕망 #성장소설

Q 여하튼 고전 소설의 인물이든 현대 소설의 인물이든 기본적으로 현실 속 사람들의 모습 그대로일 수는 없잖겠습니까? 실상에 가깝다손 치더라도 결국 허구적 인물일 텐데 사실에 가까운 이야기든 판타지 성향의 이야기든 소설의 인물에 부과된 가상적 자질을 이해하는 것이 관건으로 떠오를 법합니다만……. 앞서 인물이 반드시 실감 요소로서 기능하는 것은 아니라고 하셨는데, 그렇다면 인물이 가상성을 드높이는 요소로 기능하는 데 주목해야 할까요?

A TV 드라마를 하나 예로 들지요. 그다지 인기를 끈 것 같지는 않은데요, 몇 해 전 가을에 방영된 <더 패키지>라는 드라마가 있습니다. 배우 이연희가 주연을 맡았는데 그가 분한 역은 여행 가이드입니다. 단순히 가이드로서 여행객들을 인솔하는 데 그치지 않고 여행 속 여행자라고 할까요 그런 노릇을 합니다. 말하자면 메타 층위의 인물인 셈이지요. 드라마 제목이 '패키지'인데 여자 주인공[시쳇말로 '여주'라고들 하지요]이 패키지 여행 가이드이니 인물 설정상 메타적 층위가 설정되어 있다는 것입니다. 패키지 여행 가이드가 가이드를 겸하여 패키지 여행을 가게 되는데, 회사에 저항한 남자 주인공[남주] 또한 패키지 여행을 떠나게 되면서 서로 만날 가능성이 조성됩니다. 드라마에서 흔히 보이는 우연성에 기댄 구성입니다. 그도 그럴 것은 TV 드라마는 흥미를 위해 인물이 부각되어야 마땅하니 구성

따위는 관심거리조차 아니라는 심산인지 모르겠습니다.

여하튼 드라마는 패키지 여행에 연관된 극중 광고PPL를 천연덕스럽게 노출하면서도 그러하고 드라마 상황 속에서 세계기행의 도큐먼트를 제시하거나 그 도큐먼트에서 드라마 상황으로 역진하는 식의 극화를 통해 기막힌 메타 진술의 층위를 대놓고 보여 줍니다. 상대적으로 이러한 메타성에 기여하는 인물의 지향성이 돋보이기도 하지요. 극적 몰입과 서사적 거리 두기의 양방향에서 진전된 이야기는 여주가 방명록을 확인하는 시퀀스에 이르러 오버랩되는 장면을 통해 주인공 두 사람의 마음이 확인되는 식으로 심상한 구성에 부쳐집니다. 방명록에 가필하는 여주의 수행과 게 기록된 바 '집에 가'에 '…고 싶다.'를 가필하여 마침표를 더하는 식으로 결말의 개연성을 떨어뜨리는 시퀀스가 연출된 것입니다. 다만 다들 맘먹은 대로 잘되어 가는 듯한 전개 과정에, 뜻밖의 방향에서 순조로운 진전에 걸림돌이 되는 듯한 설정들이 개입하지만, '짐을 싸다 보면……내가 제일 좋아하는 것……내가 포기해도 좋은 것……내가 어디로……' 등과 같이 자신에 대한 물음을 계기로 펼쳐지는 마지막 시퀀스를 예측하는 것은 어려운 일이 아닙니다. 당연히 여주는 남주와 마지막 신scene에서 해후하게 되어 극적 개연성이 지극히 떨어질 것을 감지하기 어렵지 않는 것이지요. 그 장면이 그럴싸하며 약간의 감동 비스무레한 감정을 부르는 것도 사실입니다. 심상하다 못해 그만그만 통속적인 드라마 냄새가 물씬한 듯하죠?! 어차피 이 드라마는 개연적 설정보다는 로맨스 판타지를 지향하는 터라 참여한 모든 이들의 해피엔드를 그림으로써 그 지평에 다다른 점을 명증할 수 있을 따름입니다.

장황하게 얘기한 결론이 '<패키지>라는 드라마는 뭐 별스럽지 않은 소프 드라마soap drama'라는 식인데요, 여기서 주목할 요소는 그 구성이 아닌 인물에 있습니다. 비극도 아니고 그도 두 시간 여 상연하는 단편도 아닌 미니 시리즈 드라마에서 아리스토텔레스식 비극의 파토스를 기대하는 것은 어불성설입니다. 구성보다 인물이 부각되어 마땅한 드라마이고 그에 걸맞은 캐스팅과 캐릭터를 살린 연기가 관건인 드라마입니다. 게다가 나레이터(극중 서술자에 상응)를 겸한 인물의 메타적 진술이 여행의 여정과 구성상 여정의 경계를 모호하게 하여 뜻밖에도 흥미를 부르는 것입니다. 실상과 가상의 경계를 짓는다고 해도 좋을 것입니다. (사실 주위에서 이 드라마를 봤다는 이도 드물고 보았어도 좋게 평하는 사람이 없으며 그나마 저 말고는 배우들의 연기력을 저평가하는 경우가 대부분인 것은 함정입니다만…)

그 무렵 최고 시청률을 자랑하던 주말 드라마 <황금빛 내 인생>도 얘깃거립니다. 엇갈린 운명의 두 인물을 설정하여 그들의 캐릭터를 살린 구성이 대중의 호응을 불러일으켰던 모양입니다. 말을 거창하게 했지만 두 인물의 운명이란 매우 식상한 제재입니다. 이란성 쌍둥이인줄만 알았던 자매가 사실은 친자매가 아니라 한 명은 본디 부잣집 딸이라는 설정입니다. 그녀는 불의의 사고로 남의 집에서 그 집 딸로 자란 것입니다. 친부모를 찾게 되어 원래 가족의 품으로 돌아가게 되었는데, 키워준 부모가(정확히는 엄마가) 자기 친딸을 그 집 딸이라고 속여 대신 보내게 되는 데서 사단이 지어진다는 설정입니다. 식상하다 못해 넌더리가 날 만한 통속적 설정입니다.

그런데 통속적이라는 것은 그만큼 식상하면서도 대중들에게 익숙하다는 이중성을 지닙니다. 같은 이야깃거리라도 어떻게 달리 구성하고 색다르게 극화하여 보여 주는지가 관건이니 말입니다. 이 드라마는 심상한 제재를 가져오면서도 특히 캐릭터에 여느 경우와 다른 역동적 자질을 부여하여 의미심장한 인물형을 창출합니다. 신데렐라형도 백설공주형도 심청이형도 춘향이형도 숙영낭자형도 영채(『무정』의 주인공)형도 아닌, 선과 악의 경계를 오가고 연민과 비난 사이를 오가며 캐릭터가 성립하는 구성형 인물이라 해도 좋겠습니다. 이 드라마의 재미와 감동의 국면이 더해질 수 있는 것은 인물의 제재적 정합성 여하보다 그 개연적 실감과 허구적 판타지 사이에 구성된 의미망에 관여된 것이라 할 수 있습니다. 소설의 인물에 근사한 국면들이라 해도 좋을 것입니다.

인물의 개연적 자질은 인물 자체의 사실성 여하에 따라 부여되기 십상이지만, 저처럼 인물 설정의 구도와 구성의 역학에 따라 지어지는 면에 주목할 여지가 큽니다. 실제 인물의 형상과 흡사하다고만 해서 개연적 인물이 빚어지는 것은 아닌 만큼, 인물 항은 그 구성상 기능과 역학적 구도 등에 대한 폭넓고 깊이 있는 해석에 회부되어 마땅한 것이지요. 우화의 '주인공'이 사람이 아니라고 해서 그 개연성이 떨어지기보다는 되려 그럴싸한 인간 군상에 사상된 이미지를 얻어 의미심장한 기표가 된다는 점을 염두에 두어도 좋을 것입니다.

#드라마 #메타 층위 #소프 드라마 #통속적 #개연성

Q 그런 까닭에 인물의 형상이나 역할상 등에 주목해야 하는 것이겠군요. 실감 여부보다 중요한 것이 소설의 의미 맥락일 테니까요.

A 그렇습니다. 우리가 실록이나 기사 말고도 소설과 같은 이야기 장르를 향유하려는 이유는 사실에 대한 지시적 이해 못지않게 그에 관여된 의미의 체계에 관심을 갖기 때문입니다. 소설은 사실이냐 아니면 허구냐, 실감이 있느냐 아니면 상상에 부쳐진 것이냐 등과 같은 이원적 사고에 대한 지양을 요구합니다. 다른 요소들도 그러하지만 인물이 이야기의 실감 인자로 크게 여겨지니 인물 요소만큼이나 선연하게 여겨지지는 않는 셈이지요. 그만큼 인물에서 파생되는 의미 맥락이 이야기의 개연성 자질과 관련하여 관건으로 부각되는 편일 것입니다…….

#인물의 실감 #이원적 사고 #개연성

지평에서

❶ 신화를 찾아 읽어 보자. 그리스·로마 신화라도 좋고, 중국 신화라도 좋고, 북유럽 신화, 인도 신화라도 좋다. 물론 우리 민족의 각종 건국 신화나 무속 신화를 읽는 것이 일순위다. 이들 신화에 나오는 신격 인물들의 됨됨이를 곰곰이 따져 보자. 허구성과 사실성을 양단으로 설정하고 그 스펙트럼을 분석해 보자.

❷ 흔히 고전 소설이라고 부르는 조선 후기의 국문 소설을 찾아서 실로 읽어 보자. 요즈음 트렌드에 맞게 현대적 감각으로 번역한 문고판으로 쉬이 접할 수 있을 것이다. 다만 피상적인 스토리 차원의 정보를 떠올리지 말고 실로 구성된 텍스트를 읽어야 한다. 특히 주인공 격의 인물에 주목하여 읽고 인물형에 대해 분석적으로 이해해 보자.

❸ 각종 역사 소설, 나아가 대하 소설을 읽어 보자. 거개가 장편 규모이며 심지어 열 권 스무 권이 넘는 장대한 규모의 소설이니 만치 마음 크게 먹어야 할 것이다. 어떤 소설을 택했는가? 박경리의 『토지』? 아니면 조정래의 『태백산맥』? 황석영의 『장길산』이나 홍명희의 『임꺽정』 정도? 혹 최명희의 『혼불』을 택한 이는 없는가? 이들 모두를 다 읽은 이도 있겠다 싶다. 여하튼 무엇을 택하였든지 역사적 인물을 모형으로 하여 설정된 인물의 면면을 분석해 보자. 물론 캐릭터에 어울리나, 피규어가 제격인가, 페르소나를 쓰고 있지 않은가, 등에 관한 논점을 염두에 두어야 한다.

❹ 영화도 좋겠지만 이번에는 티비 드라마를 찾아보기로 하자. 시청률 높은(높았던) 드라마일수록 좋겠다. 〈미스터 션샤인〉의 작가 김은숙의 드라마라면 어느 것이라도 좋다. 소위 막장 드라마로 유명한 작가와 연출자의 드라마 또한 환영이다. 이러한 드라마의 인기 비결이 무엇인지 따져 보자. 특히 인물 설정과 관련된 면이 있다는 전제에서 그 면면을 분석적으로 이해해 보자.

더 나은 이해를 위하여

- 생활 속에서 자신이 맡은 역할을 찬찬히 생각해 보라. 각각의 역할에 걸맞은 행위를 위해 노력하는 자신의 모습을 떠올려 적어 보라. 어떠어떠한 상황에서 남들에게 보여질 자신의 이미지를 추산하여 서술한다.
- 나의 정체성은 무엇인가? 완성된 자아의 모습은 어떠할까? 과거와 현재의 내 모습이 나를 대변할 수 있는가? 미래의 내 모습은 어느 정도 개연성이 있는가? 나의 캐릭터는? 나의 피규어는? 나의 페르소나는? 나의 실존과 꿈꾸는 존재의 모습 사이의 역학은? '나'를 주인공으로 글을 써 보라.
- 김열규, 『한국인의 자서전』, 웅진지식하우스, 2006.
- 프란츠 카프카 지음, 전영애 옮김, 『변신·시골의사』, 민음사, 1998.

소설의 시간

Q 소설의 시간이라, 소설에서 시간 하면 사건이 언제 벌어졌는지 또 과거의 일인지 현재의 일인지 미래의 일인지 등을 따지는 용어 아닌가요? 사건의 배경 가운데 하나로 알려져 있는…….

A 맞습니다. 다만 그 정도 선에서 이해하고 그칠 개념은 아니지요. 앞서 얘기한 개념들이 그러했던 것처럼 말입니다. 어려운 얘기는 뒤에 하기로 하고, 우선 사건에 관한 시간이라도 단순히 사실적인 시간만을 따지는 것이 아니라는 점에서부터 얘기를 시작해 보기로 하지요.

#시간적 배경

Q 시간적 배경이 사건의 사실 관계를 입증하는 요소인데 사실적인 시간을 따지는 것이 아니라니요?

A '시간' 자체를 한번 따져 봅시다. 이 세계에는 시간이 있나요? [……] 있다구요? 어디 있나요, 그리고 어떤 형태로 있나요? '그 시간'을 한번 보여 주실래요? [……] 아, 지금 시간이 오전 9시 10분을 지나고 있다구요?! 그 시간을 어떻게 알 수 있죠, 한

번 보여 주시겠어요? [……] 아, 좋은 시계 차고 계시네요. 그 시계가 가리키는 시간이 말씀하신 시간과 부합하나요? 휴대폰에 표시된 시간은요? 같은 시간인가요? [……] 같다구요?, 정말?, 물리적 형태 자체가 다를 뿐더러, 시계는 어떤 숫자도 표시되지 않았는데 휴대폰에는 숫자가 표시되어 있군요. 둘이 가리켜 표시한 바가 다른데 어떻게 같은 시간이라고 할 수 있지요? 정말 그것이 9시 10분이라는 시간이 맞나요?

#시간 #시간의 실체

Q 아불싸, 말장난처럼 들리기도 하는데, 듣고 보니 그도 그렇군요. 정말이지 몇 시라는 것을 가리키는 시계나 휴대폰만 보였을 뿐 시간 자체를 제시한 것은 아니군요.

A 그렇지요?! 우리에게 시간이라는 것은 이를 표시하는 매개 수단을 통해 알려져 의식되는 것이지 그 자체가 우리 앞에 주어지지는 않습니다. 어쩌면 그것들이 알려 주는 시간이 정말 정확한 시간인지조차도 불분명하다면 불분명합니다. 시계의 배터리가 방전되거나 태엽이 풀려 멈출 수 있고 핸드폰이 오작동하여, 표시된 시간이 실 시간과 전혀 다를 수 있습니다. 이는 경험해 보지 않고서도 누구나 충분히 인정할 수 있을 텐데요, 그렇다면 시계나 핸드폰은 시간과 무관하거나 되려 잘못된 시간에 관여된 것일 수도 있습니다. 그러니 시간의 매개 수단을 온전히 신뢰해서는 안 됩니다. 시간은 생각해 보아야 할 어떤 관념이거나 개념인지도 모릅니다.

이런 경우도 생각해 볼 수 있습니다. 오늘 우리가 만난 지 얼마나 지났지요? 한 30분 정도 되는 것 같은데 재미 없는 시간 개념에 대해 얘기하느라 한 3시간은 지난 듯하지 않으세요? [……] 아니라고요, 10분도 안 된 것 같다구요, 배려심도 깊으셔. [……] 일각이 여삼추라는 말이 있잖아요, 웃고 떠드는 사이에 한 시간이 훌쩍 지났다고도 하고요. 얼마나 지루하면 일각 즉 15분 혹은 아주 짧은 동안이 삼 년 같이 길게 느껴진다고 하겠습니까, 또 얼마나 즐거우면 한 시간이 금세 지난 듯하다고 느끼겠어요. 우리가 시간을 의식하는 것은 물리적 시간의 경과와 달리 느끼고 경험하는 시간에 관여되는 측면이 큰 경우가 있는 법입니다.

시간이 분명 절대적 기준에 따라 측량 가능한 물리적 연장이 있는 실체인 것은 부정할 수 없겠지만, 인간에게 회부된 시간은 개념이나 관념 층위에서 의식에 부과되어 느끼거나 생각하여 그 면모를 상대적으로 지각할 수 있는 구성체라 할 수 있습니다. 그런 만큼 소설의 시간은 한층 더 지각적 상대성에 회부되게 마련입니다. 그래서 소설의 시간에 대해 탐색할 때에 '서사적 시간'을 상정하곤 합니다.

#시간 개념 #물리적 시간 #시간 측량 #상대적 시간 #지각적 상대성 #서사적 시간

Q 그러고 보니 시간이란 눈에 보이거나 손에 만져지거나 하는 감각적 대상이 아니군요. 그런데도 물리적인 대상처럼 자명하게 받아들인 면이 없지 않은 것 또한 사실이구요. 그렇다고 해서 시간을 온전히 주관적인 것으로 치부할 수는 없지 않을까요?

A 객관이냐 주관이냐 따져서 어느 한편에 귀결시키자는 얘

기가 아니라, 어쩌면 상황 맥락과 조건에 따라 이해와 수용의 방향이 구성된다는 식으로 전제하자는 얘기지요. 시간에 관한 상대성 이론이라고 해서 별스러울 것 없습니다. 특히 소설에서 다루는 시간이 사실 관계를 입증하는 데 쓰이는 요소는 물론 아니며, 사건의 개연성을 드높이는 데 쓰이기도 하지만 이만이 다는 아니라는 점을 의식해야 한다는 얘기입니다. 개연성에 관해서라도 이야기 내적 요소와 외적 대상 사이의 지시 관계를 따지는 데서 그 단서를 얻기보다는, '서사적 개연성'이라고 해도 좋을 텐데요, 이야기로 변용된 세계에서 이야깃거리로 채용된 요소들과 이야기하는 과정에서 구현되는 형상들 사이의 관계에 대해 개연성의 단서를 얻는 편이 '서사 세계'를 이해하는 수월한 방편입니다.

그러니 서사적 시간의 개연성 여하에 대한 판정은 서사 세계에서 통용되는 시간의 상대적 개념을 바탕으로 이루어질 필요가 있습니다. 그래서 소설의 시간은 '서사화된 대상으로서 시간'에 우선 국한하여 이해해야 합니다. 실제 세계를 지배하는 시간의 규율이 얼마나, 또 어떤 양상으로 서사 세계에서 관건이 되느냐 하는 식의 서사적 시간의 눈금을 가늠할 척도scale를 마련해야 하는 것입니다. 그 척도는 서사 세계에 설정된 시간대를 기준으로 구축된 상대적 시간의 축에 설정된 눈금자이므로 이를 분석하는 데 소요될 방법적 개념을 마련하여 적용하는 것이 마땅합니다.

이때 하나의 변수가 '서사의 진행 과정에서 구성되는 시간'입니다. 이를테면 '서술된 시간erzählte Zeit'에 대해 '서술하는 시간Erzählzeit' 항이 상정되어야 하는 것입니다. 서사는 이야기의 대상인 사건이 진행되는 데 소요되는 시간과, 사건을 이야기하거나 서술하는 과정에서 소요되는 시간이 일치하지 않는 경우가 다반사입니다. 아니 그 두 시간의 층위가 일치하는 '실시간 서사real-time narrative'는 있을 수 없습니다.

서사란 원체 일이 벌어진 뒤에 이야기할 수밖에 없는 수순을 벗어날 수 없기 때문입니다. 경험을 의식에 부쳐 관념으로 환산한 다음 언어 회로에 산입하여 언어적 처리 과정을 거쳐 산출된 바를 서술해서 최종 결과물을 얻게 되는 글쓰기 공정을 염두에 두어 보시지요. 설사 실시간으로 벌어지는 일을 조목조목 이야기하는 상황을 상정할 수 있다손 치더라도, 일이 벌어지는 실시간 동안 그 일을 기술하여 완결된 서사적 결과물을 도출하는 것은 이론상으로 불가능하며 실제 그런 예를 찾을 수도 없습니다. 실시간 서사인 양 꾸며 이야기함으로써 모종의 효과를 기대할 수는 있으나 명실상부 실시간 서사는 있을 수 없습니다. 실시간 서사를 모의한 사례 자체가 서사적 시간을 조작할 수밖에 없음을 반증하는 것이니, 서사적 시간의 두 층위[서술된 시간/서술하는 시간]는 기본적으로 일치될 수 없으며 모종의 조작적 개념항으로서 역학 관계에 놓여 있다는 점을 뚜렷이 전제하여야 함을 인정하게 합니다.

#서사적 시간 #상대성 이론 #서술된 시간 #서술하는 시간 #실시간 서사 #층위 #서사적 개연성 #서사 세계 #조작적 개념

Q 서사적 시간의 층위라……. 층위로 구별되니 서로 간의 관계에 대한 논의가 이어질 수밖에 없겠군요?!

▲ 빙고! 그렇지요. 구분된 층위를 상정할 때에는 늘 두 층위 사이의 관계에 대한 논의가 이어지게 마련입니다. 관계에 대한 논의가 필요 없다면 층위 자체를 구분할 필요도 없는 것이지요. 서사적 시간의 층위라고 예외일 수 없습니다.

기본적으로 서사적 시간은 '시간 불일치anachrony'를 전제적 개념으로 도입하여야 성립할 수 있는 논점입니다. 서사의 대상이 되는 사건이 진행되는 데 소요되는 형상적 시간[서술된 시간]과 이야기를 서술하는 과정에 관여된 역학적 시간[서술하는 시간] 사이의 불일치 관계를 전제할 때 비로소 서사가 가능해지는 것이지요. 둘이 반드시 일치해야만 한다면, 혹은 둘의 구분이 무의미하다면, 실시간 서사가 불가능하다는 점을 함께 고려하여 서사 자체가 현상으로 나타날 수 없다고 할 수밖에 없습니다. 실시간의 사건을 다른 시간대에서 조작적으로 서술할 수 있다는 점이 '이야기'를 둘러싼 현상을 가능하게 하는 거점인 것이지요. 그러니 서사적 시간의 두 층위를 설정하지 않으면 안 됩니다.

대체로 이야기를 진행할 때에는 일이 벌어진 시간대를 축소하게 마련입니다. '백 년 동안의 고독'을 이야기하는 데 실로 100년 동안 이야기할 필요가 없으며 그리 이야기할 수도 없습니다. 마르케스Gabriel Garcia Marqués의 소설 『백 년 동안의 고독』이 번역본으로 두 권 분량이니 좀 게으르게 읽어도 이틀이면 읽을 수 있을 테니 이야기하는 데 그만한 시간 정도 걸릴 터입니다. 물론 소설을 쓰는 데 걸렸을 시간을 따진다면 제법 긴 시간대를 잡아야겠지만 그렇다고 100년도 못 산 마르케스가

100년을 걸려 서술했을 리 만무한 것이지요. 사람들은 실제 일이 벌어진 시간을 줄여 이야기할 줄 아는 지혜를 발휘할 수 있기에 심대한 '서사 지층'을 축적해 올 수 있었던 것입니다. 이야기하는 지혜로써 역사도 얻을 수 있었고 삶의 예지를 응축한 문화도 구성할 수 있었으며 과학 기술의 혁신도 이끌 수 있었습니다. 서사적 시간의 조작은 인간의 능력 중 으뜸 가운데 하나로 꼽아도 손색이 없는 셈이지요. 이 능력이 없었다면 눈부신 문명이나 문화가 있었을까 싶습니다.

서사적 시간은 장대한 경험을 단편에 응축할 수 있는 조작적 인지에 관여된 중요한 개념입니다. 이는 단순히 객관이냐 주관이냐 하는 이원론적 환원 구조에 회부될 것이 아닙니다. 서사를 통해 시간을 재구성할 수 있다는 사실이야말로, 서사를 사실과 허구 또는 객관과 주관의 어느 한편에 편입시켜 그 가치를 과장하거나 폄훼하는 담론적 실천에서 벗어날 것을 요청하는 단서라 할 수 있겠습니다.

#서사적 시간 #서사적 시간의 층위 #시간 불일치 #형상적 시간
#역학적 시간 #조작적 인지 #재구성 #마르케스 #백 년 동안의 고독 #지혜

Q 시간을 조작한다, 그렇다면 어떤 식으로든 소설은 사실을 그대로 제시하지 못한다고 할 수 있는 것 아닌가요? 사실이란 시간의 흐름을 전제로 한 것이니까요. 왜, 사건 조서를 꾸밀 때 알리바이로 시간을 확증하는 것이 가장 중요하잖아요.

A 매우 중요한 얘기를 먼저 꺼내셨는데요, 사건을 제시하는 과정 자체가 어떤 식으로든 사실에 변형을 가하는 공정을 가동할 수밖에 없는 상황입니다. 시간 조작을 달리 말하면, 앞서 언

급했던, 시간 불일치나 시간 부정으로 번역될 만한 '아나크로니anachrony'라 합니다. 시간을 뜻하는 어근인 '크로노'에 '반대, 뒤로, 새로'라는 뜻을 안고 있는 '아나'가 덧붙은 조어입니다. 아나키스트 등에서처럼 무엇인가를 부정하거나 반대한다는 뜻을 더하는 접두어가 시간의 흐름을 뜻하는 어근에 부가된 셈이지요. 시간을 뜻하는 크로노만 하더라도 그리스 신화에서 제우스의 아버지인 크로노스에서 비롯된 것이 흥미롭기도 해요. 잘 아시겠지만, 크로노스는 자신의 왕위를 승계하지 않으려고 제 자식을 먹어 삼키는 엽기적인 행위를 일삼은 이입니다. 어머니의 연민으로 막내인 제우스만이 살아 남았는데 이 제우스가 제 아버지를 죽이고 배를 갈라 형들을 되살렸다는 이야기는 잘 알려져 있습니다. 이른바 외디푸스 콤플렉스의 원조가 이 신화에 배어 있습니다. 어찌 보면 그 자신이 시간의 흐름을 부정한 당사자이며 아이러니하게도 제우스 형제들 간의 서열을 거꾸로 만든 장본인이어서 크로노스 자체가 시간의 불일치나 시간 왜곡의 어근으로 쓰여야 하는지도 모르지요. 여하튼……각설.

소설과 같이 사건을 구성하여 이야기를 전하는 방식 자체가 실시간 이야기로 진행될 수 없는 법입니다. 그도 일어난 일 그대로 제시할 수는 없는 노릇이지요. 그래서 소설은 시간 순차적인 구성보다는 인과 관계로 이야기를 진전시키는 구성을 기조로 취합니다. 이를 단순히 이해하여 소설의 구성은 시간 순차적 '스토리story'가 아닌 인과적 '플롯plot'이라고 단선적인 산술의 등식을 세우기도 하였지요. 그런데 이는 구성에 관한 개념항을 세우는 데보다는 시간에 관한 개념항을 세우는 데 유효하고 적절하게 쓰입니다.

앞서 짧게 언급했지만 이야기는 워낙 일이 벌어진 뒤에 제시될 수밖에 없습니다. 그래서 서사는 기본적으로 '사후 제시analepsis'로 이루어집니다. 사건 시간[서술된 시간]과 서술 시간[서술하는 시간] 사이의 불일치 관계 가운데 그 선후 관계에 관한 개념항이 하나 지어지는 셈이지요. 아나렙시스를 기본으로 하지만 이야기의 적확한 효과를 살릴 요량으로 '사전 제시prolepsis'의 방식도 도입할 여지가 생깁니다.

사후 제시와 사전 제시는 '회상과 예견'이 각각 대입될 서사 제시의 두 축입니다. 두 경우 모두 서사적 시간의 불일치 양상을 방증하는 것이며, 두 축으로 변별할 수 있는 서사 제시 방식은 모든 이야기 방식을 대입할 수 있는 포괄적 개념항입니다. 사실 관계를 따지기만 한다면 사후 제시의 방식만을 채용하는 편이 옳을 것이지만 사건에 연루된 인자들의 사실 여부나 입증의 가부 등에서 파생될 이야기의 흥미나 예측의 긴장 요인 등을 고려하자면 사전 제시의 방식을 제껴 두고 인정 아니할 이유는 없습니다. 제가 대학원 석사 과정 학생일 때 세미나 자리에서 최시한 선생님(숙명여대 교수를 역임하신 소설 연구자이자 소설가)이 드신 예를 하나 소개하지요.

탐정 서사에서 사건의 전모, 특히 범죄 피의자의 정체를 제시하는 방식에는 크게 두 가지가 있습니다. 하나는 셜록 홈즈 식이고, 또 하나는 형사 콜롬보 식이지요.

홈즈 스타일은 전형적인 탐정 서사의 제시 방식을 따릅니다. 피의자가 누구인지 끝까지 밝혀지지 않은 채 추리에 추리가 거듭되는 과정에 사건의 내막은 점점 더 미궁에 빠져들 뿐입니다. 독자들의 혼란이 정점에 이를 즈음 홈즈는 용의자들을 소환한 자리에서 극적으로 범인을 지목하고 사건의 전모를 조목조목 밝힙니다. 추리의 개시를 기준으로 볼 때 이는 사후 제시에 상응합니다. 이처럼 사후 제시의 방식을 기조로 하여 이야기의 긴장감을 한껏 끌어 올리는 기법을 구사하여 흥미를 드높이는 것이지요.

반면 콜롬보 스타일에서는 처음부터 사건 현장을 보여 주며 범인이 누구인지 미리 제시합니다. 시청자들이 범인을 알고 있는데 이야기는 끝 아닌가요 하고 반문할 분이 적지 않을 것 같군요. 그런데 천연덕스럽게도 이 드라마에서는 범인을 지목해 둔 채 콜롬보 형사의 수사가 진행됩니다. 다소 우스꽝스럽게도 콜롬보가 용의 선상에 올린 이들은 죄다 범인이 아닙니다. 추리가 적중해 가기는커녕 자꾸만 미끄러져 가는 통에 시청자들은 애간장깨나 태움 직합니다. 그렇게 범인을 잡을 수 있을지 의구심이 증폭되어 정점에 이를 때 콜롬보는 용의자들을 소환한 자리에서 그동안 벌였던 수사와 추리의 전말을 제시하며 그간 용의 선상에서 제외되었던 범인을 지목하며 극적인 반전을 이끕니다. 이때 반전은 범인이 뒤바뀌거나 전혀 새로운 이가 범인으로 지목되는 식의 반전이 아니라 범인을 잡을 수 없을 것 같던 콜롬보가 종내는 예리하고 치밀한 추리로써 사건의 전모를 제시하는 데서 이루어진 반전입니다. 물론 이 또한 표면상 사건이 벌어진 뒤에 이야기가 진행되는 식이라 시간 선후 관계로만 본다면 사후 제시의 다른 양태라고 할 수 있습니다.

그렇지만 인과적으로 재편된 구성에 관해서라면 사전 제시에 상응하는 예라 할 수 있습니다. 드라마 전면에 걸쳐 온통 다 적용된 것은 아니라도 사전 제시를 통해서도 극적인 긴장감을 유발할 수 있음을 보여주는 흥미로운 서사라 할 수 있겠습니다.

이처럼 이야기의 흥미는 서사적 시간의 조율을 통해 상당량 산출됩니다. 이야깃거리 자체가 흥미 있는 것이라고 해서 반드시 흥미로운 이야기가 나오는 것은 아닙니다. 거듭 강조하지만 이야기는 이야깃거리만 아니라 이야기의 구성과 담론을 통해 그 흥미나 가치의 결실이 지어집니다. 구성과 담론 층위에 관여된 서사적 시간 요소의 조율을 통해 이야기의 흥미를 자아낼 수 있다는 점은 그 방증이 되기도 합니다. 소설에서 시간을 배경 요소에 한정한 채 이야기의 실감을 자아내는 인자 정도로만 이해하기에는 서사적 시간의 개념망이 넓고 그 의미 효과가 작지 않다는 점 염두에 두어야겠습니다.

#서사적 시간 #시간 불일치 #시간 조작 #크로노스 #사후 제시 #사전 제시 #회상 #예견 #조율 #셜록 홈즈 #형사 콜롬보

ⓞ 그러니까 소설에서 시간은 사건을 어떤 순서로 제시할 것인지에 관한 것이군요. 순서의 배열 양상에 따라 이야기의 흥미나 효과, 나아가 의미가 달라질 여지가 있다는 것이구요.

△ 그렇지요. 포스터가 스토리와 플롯을 구분할 때에도 사건을 배열하는 순서에 관한 생각을 전제로 한 것이었죠. 순서에 해당하는 영어 단어가 오더order임을 고려하자면 시간의 순서는 배열이나 질서에 관한 개념이기도 합니다. 물론 소설에서 시간이 순서에 관한 방법적 개념으로 쓰이는 것이

다는 아닙니다.

#순서 #배열 #질서

시간 순서 혹은 배열 외에 다른 요소가 있다는 말씀이지요? 어떤 것들이 있지요?

앞서 시간 불일치 개념을 얘기할 때 운을 뗐던 '지속duration'에 관한 개념이 있습니다.

#지속

백 년 동안의 고독을 이야기하는 것에 관한 말씀이지요?

예, 그렇습니다. 다른 예를 더 들어 보지요. 양치기 소년이 양 100마리를 강 건너편에 데려다 놓은 일이 있습니다. 이를 이야기하려면 어떻게 해야 할까요? 액면대로라면 양 한 마리 한 마리를 강 건너편에 데려다 놓는 일을 다 이야기해야 하겠지요? 그렇게 하려면 이야기하는 시간은 얼마나 걸릴까요? [……] 그렇죠, 양 100마리를 건네다 놓는 데 걸리는 시간만큼 이야기를 해야 옳지요. 이 정도는 이야기해도 좋을 것입니다. 그런데 가령 100년 동안에 벌어진 일을 이야기하려면 어떻게 해야 할지요? 액면대로 이야기하자면 이야기하는 데만 100년이 걸릴 터입니다. 그렇다면 아무래도 이야기를 할 수 없을 것입니다. 그렇지만 사람들은 천연덕스럽게 100년 동안은 물론 이를 넘는 시간 동안 벌어진 일에 대해서도 이야기를 합니다. 그것이 이야기를 할 수 있는 요령이지요.

이야기를 하는 데 걸리는 시간이 일이 벌어진 시간만큼

필요하다면 세상에 그 많은 이야기가 있기는 불가능에 가까울 겝니다. 하다 못해 하루 동안 벌어진 일을 이야기하더라도 이야기하는 데만 하루가 소요될 터, 이런 식으로는 어떤 이야기도 하기 곤란하지요. 이야기를 하는 데도 그러하지만 이를 듣거나 읽는 입장에서도 곤혹스럽기는 마찬가지입니다. 하루 일에 대한 이야기를 듣거나 읽는 데만도 하루가 소요되니 그 정도는 견딘다 치더라도 일 년이 가고 십 년이 가는 동안 이야기를 수용하기는 쉽지 않으며 '백 년 동안의 고독'에 대한 이야기는 하기도 읽기도 불가능한 일입니다. 이를테면 실시간 이야기라면 그러하다는 것입니다. 그렇지만 사람들은 실시간으로 이야기를 하지 않습니다. 이야기가 벌어진 시간과 이야기를 하는 시간의 차이를 전제로 이야기 시간을 조율하는 것이지요. 소설에서 시간의 지속에 관한 개념은 이로써 제안될 필연성이 생깁니다.

서술된 시간과 서술하는 시간 사이의 불일치를 전제하지 않으면 소설과 같은 이야기 양식은 있을 수 없습니다. 물론 가장 기본적인 이야기 자체가 불가능하게 되지요. 다행히도 사람들은 이야기 시간에 대한 두 층위의 개념을 인지하고서 둘 사이의 불일치 관계를 의식한 채 둘 사이에 관여된 지속의 양상을 조율하여 서사의 다양한 국면을 바탕으로 이야기를 다채롭게 제시할 수 있었던 것입니다. 서사적 수행에서는 이른바 시간 불일치 현상이 기저를 이루고 있습니다. 다시 강조하지만, 이러한 조작적 현상이 없이는 서사 자체가 현상으로 드러날 수 없습니다. 이런 면에서 소설에서 서사적 시간에 관한 논의가 가능하며 이는 반드시 필요한 논의의 지점이 되는 것입니다.

#지속 #요약 #서술된 시간 #서술하는 시간 #시간 불일치 #백 년 동안의 고독

Q 그렇다면 지속에 관련된 양상은 어떤 식인가요? 일단 생각해 볼 수 있는 것이 양 100마리 건네는 이야기나 백 년 동안의 고독에 관한 이야기라도 그만한 시간이 아니라 짧은 시간 안에 이야기하는 식의 양상일 듯한데요.

A 예, 그렇습니다. 앞서도 언급했고 지금 말씀하신 것처럼, 서사적 지속의 기본은 '요약'입니다. 이 시간 조작 방식이 없으면 이야기를 할 수 없다고 해도 과언이 아닙니다. 대체로 일어난 일의 시간에 비해 이야기 하는 시간이 짧게 마련입니다. 그런데 '느낌'과 같은 것을 이야기한다면 어떨지요?

느낌은 대체로 순간의 일이기 십상입니다. 이를 가장 간단한 감탄사로 표현한다고 해도 그 시간은 느낌의 순간보다 길 수밖에 없습니다. 그러므로 느낌을 이야기하는 시간은 요약과 반대 양상일 수밖에 없습니다. 시간의 '확장'이라 할 수 있겠지요. 대체로 사람의 내면 심리를 서술할 때에는 심리적 활동이 벌어진 시간에 비해 이를 표현하여 서술하는 데 소요되는 시간이 길게 마련입니다. 물론 감정의 동요에 휩쓸린 경우라든지, 느낌을 돌이켜 성찰하는 경우, 또는 심리적 갈등 상황에 직면하여 이를 해소하려는 의식 작용을 진행하는 경우 등, 상대적으로 심리적 활동의 시간이 긴 상황을 서술할 때에는 상반된 시간 양상이 빚어질 수 있습니다. 관건은 서술이 진전되는 상황적 맥락에 대한 이해를 전제로 역동적 국면을 해석하는 시야입니다. 서사적 시간의 양상은 각각이 어떠한 유형적 틀(참고로 '휴지休止'와 '생략'이 유형 목록에 더해지곤 하는데 이 둘을 구분하기 쉽지 않으며 이들을 서사적 시간의 요소로 보아야 할지 의문의 여지가 있음)로 쓰여 이에 현상을 환원하는 규준이 아니기 때문이지요. 실제 시간이 조건과 변수에 따라 경험적으로 달리 환산되는 정황에 비견되게, 서사적 시간 또한 서사의 문맥에 따라 다각적인 구도에 놓인 서술 상황에 대한 이해를 바탕으로 역학적으로 측정되어야 한다고 해도 좋습니다. 시간은 역학dynamics 요소라는 점을 재삼 염두에 두면 좋겠습니다.

#요약 #확장 #서사적 시간 #시간 불일치 #느낌 #심리적 활동 #역학

Q 역학이라 하니 문득 드는 생각인데 시간을 표시하는 방식과 관련하여 아날로그/디지털 방식에 관한 것도 서사적 시간의 역학적 측면과 접점이 있을까요?

A 시간을 표시하는 기계인 시계의 형태가 아날로그 시계와 디지털 시계로 대별되는 것은 누구나 아는 바일 것입니다. 그런데 말입니다, 시간은 디지털 처리 공정에 상응하는 방법적 개념이라 하는 것이 적절할 것 같습니다. 자연은 시시때때로 변화하며 그 나름의 순리대로 운동합니다. 이는 아마도 인간의 의식과 무관하게 진행되는 것일 터 일견 실체에 관한 관념을 자연에 대응시켜 이해하려는 태도 거개가 이러한 자연의 운행 순리에 대한 개념을 바탕에 둔 데서 비롯할 것입니다. 그 운행은 휴지休止pause나 단층斷層gap 없이 연속되는 진행, 또는 쉼 없는 흐름 같은 자질을 바탕으로 합니다.

그런데 이러한 자연이라도 인간의 의식에 부쳐질 때에는 연속적 흐름을 분절segment하여 모종의 개념적 단편으로 환산하는 작업이 앞섭니다. 이를테면 시간의 자연적 순행은 개념적 단편으로 나뉘지 않습니다. 그런데 우리는 시간을 인식할 때 시·분·초 등의 분절 단위에 대입하여 개념적 환산을 시도합니다. 계절이나 월, 주, 일 단위로 좀 더 큰 눈금자를 적용하여 분절하거나, 미처 의식할 수조차 없이 미세한 시간의 격차조차도 소수점 이하 초 단위의 미시적 척도로 분절하기도 합니다. 뜻밖에도 우리는 시간이라는 물리적 실체의 본모습이나 본래 자질과는 무관한 분절적 개념을 들이대어, 지각 범위 밖에 있을 시간을 우리의 인식 범위 내에 이끌어 들입니다.

요컨대 자연스러운 흐름의 실체인 아날로그 시간을, 개념적 조작을 통해 분절하여 개념화한 디지털 시간으로 변환함으로써, 인식할 수 있는 대상으로 바꾸어 의식에 대입하는 것입니다. 어디 시간뿐이겠습니까. 인간이 자연을 이해하는 방식이 죄다 분절적 조작을 통한 개념화라는 인지 공정cognitive processing에서 비롯합니다. 아날로그 세계를 디지털 방식으로 변환하는 것이지요. 바로 그 변환의 기점이 시간의 개념화입니다.

말이 좀 어렵게 흐르는데요, 서사적 시간의 조작은 자연에 상응하는 항인 대상 세계를 서사적 세계로 재편하기 위해 디지털화하는 서사적 공정의 주축을 이룬다고 할 것입니다. 세계의 서사화, 그 공정의 동력은 시간의 서사적 변용 과정에서 발전을 시작합니다. 그리고 이러한 시간의 서사화는 곧 서사적 공간에 관한 항에 연결됩니다.

#아날로그 #디지털 #분절 #개념적 조작 #인지 공정 #시간의 서사화 #서사적 공간

Q 시간이라는 화제 자체가 철학이나 물리학에서도 어려운 이론적 맥락에서 다루는 만큼 서사적 시간에 관한 이론도 쉽지 않은 것이 당연하겠다 싶기도 합니다. 공간도 마찬가지인데, 일찍이 시간 다음 화제로 공간에 대해 얘기한다고 하셨으니 이는 차차 다루기로 하고요. 쉽지 않으니 여기서 일일이 심화된 이론을 언급할 수는 없을 것 같은데, 다만 소설의 주제와 관련하여 시간에 대해 생각할 수 있는 논점이 있을 것 같은데요.

A 시간에 관여된 개념의 총화로 얘기되는 '역사'에 대해서 시간 논점과 관련지어 얘기할 수 있겠습니다.

우리는 통상 역사를 과거 사실의 기록이라고 전제하고 시간의 흐름에 따른 연대기를 기술한 것이라고 수긍합니다. 허구의 기록이어서 태생부터 차원 다른 것으로 간주되는 소설이 역사적 연대기의 구성을 따라 역사를 닮은 서사를 구현한 결과라면 그 의의를 높이 쳐준다는 식의 심산이 나올 수밖에 없을 터입니다. 여기에는 예의 서사란 시간 순차적 구성으로 기술된 이야기라는 생각이 개재해 있습니다. 역사처럼 소설도 시간적 질서의 적용을 받는 장르에 편입된다는 생각 또한 마찬가지입니다. 이러한 생각은 일견 타당한 면이 있으니 그간 상식처럼 수긍되어 왔겠지만, 곰곰이 따져 보자면 딱 들어맞는 생각만은 아닙니다.

우선 그 생각이 타당하려면 역사가 연대기로 구성된 시간 순차적 기록이라는 점이 성립되어야 합니다. 그런데 이 책 모두冒頭에서도 살폈듯이, 역사란 단순히 사실의 연대기로 구성된 것만을 가리키지 않습니다. 역사란 해석의 소산입니다. 해석의 대상인 과거의 사실이 시간 순차적으로 진행된 것이라 하더라도 해석 공정은 시간 순차적일 수 없습니다. 이미 벌어진 일만이 해석에 부쳐질 수 있습니다. 해석 공정에 편입시키기도 전에, 과거의 일은 기억에 회부된 인지 더미 상태일 수밖에 없습니다. 인지 작용을 거쳐 구성된 텍스트일 것이라는 얘깁니다. 이가 해석에 부쳐진 터라면 여러모로 복잡다단할 인지 회로를 거쳐 다중의 결과가 출력되는 식이 될 것입니다.

이러한 공정이 순차적 공정일 리 없습니다. 다중의 회로로 병렬적으로 진행되든지 단선적 회로가 여러 번에 걸쳐 진행되든지 간에 해석의 공정은 시간 축에 배열되는 것이 아니라 다차원의 공간 좌표에 대응될 여지에 열리는 것입니다. 그렇다면 역사는 사실의 기록이라는 시간적 자질로 환원될 것이 아니며 되려 시간을 상대화하여 재편하는 해석의 서술이어서 공간적 자질을 대입할 항이 되는 것입니다.

게다가 소설은 역사를 재구성할 수 있으니 시간의 상대화 층위가 두겹 세겹을 이루고 있다고 할 것입니다. 역사를 재해석·재구성하여 담론함으로써, 역사 본연의 차원들로는 달성하기 힘든 의미의 여지를 서사적 변주로써 열 수 있는 법이지요. 특히 인간사 시간 축의 실상을 재현한 연대기에서 늘 보이는 역사적 비극이 서사에서는 돌이켜져 그 의미를 묻는 물음에 부쳐집니다. 돌이킬 수 있는 일이라면 돌이켜서라도 승자 중심 역사의 그늘에서 희생된 이들을 되살리고, 상처 받은 이들을 치유하는 장을 '모의'하는 것이 서사적 공정입니다. 소설이 시간에 대해 고민해야 한다면 역사적 상흔의 치유에 관심을 수렴해 마땅합니다.

인간사의 시간축에 배열된 역사라 해도 서사의 공간 좌표에 사상mapping되어 새로운 의미망에 회부됨으로써 차원 다른 가치를 산출할 수 있는 것입니다. 역사는 시간적 실체가 아니며 공간적 구성 개념입니다. 서사도 시간적 실체가 아니며 공간적 구성 개념입니다. 역사를 다루는 소설은 시간을 재현하는 지시체가 아니라 공간을 재편하여 의미의 여지를 확장하는 구성체입니다.

말씀하신 것처럼 우리의 화제를 소설의 공간으로 돌려야겠습니다.

#역사 #연대기 #시간 순차적 #시간의 상대화 #공간적 구성 #사상 #모의 #서사적 공정

헤르메스의 교신

원상冤傷 혹은 정신적 외상이라 번역할 수 있는 '트라우마Trauma'는, 그야말로 충격적인 체험이 잠재 의식에 각인되어, 때때로 무심코 떠올리는 기억으로써 드러나 지독한 정신적 고통을 유발하는 병증이다. 그 기억을 온전히 감당하지 못하는 이들은 심한 정신적 장애PTSD; post-traumatic stress disorder를 겪는다. 이럴 때면 육체적 외상보다 더한 병적 징후를 수반하게 마련이다. 트라우마에 시달리는 이들 모두가 그렇듯 심각한 병증에 이르는 것은 아니지만, 요컨대 회한에 찬 삶의 응어리를 안고 살아가며 고통스러워하기 십상이다.

트라우마의 병반을 지닌 이는, 떠올리는 것만으로도 몸서리치게 할 그 기억의 실체를 두려워하여 전전긍긍할 수밖에 없다. 떠올리는 것만도 그러할진대 이야기하는 것은 오죽하겠는가 싶다. 그래도 치유의 거점은, 고통스럽더라도 기억을 떠올려 말함으로써 트라우마의 요인이 되었던 체험을 대상화해 두고서 스스로 확인하게끔 하는 데 있다. 그렇게 하여, 실체 모르던 트라우마의 요인을 찾아 직면함으로써 스트레스 상태에서 벗어날 수 있는 계기를 마련하는 셈이다. 흔히 '말 못할 사연을 가슴에 품고 있다.'고 하는데, 그렇듯이 맺힌 삶의 응어리는 '말문'을 틔워 줌으로써만 해소될 수 있다.

그런데 트라우마가 개인에 국한되지 않고, 집단적 혹은 사회적인 차원으로 비화된 것이라면 어떠할까. 기실 트라우마는 전쟁이나 대학살holocaust의 참극을 목격하거나 그 현장에서 실제로 물리적인 외상을 입어 죽음에 근사한 고통을 당한 충격에서 오는 경우가 있어 더 문제다. 실로 사회적인 문제가 아닐 수 없다. 그럴 경우 육체적 피해 보상과 아울러 이른바 '정신적 피해 보상'이 뒤따르곤 하지만, 그 어떤 물질적 보상으로 정신적 외상을 치유할 수 있을지 의문이다. 역시 치유의 관건은 그 트라우마의 내용을, 그 맺힌 사연을 발설하여 풀게끔 말문을 틔워 주는 데 있다. 말문이 트이면 고통스런 기억을 공유한 이들 간에 모종의 연민과 함께 일체감이 이루어질 것이며 입을 굳게 다물었던 이들조차도 그 담론의 장에 함께 어우러질 법하다. 끔찍한 기억을 혼자서야 떠올리기조차 싫지만, 고통을 함께하는 이들이 있음을 확인한 연후에는 말문을 트게 되고, 말이 모이고 어우러져 급기야 '언로'가 트이기에 이르는 것이다. 한 사람 한 사람의 넋두리가 모여 거대한 담론의 마당이 이루어지게 된다고 할까. 가령 굿판에서 터져 나오는 넋두리 덕에 굿주는 말할 것도 없고 구경꾼들까지 예의 어우러짐으로써 해한과 치유의 의례가 완성되는 원리와 진배없다. 판(마당)에 어우러짐, 그 문화적 상징성은 사회적 해한의 모티프를 담고 있다.

원상이라 하든 한이라 하든, 정신적 충격으로 깊이 남은 상흔은 관념도 아니며 그렇다고 물리적 실체도 아니다. 관념이라서 뇌리에서 지우면 그만일 수 없으며, 실체라서 덮어 버리거나 없애 버리거나 할 수 있는 것도 아니다. 그것은 의식의 저변에 잠재되어 있어 눈에 띄지는 않지만, 계기마다 의식의 겉면에 표출되어 당사자에게 고통스런 기억을 떠올리게 한다. 때로 심신증적psychosomatic 징후를 야기하거나 심지어 자학적인 행동까지 유발하여 문제다. 결국 트라우마는 그 실체 여부에보다는, 삶에 작용하는 과정에 이해의 관건이 있는 셈이다.

그렇다면 원상이든 한이든 자체를 없애서 될 게 아니라, 병반을 치유하여 회복하거나 맺힌 응어리를 풀거나 하여, 온전한 삶의 자리로 복귀할 수 있게 치유책therapy을 강구하는 것이 타당하다고 할 수 있다. 당장은 고통스럽더라도 기억을 떠올려 얘기하게 하는 것이 치유의 구심점인데, 무조건 상처를 후벼 파다가는 환부를 더 키우거나 심각한 부작용을 유발할 수 있기에, 우원迂遠한 이야기부터 꺼내어 차츰 병반에 다가선 이야기를 할 수 있도록 처방하는 방안을 모색해 마땅하다. 혹은 굿판에서 공수의 원리대로, 혹은 심리극의 원리대로, 대리인이 그 사연을 이야기하거나 극화해 줌으로써, 당사자의 고통을 덜어 줄 여지도 있을 것이다. 이런 맥락에서 서사는 가장 훌륭한 처방 가운데 하나이다.

가령, 5·18 광주민중항쟁(광주민주화운동)의 원상은 관련 소설로써 치유의 단서를 모색할 여지가 있다. 물론 그 이야기의 양상이 일면에만 걸쳐 있지 않다. '대학살'의 참극, 그 살육의 현장에 연루되었을 이들에 얽힌 사연이 한두 가지 면에만 걸쳐 있지는 않을 것이다. 죽어간 이들, 심하게 부상을 입어 고통을 겪는 이들, 피해 당사자들보다 더한 고통을 감내해야 하는 가족들, 동료의 죽음을 지켜보며 자신만 살아남았다는 죄책감에 괴로워하는 이들, 혹은 총칼 앞에 무력할 수밖에 없었음을 자책하는 이들, 심지어 무자비한 폭력을 휘두르며 무고한 이들을 난자하고 그들에게 총을 겨눴던 이들……. 언뜻 떠올려 보아도 여러 국면의 이야깃거리가 있음직하다. 트라우마의 계기가 다를 것이며 그 트라우마를 짊어지는 태도 여하에 따라 이야기의 양상이 각색일 게 분명하다. 병반의 상태가 다르기에 치유의 처방을 다각도로 모색해야 하는 것도 자명하다.

그런데도 5·18과 같이 집단적 혹은 사회적 원상을 야기한 사태에는, 개개인의 원상을 치유하는 것만으로 해소되지 않을, 또 다른 차원의 상흔이 잠재되어 있다. 구성원 개인의 총합이 사회의 외연에 훨씬 못미치듯, 개인의 트라우마 혹은 한의 총화는 사회적 트라우마의 범위나 한의 크기와 같지 않을 것이다. 한 마을 전체에 역질이 퍼져 많은 이들이 죽었거나 어촌에서 고기잡이 나간 마을 사람들이 풍랑에 몰살당했을 때에, 개인적인 씻김굿[진오귀굿] 아닌 사회적인 별신굿을 해야만 마을에 드리운 한의 그늘을 온전히 거두어 낼 수 있다는 문화적 상징을 기억해도 좋다. 나치의 대학살에 대규모로 희생된 유태인들의 트라우마를 회복시키기 위한 치유책이 민족을 넘어 전지구적인 차원에서 진행되었음을 돌이켜 보아도 좋다. 실질적인 보상 대책을 마련하거나 정치적인 수준에서 사태 주동자를 처벌하거나 하여서도 치유책을 강구할 수 있겠지만, 정작 정신적 외상의 환부를 어루만지는 상징적 처방으로써 치유책을 모색할 필요가 있다. 개인적 넋두리의 차원을 넘어 사회적 담론의 장을 구축할 방안을 모색해야 한다.

—「역사적 원상, 서사적 치유의 주제학」 중에서

지평에서

❶ 앞서 읽었던 신화를 다시 꺼내어 보자. 혹 관심 있게 읽은 적이 있다면 소위 판타지 소설을 꺼내어도 좋다. 이들 세계에서 유효한 시간 개념은 어떠한지 추산해 보자. 또한 앞서 읽었던 고전 소설도 다시 펼쳐 보자. 이들에서 유효한 시간 개념 또한 추산해 보자. 앞서 읽었던 일제 강점기의 소설이나 최근의 소설을 더 읽고서 이들에서 유효한 시간 개념은 또 어떠한지 분석해 보자. 종내에는 각각의 경우를 견주어 정리하여 각각의 양상을 대비해 보자. 서사에서 시간 개념은 어떻게 서사적 형상을 지니게 되는가?

❷ 이청준의 소품 「들꽃 씨앗 하나」를 찾아 읽어 보자. 이 소설에서 구성상 관건인 '시간과의 싸움' 양상을 분석해 보자.

❸ 천명관의 장편소설 『고래』를 읽어 보는 것도 좋겠다. 역사적 시간의 상대화[대상화]라는 맥락에서 분석해 보자.

❹ 앞서 보았을 영화 〈메멘토〉의 아나크로니 양상을 분석해 보자. 내친김에 놀란 감독의 최근작 〈덩케르크〉의 서사적 시간에 대해 분석해 보면 금상첨화겠다. 〈인터스텔라〉의 주제 층위에서 돋보이는 시간 개념에 대한 탐색을 할 수 있다면 더욱 좋을 것은 말할 나위 없다.

더 나은 이해를 위하여

- 다시 지난 일주일 동안 있었던 일을 떠올려 보라. 그 일주일의 일을 이야기해 보자. 당신은 어떠한 시간 불일치 전략을 수립하였는가?
- 우리에게 시간은 어떤 의미인가? 시간을 인식하는 방법은 어떠한가? 시간의 굴레에 갇혀 있다는 생각은 하지 않는가? 그렇다면 그 굴레에서 벗어나기 위해 당신은 어떤 책략을 활용하는가?

- 이재선, 『현대 소설의 서사시학』, 학연사, 2002.
- S. 리몬 케넌 지음, 최상규 옮김, 『소설의 현대 시학』, 예림기획, 1999.

소설의 공간

소설에서 시간이 단순한 배경 요소 정도가 아니라는 점이 흥미로웠는데요, 공간도 시간처럼 배경 요소 정도로 여겨지고 사건의 실감을 보전하는 설정 정도로 이해되거든요. 그런데 앞서 서사적 시간에 관한 논의가 공간에 관한 항으로 연결된다고 한 것을 보면, 소설에서 공간도 만만치 않게 복잡한 개념일 듯합니다만…….

보통 소설의 배경 요소로 시간적·공간적 배경을 꼽고 이들 요소가 소설의 사실성을 높인다고 설명하지요. 그런데 앞서 시간이 그러했듯이 공간 또한 배경 수준에서만 논의되고 말 요소는 아닙니다. 더욱이 이야기의 사실성이나 개연성에 기여하는 요소라고만 할 수는 없습니다.

#공간적 배경

그래도 시간에 비해서 공간은 아무래도 대상의 실제 형태가 선명하게 있을 것 같고 하니 이야기의 실감을 높이는 중요한 요소가 되기도 할 듯하거든요…….

흔히 그리 생각하기 십상이지만, 되려 시간이 실체 개념에 가깝고 공간은 실체적 자질보다 구성적 자질을 안고 있는 현상에 가깝습니다. 가령, 시간은 감각의 대상은 아니지만 일정한 척도를 세워 시계와 같은 매체를 통해서 가늠하거나 확인할 수 있습니다. 그 실체의 오롯한 면모에 정합한 것이라고 할 수는 없을지라도 그에 근사한 값을 객관적 척도를 통해 얻을 수 있으니 실체적 자질에 근사한 대상이라고 할 수 있는 것이지요. 반면, 공간은 물리적 연장extension으로 측량 가능한 장소와 대별되는 개념입니다. 장소에 의미가 부가된 양태에 상응하는 개념이 공간인 만큼, 그 구성 조건이나 의미 맥락에 따라 다른 형상 혹은 구성체를 얻을 수 있는 구성적 개념입니다. 좀 어려운가요?

#구성적 자질 #구성적 개념 #물리적 연장 #장소 #의미 맥락

예, 시간에 대해 얘기한 정황을 돌이켜 보고 예상은 했지만 공간은 시작부터 만만치 않군요. 실체와 구성체를 구별하는 것은 어느 정도 익숙해졌습니다만, 공간이 구성적 개념이라고 하니 또 어떤 의미 맥락인지 얼른 수긍되지는 않네요.

우리가 문답을 주고받고 있는 이곳에 대해 생각해 봅시다. 여기가 어디인가요? [……] 그렇죠, 강의실입니다. 그런데 어떻게 혹은 왜 강의실이라고 할 수 있지요? [……] 아, 강의하는 곳이니까! 그렇겠지요. 그렇지만 강의를 강의실에서만 하는 것도 아니고 여기에서 늘 강의가 열리는 것만은 아니잖아요? 그래서는 곤란하겠지만 여기에서 밥을 먹을 수도 있고, 술을 마실 수도 있고, 춤추고 노래 부를 수도 있습니다. 그렇다면 식당도 되고 주점도 되며, 심지어 클럽도 되는 셈입니다, 신성한(?!) 강의실이 아니라는 말입니다. 물론 한두 번 그리한다고 해서 강의실이라는 본래 용도나 본래 명칭이 바뀌는 것은 아니지만 여하튼 이곳이 강의실의 자질에 온전히 고정된 채 변용을 허용하지 않는 영역의 것은 아닙니다. 가역적이라고 할까요, 공간은 이러한 속성이 기저를 이루고 있습니다. 이를 두고 실체적 개념이 아니라 구성적 개념이라고 하지요.

공간이 고정된 대상이 아니니 이를 채용하여 변용한 소설에서의 공간이 그러할 리 만무합니다. 되려 소설의 공간으로 변용되는 양상이 공간의 가역적 자질을 방증한다고 할 수 있습니다. 소설의 공간은 이야기가 벌어지는 장소를 실감 있게 그린 배경 이상의 의미를 낼 수 있는 여지가 큰 요소입니다.

#구성적 개념 #가역적 #소설의 공간

장소와 공간을 구분해서 언급하셨는데 그 개념 차이에 대해 좀 더 설명해 주시지요.

두 개념의 차이는 통상 이푸 투안Yi-Fu Tuan이 지리학 분야에서 제안한 개념 대비의 맥락이 널리 알려져 있습니다. 장소는 경험 범위 내의 구체적 대상 같은 것이고, 공간은 추상적이고 개념적인 관념 같은 것이라고 생각하면 틀림 없습니다. 물론 투안에 따르면 그렇다는 얘깁니다. 또 하나, 장소가 한정된 영역에 관한 자질을 안은 개념이라면 공간은 한계가 확정되지 않은 열린 자유에 관한 자질을 안은 개념입니다.

『인간과 공간Mensch und Raum』의 저자 볼노Otto Friedrich Bollonow 식대로 생각하여, 장소가 안정된 영역에서 인간을 보호하는 속성을 지닌다면 공간은 인간의 자유로운 지평 확장을 도모하는 데 관여된 속성을 지닌다고 해도 좋습니다. 이러한 생각은 기본적으로 하이데거Martin Heidegger 식의 실존론적 공간 개념에 기저를 둔 것인데요, 투안이 기존의 추상적인 지리학의 논점을 대체할 요량으로 경험 영역의 장소에 방법적 주도권을 두고자 하면서 개념의 폭을 한정한 혐의가 짙습니다. 공간에 관한 사유의 여지를 제한된 국면에 정체시킨 문제가 있으므로 소위 '인문 지리학'의 개념망을 무비판적으로 가져다 써서는 곤란합니다. 대신 하이데거의 공간 사유의 맥락을 잘 계승하면서도 모호하거나 불확정적인 공간 개념의 인문적 의미망을 선연하게 정리하여 제시한 볼노의 입론과, 이를 바탕으로 『소설에서의 인간과 공간Mensch und Raum in Roman』을 쓴 힐레브란트Burno Hillebrand의 입론 등에서 서사적 공간에 관한 사유의 단서를 얻기 수월합니다.

관건은 수학적·과학적 공간과 변별되는 문학적 공간의 자질을 이해하고 이를 통해 얻을 수 있는 소설의 공간에 관한 입론의 맥락을 마련하는 데 있습니다. 변별 자질의 전제적 조건은 소설과 같은 문학에서 공간은 물리적인 연장이나 경험적인 측량치로 환산할 수 없는 구성적 개념이어서 대체로 표상적 의미항에 부쳐진다는 점입니다. 문학에서 공간 하면 흔히 떠올림 직한 배경 수준에 상응하는 것이 아니라는 점 또한 염두에 두어야 합니다.

문학에서 공간은 말하자면 문학적으로 변용된 공간입니다. 이렇게 말하면 답이 되는 듯하지만 사실 아무런 의미의 진전이 없는 동어 반복이나 마찬가지입니다. '문학적'이라는 것이 어떤 양상이나 국면인지부터 해명되어야 할 표지입니다. 게다가 문학적으로 변용된다는 것이 어떤 양태의 결과를 일컫는지에 대해서는 과연 그 답을 찾을 수 있을지부터 염려스럽습니다. 실체적 지시 관계와 재현 양상을 전제로 하기에 그러합니다.

문학적 공간이라고 해서 특별한 개념적 외연이 있는 것은 아닙니다. 그저 문학으로 인정되는 텍스트에 관여된 공간 요소를 추출하여 그에 대해 이리저리 지각하고 생각하는 과정에서 문학적 공간에 관한 개념항이나 형상들이 구성될 수 있을 터입니다. 상위 항인 공간이 그러하듯이 문학적 공간도 구성적 개념에 부쳐져야 하겠지요. 그렇다면 굳이 '문학적 공간' 하는 식으로 한정할 필요가 없을 것이며, 이러한 논리적 수순은 서사에서 공간에 관해 생각할 때에도 마찬가지로 적용됩니다.

서사적 공간이 따로 있는 것은 아니며, 다만 서사에 관여된 현상이나 수행, 혹은 텍스트 등에서 구성된 공간 자질과 공간 형상 등에 관한 것이 논항의 계열을 이룰 것입니다. 빼놓을 수 없는 것은, 서사의 구성과 소통에 관여된 역학의 장이 서사 공간의 구심을 이룬다는 점입니다. 이 서사 역학에 관여된 공간은 다음에 소설의 담론을 다룰 때 자세히 논급할 것이니 여기에서는 서사의 제재 층위에 관여된 공간 요소에 대해 얘기하기로 하지요. 우선 장소와 공간의 변별이 이해의 거점입니다.

#장소와 공간 #투안 #인간과 공간 #볼노 #하이데거 #문학적 공간 #서사적 공간 #공간 자질 #공간 형상

Q 소위 인문 지리학에서 장소와 공간 개념을 구분하여 제시한 것이 공간에 대한 인문적 의미를 묻는 단서라고 보면 되는 것인가요? 그런데 가령 철

학사를 보면 공간에 관한 철학이 그리스 철학 이전부터 전개된 것으로 나오거든요. 지리학에 인문이라는 단서를 붙여 한정한 의중도 있을 듯한데, 소위 인문학에 포괄될 영역에서 공간에 대한 접근이 이루어진 경우가 없지 않을 듯도 하구요. 공간 논의의 인문학적 계보랄까, 뭐 그러한 맥락에서 좀 더 진전된 얘기를 해주시면 좋겠습니다만…….

▲ 적확한 물음입니다. 인문 지리학을 표방하는 편에서는 투안의 입론이 매우 참신하고 전향적인 시각을 제시한 것으로 인정하는 분위기입니다만, 그 논의가 새로운 것은 아니며, 그도 그가 창안한 독보적 개념들로 진행된 것이 아닙니다. 가령 '장소상실·무장소성placelessness' 등의 개념을 제안하고 이를 바탕으로 현대 도시 공간의 여러 문제에 접근하여 인문 지리학의 정립에 크게 공헌한 에드워드 렐프Edward Relph가 밝히고 있듯이 그들의 이론은 기본적으로 하이데거의 공간 논의를 기반으로 하고 있습니다. 제 느낌으로는, 핵심적인 아이디어를 빌려서 지리학의 주요 관심사를 '공간에서 장소로' 바꾸는 데 적용하는 과정에서 본디 개념의 의미 맥락을 온전히 이해하고 다른 의미의 여지에 대해 진전된 사유를 진행하지는 못한 듯합니다. 아니 느낌 수준은 아니고 하이데거의 실존적 공간 논의의 의미망을 오롯이 통찰하지 못하여 빚어진 개념 구성의 난항을 엿볼 수 있습니다. 우선 투안의 논지를 정리해 보기로 하지요.

'공간'은 텅 비어 있고 광활(뉘앙스로 따지면 황량)하여서 공간에 처한 이로서는 두려움을 안을 만합니다. 이에 비해 '장소'는 일정한 구역이 정해져 있어서 장소 안에 있는 이들로 하여금 보호 받고 있다는 안정감과 안도감을 느끼게 합니다. 장소는 공간에 경험이 더해져 산출된 진전된 양태라는 심산이 투안의 논지에 강하게 배어 있습니다. 지리에 관여된 활동의 주역인 인간이 중심에 선 지리학을 떠받칠 개념이 필요했을 터, 지리학의 대상을 공간에서 장소로 옮겨 놓고자 했던 것이지요. 추상적인 공간은 글자 그대로 '구체적인embodied'[사람의 몸과 하나된] 장소에 견줄 바 되지 못한 것으로 치부되기에 이르렀다고도 하겠습니다.

장소는 공간에 의미가 더해진 개념으로 상정된 것으로 렐프 식으로 보자면 실존론적 개념입니다. 그런데 이는 하이데거 식의 실존론적 공간 개념과 지향이 상반된 것입니다. 하이데거는 공간Raum이란 물리적인 장소Ort에 현존재Dasein의 실존적 수행이 관여된 개념이라고 상정합니다. 장소는 그 자체로서 무의미한 대상인데, 이를 두고서 현존재의 요구로 '손아귀'에 움켜쥘 수 있을 만한 범위 내에서 쓰임 직한 여지를 구성할 때[räumen] 비로소 현존재에게 의미심장한 공간으로 받아들여진다는 것입니다. 따라서 공간은 고정된 영역에 국한되는 것이 아니라 실존적 요구, 곧 이해Verstehen를 향해 열려진 상태로 전제됩니다. 현존재가 여지를 부여한[einräumen] 가능태가 공간에 상응하는 것이라 할 수 있는 셈이지요.

이런 맥락에서 보면 투안이 제기한 장소 개념은 하이데거 식 공간 개념의 한 국면에 대응된다고 할 수 있습니다. 렐프 식의 '플레이스리스니스'도 여지가 봉쇄된 폐쇄적 장소 개념에 대응됩니다. 하이데거 입장에 빙의하여 보자면 장소는 그 자체가 이미 렐프 식의 무장소이지 장소 따로 무장소 따로 있는 것이 아닙니다. 인문 지리학자들이 하이데거 식 공간 논의를 기본 입장으로 취했다고 하는데, 과연 어떻게 적용했다는 것인지 따지고 보면 유감스럽게도 전제에서부터 당착을 확인할 수 있을 뿐입니다. 하이데거의 공간 입론을 좀 더 수월한 문맥에서 정리하여 이해를 돕는 볼노의 생각만 따랐어도 불필요한 이론적 당착의 우는 덜었을 것입니다. 각설하지요.

#공간 #장소 #장소상실 #무장소 #인문 지리학 #렐프 #하이데거 #현존재 #손아귀 #이해 #여지 #가능태 #이론적 당착

Q 이론적 당착이 있어서 문제라고는 하지만, 여하튼 무장소(성) 혹은 장소상실(성) 논의는 흥미로운 제안인 것 같습니다. 특히 현대인들이 처한 공간적 상황을 얘기하는 데 적용하기에 효과적인 개념일 듯합니다만…….

A 현대의 공간과 관련하여 흥미로운 자질에 관심하게 하는 개념입니다. 앞서 얘기했듯이 인문 지리학에서는 인간의 삶에 밀착한 장소 개념에 구심을 두고 공간에 관여된 현상을 연구하려는 방법을 모색합니다. 특히 장소는 사람들이 안정된 삶을 이어 갈 수 있도록 보호하는 자질을 기본으로 합니다. 볼노가 언급한 공간의 '피호성被護性Geborgenheit'에 상응하는 생각이 장소 개념을 받치고 있는 셈이지요. 특히 집이 안정된 보호 자질을 안은 장소의 대표적 표상으로 제기됩니다. 인간이 주거 장소를 확보하고 집을 지어 자신의 영역을 얻으려는 심산은 장소에 대한 애정, 곧 장소애topophilia라 이름 붙여져 인문 지리학의 대표적 개념항으로 세워지기도 합니다.

그런데 현대인들은 그러한 안정된 주거 장소를 얻기 힘든 정황에 내몰린다는 것이 장소상실(성), 무장소(성)에 관한 논점이 제기되는 맥락입니다. 앞서 언급했습니다만, 두 말은 '플레이스리스니스placelessness'의 역어로 동일한 개념이며 적용 맥락에 따라 호환하여 쓰입니다. 이를 논의 선상에 부치는 맥락은 현대인들이 겪게 되는 공간 문제의 거점이, 안정된 장소적 저변을 상실한 상황에 있다는 것입니다. 렐프는 이를 연구의 주요 개념으로 삼아 현대 사회에 편재한 공간적 문제 상황에 대한 의미심장한 성과를 제시합니다. 장소에 애착하는 인간 본연의 열망이 좌절될 수밖에 없는 현대 사회의 문제 지점이 장소상실성에 연결되어 있다는 진단은 주거 문제를 도시 문제의 제일 항으로 보는 도시 사회학의 진단과도 상통하는 면이 있습니다. 현대인의 생활 거점이 도시인 만큼 장소성을 상실하여 무장소로 전락한 도시에서 겪게 되는 현대인의 문제 상황을 들추기에 플레이스리스니스는 더없이 적확한 개념이라 하겠습니다.

#장소 #장소성 #장소애 #장소상실 #무장소 #주거 #안정된 삶 #피호성

Q 소설에서 공간이, 무장소에 처한 현대인들의 문제 상황에 접근하는 양상이 중요하겠군요.

A 그렇습니다. 우리의 경우도 1970·80년대 소설에서 그러한 양상이 짙게 보입니다. 소위 근대화의 기치를 내걸고 진행된 유신 시대의 개발 정책은 산업화와 도시화를 기조로 하였지요. 겉면에 비친 눈부신 성장의 이면에서는 왜곡된 성장과 분배 구조에 희생된 이들의 삶에 드리운 그늘이 더욱 짙어져 가는 형국이었습니다.

특히 삶의 터전을 떠나 도시로 이주한 이들을 둘러싸고서 고통을 안긴 모순된 정치·경제적 상황은 도시 빈민층으로 전락한 이들의 삶의 자리에 질기고 강한 뿌리를 내렸습니다. 단순히 이면의 그늘진 삶의 구석이라고만 형언하기에는 한참 미치지 못할 정도로 가난한 이들의 삶의 자리를 파탄 지경에 내몰았습니다. 도시 빈민들에게 주어진 무장소의 상황은 절체절명의 상황이었던 셈이지요. 급격한 재개발의 회오리는 특히 이들의 무장소적 소외 상황을 가속하는 동력이었습니다. 삶의 안정된 저변을 얻지 못한 이들에게 고통을 덜어 줄 공간에 대한 요구는 거의 절대적이었을 것입니다.

「난장이가 쏘아 올린 작은 공」이라는 소설을 다들 기억하실 것입니다. 삶의 자리를 끝내 지키려는 난장이 김불이 가족의 눈물겨운 투쟁과 이를 짓밟은 재개발 철거의 폭력을 기억하실 것입니다. '197×년'이라 하여 구체적인 연도를 가린 덕에 1970년대에 폭넓게 자행된 일이라는 표상이 부가된 재개발 철거 지역의 민낯을 폭로하는 서사적 설정이 흥미롭습니다. '서울특별시 낙원구 행복동'이라 하여 실제 지명과 가상 지명을 조합한 배경 또한, 그 번지수까지 매우 자세하게 제시되었지만 정작 그러한 번지수는 실제 있을 수 없는 식으로 꾸밈으로써, 서울 지역 전역에 걸쳐 일어났거나 일어날 수 있는 사건이라는 설정을 그럴싸하게 만들기도 했습니다. 요컨대 70년대 서울에서 벌어졌을 법한 재개발 철거의 정치·경제적 문제 상황을 서사적으로 변용한 이야기가 힘을 발하는 데 시간과 공간의 서사적 설정이 크게 작용한다는 점을 확인할 수 있는 것입니다.

#근대화 #산업화 #도시화 #개발 #재개발 #철거
#난장이가 쏘아 올린 작은 공

Q 도시, 도시인, 도시 문제 등에 대한 서사적 공간의 해법은 어떠한가요?

A 소설의 문제 의식이 사회의 여러 국면과 삶의 여러 양태에 미쳐 있는 까닭에 그 단면을 한두 국면에 귀결 짓기는 곤란합니다. 다만 「난쏘공」에서와 같이 사회 구조적 문제 상황에 대해 정치·경제적 측면에서 접근하는 경우에는, 개인의 문제를 사회적 문제 층위로 비화시킨 서사적 형상을 통해 비판적 담론의 양태가 될 만한 서사적 결구結構를 내는 편이 대체로 온당해 보입니다. 인위적인 근대화 과정에서 급행으로 진행된 도시화 도정에 빚어질 수밖에 없었을 주거의 문제가 재개발 지역의 폭압적 철거 문제를 구심점으로 폭발하듯 드러났을 것이며, 저처럼 재개발 지역의 폭력적 상황을 서사적으로 연출한 사례가 나타났던 것입니다. 소설이 시대적 요구에 응답한 것이라 해도 좋겠지요.

1970년대와 80년대 소설에서 도시의 문제 상황을 다룬 예는 많기도 하지만 이를 다루는 시각 또한 다각적입니다. 「난쏘공」의 경우처럼 도시 사회의 구조적 문제를 다루는 사례뿐만 아니라, 여러 이유와 변수로 소외된 도시인의 초상을 그린 사례 또한 흔하다고 해도 좋을 만큼입니다. 당시 지식 사회에 유행처럼 번진 실존주의의 영향이 크기도 하였던 모양입니다. 「무진기행」이나 「서울, 1964년 겨울」 등 김승옥의 소설이나 「아홉 켤레의 구두로 남은 사내」와 같은 윤흥길의 소설 등에서 그런 초상을 확인할 수 있습니다.

무엇보다 흥미로운 것은 '도시'가 주인공인 소설이 등장한 점입니다. 이청준의 「잔인한 도시」는 제목이 시사하는 바처럼

'도시가 잔인하다.'를 모티프로 한 소설입니다. 일견 주인공처럼 보이는 출소자 사내는 표면상 주연일 뿐 이미 잔인할 지경으로 비정해진 도시의 모습을 부각하는 조연에 불과해 보입니다. 이 소설의 주인공은 도시가 분명합니다. 감옥소보다 더 인간의 실존적 자유를 억압하는 '도시의 피규어'가 발하는 힘이 대단하여, 이를 피해 고향으로 향하는 사내의 마음이 울리는 공명의 진폭이 크게 느껴질 법도 합니다. 하지만 정작 그가 찾을 고향이 온전한 모습으로 그를 기다리고 있을지 확언하지 않는 결말의 여운이 의미심장한 아이러니를 낳습니다. 장소를 상실한 도시인들이 가 닿을 본연의 장소는 과연 마음만 먹으면 찾을 수 있는 것일까요? 이 즈음에 생산된 소설군에서 전하는 전언은 그렇지 않을 공산이 크다는 의구심투성이입니다.

특히 도시화가 진전되어 나라 전역에 걸쳐 도시적 풍광과 도시적 삶의 방식이 편재하여 저변화된 다음이라면, 특별한 표지가 덧붙어 별스럽게 취급되던 현상의 지위를 '도시' 자체가 내려놓는 위상 전이가 빚어집니다. 우리가 입고 사는 옷이 원체 서양의 옷이지만 일상의 옷이 된 터라 양복이라고 부르거나 그리 의식하지 않는 것과 마찬가지로, 도시는 더 이상 표식이 덧붙은marked 표지가 아닌 것입니다. 이런 상황에서라면 도시 문명이나 도시적 삶의 방식에 염증을 느끼거나 다층적인 사회적 역할 속에서 혼선을 겪어 지치고 병든 이들에게 출구는 어디로나 있는 것일까요?

광활함과 자유로움의 표상인 '공간'에 대한 여망의 단서가 생기는 구심이 이러한 물음에서 구성됩니다. 장소상실·무장소에 처한 이들의 꿈이 장소의 복원이라는 퇴행적 방식으로 이루어질 리 만무한 상황에 던져진 실존들의 수행은 삶의 여지를 더하기 위한 공간 기획으로 정향의 지점을 돌리게 됩니다. 장소에서 공간으로 관심이 전환되는 단서를 소설에서 확인할 수 있는 바, 소설은 그 자체로서 공간 기획을 지향한 실존적 열망에 부응하여 공간의 여지를 제공하는 매체 역할을 하게 되는 것입니다.

#공간 기획 #장소에서 공간으로 #공간의 여지 #구조적 문제
#도시 공간 #잔인한 도시

헤르메스의 교신

서사적 공간은 단순히 이야기의 배경에 국한된 대상 세계를 전사轉寫하여 구현하는 차원의 것이 아니다. 실감을 자아내는 방편으로보다는 모종의 의미를 구현하는 기제로 작동한다. 물리적 장소의 실상을 고스란히 구현하려는 공간 투시의 방법이 없지 않으나, 이는 본격적인 서사적 공간으로 인정되지 않는다. 공간 투영의 과정에 작용하는 서사적 변용이 전제되었을 때라야 의미를 획득하는 공간 형상일 수 있는데, 그 실감 형상이나 지시적 투영 여하를 가늠하는 데보다는 서사적 공간 형상의 국면을 분석하는 데 관건이 있다. 삶의 총체적 국면을 전망하기에 좋은 소설 장르의 본색을 고려할 때 더욱 그러하다. 가령 단순히 도시를 배경으로 펼쳐지는 이야기는 별스런 관건이 아니다. 도시에 관여된 삶의 문제를 주제로 한 이야기에 관심을 지향하는 것이 타당하다. 이때 도시가 장소 아닌 공간 논점으로 수렴될 터이며, 이를 요컨대 도시의 서사적 공간 형상이라 할 수 있는 것이다.

도시는 삶의 경관landscape은 물론이거니와 인간의 관계 개념이나 신념 혹은 가치관, 나아가 이념적 성향까지 바꾸어 문화 전반의 지형을 새로 그리게끔 할 정도로 영향력이 막강하다. 특히 오늘날 도시는 더 이상 이질적인 영역이나 삶의 본령에서 벗어난 배경으로 취급할 수 없다. 요컨대 도시는 현대인의 삶의 기초적 조건이자 사회적 조건의 기저를 이룬다고 할 수 있다. 낯설지만 호기심거리로 대상화되어 이해되던 도시가 아닌 것이다. 이는 구체적인 삶의 장으로서 받아들여지기보다 추상적인 관념의 층위로 전환된 구조나 이미지의 양태로 수용되는 공간 차원의 장이다.

기실, 혈연이나 지연 공동체인 농경 사회에서는 구성원들이 일정한 지역 내에 터전을 일구어 삶을 영위하는 까닭에 한정된 장소를 구획하는 것이 지혜롭다. 이른바 장소애topophilia는 공동체의 보호 속성에서 비롯된다. 그런데 친족적 연고나 지역적 연고와 관계없이 구성되는 도시 사회에서 저러한 장소애가 구심을 이룰 여지는 없어 보인다. 이방異邦에서 모여든 도시인들에게 애착이 가는 장소는 고향일지언정 거주 지역은 아닐 것이다. 따라서 도시인들에게는 장소에 대한 감각보다 특정 장소를 초월한 공간에 대한 의식이 유효하다. 도시는 공간에 대한 관심을 부르며, 도시의 본질은 공간성의 기획에 있다.

전통적 공동체 사회에서는 삶의 범위가 특정 장소에 한정되어 있는 까닭에 광대하고 개방적인 공간에 대한 관심이 생길 개연성이 적다. 공동체의 장소적 범위가 구획됨으로써 성원들은 삶의 안정을 보호 받는다. 장소애가 이러한 전통 사회의 공동체적 유대감에 기반을 두고 있음은 주지의 사실이다. 이는 개인이 공동체의 터전에서 성원들과 어우러짐으로써 자기 존재의 거점을 확보할 수 있다는 인식을 추동한다. 구체적인 대면 관계를 통해서라야 개인의 존재가 공동체 속에서 보호 받을 수 있으니, 인간관계의 진정성이 이러한 장소의 속성을 점하는 것은 수순이다.

이에 비해 도시는 삶의 터전은 될지언정 존재를 안전하게 비호하는 안정적 영역으로 수용되지 않는다. 친밀한 유대감으로 맺어지는 관계가 아니라 계약과 이해利害 조건에 따른 가변적인 관계가 이 도시 사회의 구성 요건이다. 따라서 도시는 추상적이고 보편적인 관계인 구조로서 이해되는 장이다. 인간관계의 진정성에서 벗어난 속성이 구심을 이루는 표상이기도 하다. 물리적이고 구체적인 장소적 실감과 다른 피상적 의미 관계로 구축되는 추상적 표상으로서만 도시가 의식된다. 도시는 장소상실의 상대적 표상으로서만 의미를 띠는 구성체로 기획된 공간인 것이다. 이는 관계망에 작용하거나 이에서 파생되는 이념이나 정치경제적 조건항들을 통해 그 의미를 읽을 수 있는 의미체이기도 하다. 체감된 범위 내의 장소가, 지각된 바대로 실감을 낳는 대상으로 전제되는 것과 뚜렷이 대조된다.

이렇듯 도시는 직시적 지표를 통해서보다는 의미 표지를 통해 해석되는 공간 형상을 본질로 한다. 자기 지향적인 전통 사회와 다른 타자 지향적 도시 사회의 속성이 이와 연관된다. 장소상실의 의미가 구현되는 거점이기도 하다. 자유감과 함께 불안감을 내포한 '도시 공간'에서 인간은 실존적 한계 상황을 넘어서 '공간 내 존재'를 기획한다. 이러한 기획이 소설을 통해 표현될 때 서사적 공간 형상의 일면을 낳는다. 장소상실의 결과 기획된 공간 표상이 배경적 실감 구현의 차원을 넘어선 주제적 표상으로 전형되는 결과가 빚어질 법하다.

도시를 조망하고 내면화함으로써 창출된 서사적 공간 형상은 도시화가 가속되던 산업 시대에 더욱 명징한 징표를 얻게 된다. 60년대에서 80년대에 이르는 시기의 소설에서 도시의 서사적 공간 형상에 관한 풍성한 결실을 목도할 수 있는 것이다. 특히 70년대는 도시 소설의 부흥기라고까지 할 수 있을 정도로 도시 공간의 내적 조망Innenperspektive 형상을 주제로 삼은 소설이 한 주류를 형성한다. 대개는 급격한 도시화에 따르는 사회 구조적 문제와 이에 따른 실존적 고통이나 한계 상황에 직면한 이들의 상황이 갈등 요소가 되어 빚어진 소설들이다. 도시가 안락한 삶의 보금자리를 제공하는 장소성에서 벗어나 장소상실의 지표로 작용함으로써 공간성 층위로 전이되는 원리를 구현한 사례들이 이 시기 소설에서 많이 보이는 것이다.

가령 이범선의 「오발탄」은 자기 역할의 상실과 방황이라는 주제를 공간 상실의 모티프를 통해 구현한다.

> 빈 도시락마저 들지 않은 손이 홀가분해 좋긴 하였지만, 해방촌 고개를 추어오르기에는 뱃속이 너무 허전했다. 산비탈을 도려내고 무질서하게 주워 붙인 판잣집들이었다. 철호는 골목으로 접어 들었다. 레이션 갑을 뜯어 덮은 처마가 어깨를 스칠 만치 비좁은 골목이었다. 부엌에서들 아무데나 마구 버린 뜨물이, 미끄러운 길에는 구공탄재가 군데군데 헌데 더뎅이 모양 깔렸다.

도시는 피상이 아닌 구상으로 표현된다. 인물의 지각을 통해 얻어진 구체적인 형상이 그 기저를 이룬다. 그렇다고 그 형상이 실감으로 수렴되는 것은 아니다. 전후戰後의 혼란한 시대상이 '무질서'한 도시 풍광을 통해 시사되는 식이다. 실제 도시의 모습이 저러했겠지만, 이 도시의 풍광이 사회의 축도와도 같이 인식된다. 전쟁 와중에 삶의 안정된 장소를 상실한 이들의 불안이, 무질서하게 늘어선 판잣집들과 마구 버려진 뜨물과 연탄재에 투사되어 있는 것이다. 이것이 당시 도시의 공간 표상과 조응한다.

이러한 공간 표상은 "근사한 양옥"에다 "장기판만한 문패"를 달고서 존재의 근거를 마련하여 안정되이 살고자 하는 원망願望과 대조를 이루며 구성된다. 그러나 현실은 그러한 원망을 요원하게 할 뿐이다. 삶의 목적지나 지향점을 온전히 두지 못한 가운데 방황할 수밖에 없을 이들의 삶의 정황이 도시의 공간 표상을 통해 서사적 개연성을 얻음 직하다.

마음 속으로 혼자 생각하는 것이었다. '아들 구실, 남편 구실, 애비 구실, 형 구실, 오빠 구실, 또 계리사 사무실 서기 구실. 해야 할 구실이 너무 많구나. 그래 난 네 말대로 아마도 조물주의 오발탄인지도 모른다. 정말 갈 곳을 알 수가 없다. 그런데 지금 나는 어디건 가긴 가야 한다……'

사회적 관계와 행위에서 비롯된 사회 구조나 메커니즘은 그 자체로서 사회적 공간에 상응한다. 그 구조적 공간 내에서 개인은 제 역할을 담당함으로써만 자리를 점할 수 있다. 그런데 자기 역할을 온전히 정하지 못한 채 갈등하고 방황하는 불안정 상태는 현대인의 장소상실성을 명변한다. 이는 도시 공간의 자기화 양상이라 할 수 있는데, 이런 맥락에서 「오발탄」은 전후의 암울한 사회상을 도시화 와중의 혼란한 '서울'의 공간 표상을 통해 조망한 전범典範이라고 할 만하다.

산업화와 도시화가 맞물려 소위 근대화가 가속되던 시대의 소설에서 도시 문제에 관심하는 소설 대부분이 도시에 대한 내적 조망으로 구성된 공간 형상을 기저에 두고 있다. 가령 도시인들의 소통 부재로 말미암은 공동체의 파탄과 소외의 문제를 다룬 「서울, 1964년 겨울」(김승옥)에서, 인간관계의 단절감이나 소통의 요원함은 장벽으로 구획된 공간 표상을 통해 드러난다. 도시의 비정함을 냉소하는, 통속적이지만 당시로선 통렬한 주제 의식이 도시를 조망하여 얻은 공간 형상으로 그려진 것이다. 도시 소설로서 이미 잘 알려진 이호철의 『서울은 만원이다』 또한, 아파트 지역과 서민촌의 대조를 통해 도시의 대립적 공간 구도와 실존적 조건에 따라 내면화된 공간 형상을 보인 사례다. 이청준의 「잔인한 도시」도 빼놓을 수 없다.

—『경계와 이행의 서사 공간』(서강대출판부) 중에서

Q 소설이 그러한 탈주의 공간을 제공한다고 이해할 수 있겠군요. 공간 탈주의 상상력이라고 이름 붙이면 멋지겠군요.

A 멋지긴 한데 '상상력'이란 말에 대해서는 이 기회에 짚고 넘어가기로 하지요. 이는 '이매지네이션imagination'을 번역한 말인데요, 제겐 너무 축자적으로 번역한 인상이 짙습니다. 영한사전을 찾으면 첫 번째 나오는 역어가 '상상(력)'이라서 그리 굳어진 모양입니다만, 이 말이 문학 이론의 맥락이나 철학적 논의의 맥락에서 쓰일 때에는 '마음에 그리듯 떠올리는 생각' 정도의 뜻입니다. 우선 말의 뿌리에 해당할 '이미지'를 놓고 보자면, 사람들은 어떤 대상이나 감각, 경험에서 얻은 바를 의식에 회부하여 이해하고 이를 기억 회로에 산입시키는데 이때 소여所與 각각을 원 형태로 각기 하나하나 들이지 않고 모종의 계열에 편입시켜 묶은 형태로 들입니다. 그 계열체가 요컨대 '이미지'입니다. 이미지란 감각적 구상具象이 아니라 개념적 형상인 것이지요. 어떤 사람을 두고 이미지가 좋다 나쁘다 하는 식으로 평판하는 경우를 떠올려 보면 수월하게 이해할 수 있을 것입니다. 이 맥락에서라면 이미지란 어떤 형상을 마음에 떠올리게 하는 개념에 상응하며 이미지로써 하는 수행에 해당하는 이매지네이션은 단순히 상상이나 상상하는 힘을 뜻하는 말이 아니라고 할 수 있습니다. 굳이 옮기자면 '개념적 형상화' 또는 '형상적 개념화' 정도가 적절할 것입니다.

그러니까 '탈주의 개념적 [illegible] 하면 [illegible] 그렇습니다. 저 무렵 소설은 도시의 문제 상황에 [illegible] 출구를 [illegible] 길 없는 실존들에게 탈주의 가능성을 열어 주는 서사적 공간의 기획이라는 점에서 탈주 공간에 관한 개념을 서사적 형상으로 제시한 단서를 찾을 수 있게 합니다. 무장소 처지에서 벗어나고자 하는 인간적 열망이 서사 공간의 기획이라는 청사진을 그리게 하는 정황을 여실히 볼 수 있는 것이지요. 공간이란 장소처럼 지시적 개념이 아니라는 점 또한 방증을 얻게 된 셈이기도 합니다.

#이미지 #상상력 #탈주 #서사 공간 #공간 기획

Q 장소가 없는 처지에서 공간을 기획한다는 것이 이를테면 난항처럼 들리기도 하는데요, 공간이 장소에 표상적 의미를 부여한 개념 같은 것이라면, 대응시킬 장소가 없는 공간이 가능하다는 것은 모순으로 여겨질 구석이 있어 보입니다만……. 모종의 가상 공간 같은 개념을 상정해야 하는 것일까요?

A 일견 타당한 생각입니다. 공간의 이미지란 대체로 장소적 대상을 모형으로 개념적 형상으로 변환한 형태인 경우가 많습니다. 이를테면 마음 속에 그린 '언덕 위의 하얀 집'은 공간 형상일 텐데, 그 모형은 여러 멋진 집을 직·간접 경험하면서 자신의 이상형으로 꿈꾸었던 집의 형상을 총화한 것일 터입니다. 마음 속에 그린 형상이긴 하되 실제 대상들 속에서 찾을 수 없는 모습이나 자질로 구성된 것은 아닙니다. 그러니 숫제 가상이라고 할 수는 없겠지요. 공간이 장소와 무연할 수만은 없다고 할 수 있습니다.

다만 인간은 마음에 무한정의 이미지를 지을 수 있습니다. 경험 범위 밖에 있는 형상도 마음먹고 떠올려 마음 속에 구현할 수 있습니다. 이매지네이션을 상상의 힘이라는 의미 맥락에서 쓰는 것을 이런 정황에서라면 수긍할 만도 하군요. 여하튼 마음에 그릴 수 있는 형상이 무제한이라는 점에서 인간의 공간 기획 국면이 가상의 공간을 모형으로 또 다른 가상의 공간을 창출하는 데로 확산되는 양상을 점칠 수 있습니다. 서사 공간은 이와 같은 가상 공간의 창출에 크게 기여하지요. 무한정의 공간 기획을 도모하려는 인간 실존의 염원과 수행을 소설이 크게 돕고 있다는 얘깁니다. 소설은 가상 공간 창출의 강력한 동력원이자 그 자체로서 공고한 가상 공간의 입지입니다.

#공간 이미지 #서사 공간 #가상 공간

Q 소설의 공간이 단순 배경 요소 정도에서 벗어나는 것만으로도 중요한 요소로 꼽힐 수 있는데, 소설의 가치를 크게 일으키는 구심적 동력이 된다니 놀랍습니다. 그런데 가상 공간이라면 사이버 공간과도 상통하는 것인가요?

A 빙고, 다만 대체로 그렇습니다. '가상(적)'은 '버추얼virtual'의 역어인데 '사이버cyber'를 굳이 번역하면 '가상(적)'이라 하는 편이 가장 적절하니 둘이 동의어라고 할 수도 있습니다. 번역을 염두에 두지 않고 원어의 개념대로 하더라도 둘은 동의 관계에 있습니다. 다만 일반적으로 쓰이는 용례의 맥락을 보면 버추얼이 사이버보다 넓은 범위에서 쓰이는 듯합니다. 요컨대 사이버라 하면 디지털 매체를 이용하여 네트워크상에서 이루어지는 수행에 관여된 경우에 주로 쓰이며 버추얼은 이를 포함하여 광범위한 가상적 상황을 구현한 경우에 두루 쓰이는 식이지요. 어느 시대에나 '가상'으로 한정할 만한 현상이나 텍스트가 있었지만 '사이버'로 한정할 만한 것은 정보 통신 기술에 기

반한 네트워크 환경에서 나타나는 현상이나 텍스트인 것이지요. 그러니 가상 공간과 사이버 공간도 유사한 맥락에서 이해하면 일반적인 상황에서는 별 문제 없을 듯합니다.

그렇지만 공간에 대해 좀 더 신중하게 접근하는 입장에서라면, 이 둘의 엄연한 차이에도 주목해야 합니다.

사이버 공간은 정보 통신 기술로 발달된 네트워크 환경을 기반으로 형성된, 현실 세계와 별개로 구축된 공간을 지칭합니다. 그 공간은 현실과 분리되어 '구축된 세계'로서 가상이지만 실제 현실에 근사한 경험을 가능하게 하는 공간입니다. 그러니 공간의 자질보다 장소의 자질이 더 짙은 실체 같은 것입니다. 기술과 코딩coding의 한계 내에 한정될 수밖에 없는 터라 가상의 또 다른 장소에 상응합니다. '장소 없는 장소', 현실 세계를 본떠 네트워크상에 옮겨 놓은 제이의 장소, 곧 '이종공간heterotopia'인 셈이지요. 사이버 공간에서는 현실 세계에서 생존하는 방식이나 양상과는 다를지라도 현실과 근사한 일을 좀 더 수월하고 거리낌 없이 수행하는 등 현실적 활동을 지속하게 마련입니다. 현실 공간과의 격차가 거의 없는 천의무봉seamless 상태가 최적화된 사이버 공간의 모습이 그러합니다.

한편, 가상 공간은 사실과 허구의 경계가 모호하거나 두 경계 사이를 넘나들 수 있는 역동적인 양상의 공간입니다. 현실과 분리되어 별개의 실체로 주어진 세계나 현실과 착종된 허구이지만, 사실적인 공간과는 다른 '구성적 개념'입니다. 사이버 세계가 가상 공간일 수 있는 것은 그 세계를 구축하는 데 적용된 '가상 실재virtual-real' 기술의 원리, 곧 현실과 가상의 자질이 뒤섞여 분별되지 않는 '역閾limen'의 원리가 활성화될 때입니다. 현실일 수도 허구일 수도 있는 가상 공간에는 어느 편도 아니지만 어느 편이라도 오갈 수 있는 경계의 '문턱'만이 있을 뿐 둘 사이를 가로막고 우뚝 선 벽이 있는 것이 아닙니다. 「무진 기행」의 '무진'이 도시와 시골의 역과 같은 공간이어서 어느 편으로라도 수월하게 오갈 수 있었던 것을 염두에 두고 보면, 가상 공간은 현실과 허구 어느 편으로라도 수월하게 오갈 수 있는 '역(을 둔) 공간liminal space'이라고 해도 좋습니다. 도시와 시골의 편차가 없어져 도시를 떠나 가도 도시를 벗어날 수 없는 이들이 탈주할 공간은 가상 공간으로 난 길 외에 찾을 길이 없어 보입니다. 오늘날의 실존들이 처한 '공간 상실'의 상황이지요.

#가상 공간 #사이버 공간 #이종공간 #가상 실재 #역 공간 #문턱 #네트워크 #공간 상실

Q 군데군데 언급되었던 전제이자 결론에 해당하는 것이, 서사 자체가 공간의 자질을 안고 있다고 해도 좋겠군요.

A 예, 독자들에게 자유의 여지를 내어 주는 것, 그것이 서사 공간의 가장 중요한 자질이자 효용적 가치의 구심이라고 할 수 있습니다. 서사 자체가 공간의 자질을 안고 있다는 얘기는 이렇듯 귀결될 얘기라고 해도 크게 틀리지 않습니다. 장소를 상실한 처지보다 더한 공간 상실의 처지에 선 이들에게 소설은 기꺼이 가상 공간인 서사 공간을 마련해 주고 있는 것이지요. 소설은 자유다, 라고 선언해도 좋겠군요.

#서사 공간 #가상 공간 #자유

Q 독자들로 하여금 소설이 내준 서사 공간에서 자유를 얻게 한다…, 마치 우주를 유영하는 함선이 자가발전 동력을 얻을 수 있는 것처럼 서사 공간의 내적 동력이 필요할 텐데요, 그 동력은 어떻게 발전할까요?

A 적절한 비유입니다. 공간은 이미 주어진 장소와 같은 실체가 아니라 장소적 경관이 지각과 관념에 부쳐져 의미가 부여되는 구성체입니다. 우주가 거기 있어서 그리 나아가는 것이 아니라 우리가 유영하여 나아가는 경로의 차원들로써 우주가 구성되는 것입니다. 그러니 공간 개념은 가시적인 대상으로서 드러나는 '공간 형상'에 관한 것이기도 하지만, 그러한 공간 형상에 관여된 여러 현상에 작용하는 '공간 역학'에 관한 것이기도 합니다. 서사 공간 또한 마찬가지입니다.

서사에서 이야기의 제재로 채용된 대상적 공간만 관건이 아니라 서사를 진전시키는 기제들의 역학이 작용하여 이루어지는 공간 또한 관건입니다. 서사 역학 공간에 대한 개념적 요청이 이루어지는 셈이지요. 담론 층위로 나아가는 추진체가 요구되는데 이를 서사 역학 공간 개념으로 환산할 수 있는 것입니다. 실제 작가와 내포 작가의 역학, 내포 작가와 서술자의 역학, 서술자와 초점자의 역학, 초점자와 인물의 역학, 인물과 내포 독자의 역학, 내포 독자와 실제 독자의 역학 등, 서사의 제재와 구성이 서사 담론으로 실현되어 서사적 소통 회로를 구동하는 힘이 서사 역학 공간을 이루는 구심력에서 발산되는 것입니다. 같은 이야기라도 다 같은 이야기가 아니라 다차원의 국면들에서 담론적 효력이 확산되어 서사의 여지를 확장하여 얻어지는 서사 공간과, 그 여지를 통해 현실의 장소적 제약에서 벗어날 수 있는 서사적 자유의 지평이 열리는 것입니다. 서사는 곧 자유를 예비하는 공간으로 열릴 때에 최적의 기능을 수행하게 되는 법입니다.

#공간 형상 #공간 역학 #서사 공간 #자유

담론의 힘, 기대되는군요. 같은 이야기라도 다 같은 이야기가 아니라는 서사론의 단서가 서사 공간에 수렴되는 것이라 해도 좋겠습니다. 이에 대해서도 다음 저작으로 넘기는 거지요?!

그렇습니다. 아무래도 『소설 공구*Novel Tools*』를 위해 다각적이고 다층적인 실험에 들어가야겠습니다. 사실 개인적으로 공간과 관련하여서는 상대성 이론과 양자역학적 불확정성 이론 등에 힘입어 진전된, 이른바 여분 차원extra dimension에 관한 가설을 바탕으로 진전된 물리학의 시공 논의에 대한 관심에 이어져 있습니다. 서사적 의미의 차원들에 대한 고차원적 요소들을 궁리하고 있는데 이를 여기에서 다 말할 수는 없으며 말할 만큼 생각이 정돈되지도 않았습니다. 과학에서도 미지의 공간 영역이 큰 만큼 서사 공간 또한 미지의 영역이 큽니다. 여러모로 궁리할 것도 많고 다른 분야에서 배울 것도 많습니다. 무엇보다 여전히(이 책에서도 마찬가지로) 분리한 채 논의하는 '시간/공간time/space' 항을 '시공time-space'의 차원들로써 해석할 수 있는 방법적 진전을 이룬 성과부터 제시할 여지가 있습니다. 이 책에 대한 호응이 관건인데 어떤 판이 이어질지 모르겠지만, 이와 관련하여 머지 않은 장래에 보완해야 합니다. 여하튼 상황이 그러합니다…….

#여분 차원 #상대성 이론 #불확정성 #시공

Q 역시 공간은 어려운 화제이군요. 철학 정도만 해도 그러한데 양자역학, 상대성 이론 등등 물리학을 언급하니 감히 범접하기 어려운 것처럼 보입니다. 그래도 소설의 공간에 관해서인데요…….

A 통상 학술적 주제 가운데 공간에 관한 것이 난해한 것으로 손꼽히는 것이 사실입니다. 아마 공간 자체의 실체가 없기 때문이겠지요. 인문 지리학의 사례에서 보았듯이 개념의 계열을 온전히 짓지 못하고서 착종한 상황도 연관 있는 것 같습니다. 여하튼 소설의 공간에 대해 얘기할 때에도 그런 상황에 직면하지 않기 위해 애써야 하는 것은 맞습니다.

사실 소설에서 공간에 관한 개념을 얘기할 때 한 가지 언급해 두어야 할 것이 있습니다. '공간 형식spatial form'입니다. 이 개념을 공간 개념으로 다룰 수 있을지 다소 의구심이 들고 이 개념의 계열을 어디에 두어야 할지 좀 난망한 면이 있어서 이 장에서 여태 언급하지 않았습니다만, 소설의 외연이 확장되는 현황에 대해 얘기하는 데 긴요하게 쓰일 수 있으니 이즈음에서 얘기하기로 하지요.

조셉 프랭크Joseph Frank는 근대 문학의 특질을 정리하면서 기존 문학과 다른 형태에 주목합니다. 레싱의 『라오콘Laokoon』 이래 미술(특히 조형)이 대표적인 공간 예술 장르라면 문학은 대표적인 시간 예술 장르로 꼽혔습니다. 그런 문학에 공간적 요소가 나타난다는 것은 주목할 만한 점입니다. 가령 소설에서 사건을 일어난 순서대로 기술하지 않고 시간의 역순에 따라 배열하거나 시간을 엇갈리게 배열하는 식으로 기술하는 형태가 나타난다는 것입니다. 시간의 질서를 흐트러뜨려 재구성하여 얻는 결과라고 여겨서 이러한 형태적 자질을 일컬어 '공간 형식'을 띤다고 하였던 것입니다. 말하자면 공간 자체에 대해 논의하였다기보다 공간의 자질을 문학의 형태적 자질에 사상寫像하여 얻은 은유적 개념을 제시했다고 할 것입니다. 이를 염두에 두고 보자면 이 개념은 소설의 공간에 관해서보다는 소설의 구성에 관한 것에 가깝습니다. 다만 공간의 자질에 대한 개념을 바탕으로 하였으며 소설 공간의 역학적 국면을 논급하는 맥락에서 적용할 수 있는 면이 큰 만큼 소설의 공간에 관한 개념으로도 보는 편이지요.

뜻밖에도 '공간 형식'은 소설의 매체적 확장 가능성을 묻는 소설의 전망을 논하는 자리에서 요긴하게 쓰일 수 있습니다. 뒤에 소상히 얘기할 기회가 있을 테니 요체만 간추려 말하자면, 영화의 비약적 발전에 기여한 편집 기법(몽타주montage)이 소설의 공간 형식에 힘입은 바 큽니다. 영화로도 이야기를 전할 수 있다는 발상과 실천은 영화에 재미를 불어넣는 원동력이었습니다. 영화를 서사의 차원들로 구성할 수 있는 여지가 생긴 것이 공간 형식의 적용이었던 것이지요. 현대 소설의 형태적 자질 가운데 구심을 이루는 것 또한 공간 형식에 있는 만큼, 현대적 서사 양식의 진전에 공간에 관여된 자질이 바탕을 이루고 있는 것은 사실입니다. 소설의 공간에 관한 관심을 촉발한 것 또한 사실이고요. 짐짓 '공간 형식' 개념을 이즈음 기억해 두는 것이 뒤에 이어질 얘기를 이해하는 데 바탕이 되겠다 싶어서 요점만 언급해 두는 것이니, 각설하고 소설의 담론에 대한 이야기로 넘어가기로 하지요.

#공간 형식 #프랭크 #구성 #영화 #몽타주

지평에서

❶ 앞서 읽은 신화와 고전 소설에서 보이는 세계관을 재구해 보자. 그 세계관을 받치고 있는 공간 개념을 구체적으로 분석해서 정리해 보자.

❷ 박태원, 이태준, 김남천 등의 소설 가운데 장소·공간 논점에 부쳐질 만한 텍스트를 찾아보자. 이들 소설에 대한 공간론을 펼쳐 보라.

❸ 최명희의 단편소설 「쓰러지는 빛」과 「주소」를 찾아 읽어 보자. 이들 소설에서 문제시되는 장소(성)·무장소(성)에 대해 분석적으로 이해해 보자. 혹 『혼불』을 읽은 이라면 그 소설에서 찾을 수 있는 공간 논점과 함께 이해의 지평을 확장해도 좋을 것이다.

❹ 스칼렛 요한슨이 목소리 역할로 분하여 흥미를 배가한 것으로 이름난 영화 〈그녀Her〉를 감상해 보자. 가상 실재의 세계와 현실 세계 사이의 경계가 모호해진 상황을 가능하게 하는 가까운 미래의 흥미로운 제재가 펼쳐진다. 주인공의 직업과, 그가 의지하는 인공 지능 출중한 가상 연인 '그녀'의 역할이 공간 문제와 접점을 이루는 부분에 대해 분석적으로 논의해 보자.

더 나은 이해를 위하여

- 장소감, 장소애, 무장소(장소상실) 등의 국면을 생활 속에서 체감할 수 있으면 그리하고 그렇게 하지 않더라도 다른 이들의 경험이나 감각, 또는 현상으로 드러난 국면 등을 찾아보라.
- 이푸 투안 지음, 심승희 옮김, 『공간과 장소』, 대윤, 2007.
- 오토 프리드리히 볼노 지음, 이기숙 옮김, 『인간과 공간』, 에코리브르, 2011.
- 장일구, 『경계와 이행의 서사 공간』, 서강대 출판부, 2011.

소설의 담론

Q 담론이라는 말이 여러 맥락에서 쓰이는데 소설에서는 담론이 무슨 뜻으로 쓰이는지요?

A 담론은 디스코스discourse를 번역한 용어입니다. 사람들의 의사소통 행위는 발신자의 발화가 모종의 효과를 내어 수신자에게 일정한 효력을 미쳐 반응을 부름으로써 일단락됩니다. 이렇듯 발화가 효력을 미치는 언어 현상의 국면에 관한 술어가 디스코스, 곧 담론입니다. 문법에 관여된 언어 능력linguistic competence보다 언어를 실제 사용하여 의사소통을 도모하는 상황 등에 관여된 언어 수행linguistic performance을 논의의 주안점으로 삼기 위해 상정한 개념이라 할 수 있습니다. 발신과 수신 양항에 걸쳐 벌어지는 언어 현상의 전역에 관여된 개념인 셈이지요. 얘기가 좀 어려운 듯한데요, 한마디로 우리가 벌이는 언어적 의사소통의 메커니즘을 이해할 때 동원되는 개념입니다. 그냥 우리가 주고받는 말의 모든 것을 아우르는 개념이라 해도 좋을 것입니다. 이야기하다, 이야기를 나누다, 담화를

나누다, 담론하다 등과 같이, 일상에서 벌어지는 언어 활동 전역에 적용할 수 있는 '말에 대한 말'이라 할 수 있겠습니다.

소설에서 담론을 논할 때라 해서 그 본연의 의미 맥락이나 용례가 달라질 것은 없습니다. 소설도 언어 수행의 한 유형으로 보아 소설을 통해 이루어질 의사소통의 양상을 이해의 주안점으로 삼으려는 것이지요. 소설의 발신에서 수신에 이어지는 의사소통 회로를 기조로 두고 이에 비추어 소설을 둘러싸고 벌어지는 현상의 전역을 논의 선상에 올리려는 의중에서 소설의 담론에 대한 관심이 추진력을 얻습니다. 제아무리 훌륭한 이야깃거리라도 좋은 구성을 구비하지 않고서는 좋은 이야기로 거듭날 수 없는 법이고, 아무리 기막힌 구성이라도 솜씨 좋게 쓰여지지(혹은 말해지지) 않고서는 이야기로서 가치를 얻을 수 없는 법입니다. 게다가 아무리 잘 쓰여진 명작이라도 읽는 사람이 없거나 있더라도 의미심장한 반응이 없으면 명작의 지위 자체가 무색하게 마련입니다. 그러니 소설을 의사소통 회로에 부칠라치면 담론 층위의 방법적 개념을 대입하여 살필 여지가 커집니다. '같은 이야기라고 다 같은 이야기가 아니다.'라는 언명을 재삼 떠올려도 좋을 테지요.

소설의 담론은 이를테면 '이야기하기'에 관한 논항입니다. 같거나 유사한 제재와 구성을 취한 경우라도, 이야기를 조리 있고 흥미롭게 풀어 나가면서 독자의 마음을 사로잡는 예도 있지만 무미건조하고 단조로운 이야기로 전락시켜 누구의 이목도 끌지 못하는 예가 있음을 떠올려 보세요. 같은 이야기라도 어쩜 이리도 아름답게 쓸까 하는 찬사를 이끌어 내는 작가가 있는가 하면 이 정도는 나도 쓰겠다 하며 비아냥만 사는 작가(이 정도라면 작가가 아닐 수도…)도 있습니다. 소설을 여러 국면에 걸쳐 잘 따져 본 뒤라야 그 가치를 판정할 수 있겠으나, 우선 인상적으로 그 가치를 결정하는 척도는 말 그대로 '잘 쓴 소설'입니다. 이 척도가 바로 소설의 담론에 대한 판정을 바탕으로 하는 것입니다.

#담론 #디스코스 #이야기하기 #이야기 방식 #언어 수행
#의사소통 회로 #발화의 효력

Q 흔히 소설의 3요소로 꼽히던 문체를 두고 따지는 것이지요? 서술 방식에 대해서도 따지는 듯한데요…….

A 둘 다 관련되는 것들입니다. 문체를 생각해 보세요. 같은 이야기라도 어떻게 썼는지에 따라 읽어서 좋을 수도 그렇지 않을 수도 있지요. 문체라고 번역한 원어인 '스타일style'에 대해 생각해 보세요. 가령 같은 사람이라도 입는 옷에 따라 스타일이 다를 수 있고 같은 옷이라도 꾸미기에 따라서 다른 스타일을 연출할 수 있잖아요? 물론 잘 꾸몄다고 스타일이 꼭 좋으라는 법은 없습니다. 제 아무리 치장을 잘했다고 해도 다른 사람들이 그렇게 봐 주지 않으면 스타일이 무색해지는 법, 스타일은 보는 이들의 판단에 달린 문제인 것이지요. 문체, 곧 스타일이란 독자들에게 어떠한 효과를 전하여 온당한 반응을 부르는지에 판단 기준의 상당 부분이 달린 문제라 할 수 있습니다.

이러한 문체는 소설의 담론 층위에서 가장 인상적인 요소입니다. 다만 문체라 할 때 '우유체/강건체, 간결체/만연체, 화려체/건조체' 등과 같이 짐짓 인상에 기대인 문체 유형을 떠올리면 곤란합니다. 혹은 이 작가는 문체가 참 좋은데 저 작가는 문체가 좀 그래, 하는 식으로 문체를 짐짓 작가 고유의 수사적 스타일 정도로 귀결시킬 요량이라면 아예 문체를 거론조차 하지 않는 것이 좋겠습니다. 이 소설은 사투리를 사용하여 정감을 자아내는 토속적 문체를 구사하였다, 라는 식도 곤란하기는 마찬가지입니다. 문체란 소설 전역에 걸쳐 진전되는 언어 수행적 효과를 분석해야 논급할 수 있는 담론 층위의 논항이기 때문입니다. 때로 음절 하나, 조사나 어미 하나를 통해서도 의미와 효과가 변별되는 경우가 있는 만큼, 극히 미시적인 언어 단위에 대한 분석적 처리 공정을 거친 뒤라야 문체에 대해 논급할 바탕이 마련되는 것입니다. 소설 담론 논의의 정점을 이룬다고 해도 과언이 아닐 정도로 문체는 만만치 않은 함량이 응축되어 이론적 밀도가 큰 서사 요소입니다.

한편 서술 방식이라 하셨는데 서술의 양상에 관여된 방법적 개념항들도 담론 하위의 항들입니다. 일반적으로 소설의 '시점'에 관한 논의가 이를 포괄합니다.

#문체 #스타일 #담론 #서술 방식 #시점

Q 아, 시점이 서술 방식에 관여된 것이었군요. 시점의 유형에 대해서는 일찍이 배워서 잘 알고 있는데 뭐랄까 그다지 조작적 처리가 필요 없어서 방법적 개념이라고 하기는 어려울 것 같은데요. 그냥 주어가 '나'인지 '그'나 '그녀'인지, 그 인물이 주인공 역할을 하는지 제삼자로서 역할만 하는지 정도만 잘 맞추면 되는 식이어서요. 대신 '초점화'라는 개념도 거론되더군요. 모두 서술과 관련된 개념들일 텐데 어떻게 정리할 수 있을까요?

A 많이 아시네요, 맞습니다. 소설의 시점이라 하면 시점의

유형을 나누고 유형에 따라 소설을 분류하는 식으로 논의를 진행하는 것이 상례였습니다. 잘 아시겠지만, 1인칭 시점과 3인칭 시점으로 우선 나누고, 각각에 대해 전지자 시점과 관찰자 시점을 대응시켜 네 가지 유형을 상정하지요. 사건의 당사자 아닌 제삼자는 이야기를 서술하는 작가에 상응하는 것이니 '3인칭'은 '작가'로 대체해도 된다는 전제가 덧붙습니다. 그렇게 해서 '일인칭 주인공 시점, 일인칭 관찰자 시점, 전지적 작가 시점, 작가 관찰자 시점' 유형이 지어진 것입니다. 그런데 말입니다, 흥미롭게도 2인칭 시점이 없지요? 왜 그럴까요? 또한 시점을 논한다고 하는데 인칭이라니요, 인칭이 대체 무슨 개념일까요? 쉽게 배운 만큼 별스럽지 않게 지나치기 십상인데 정작 중요한 개념 술어에 대해서는 거개가 묻지 않고 두리뭉실 넘기는 모양샙니다.

#시점 #일인칭 시점 #삼인칭 시점 #주인공 시점 #전지적 시점 #관찰자 시점

Q 따지고 보니 그러네요. 그런데 2인칭 시점으로 된 소설도 있지 않나요? '너'가 주어로 나오는 소설을 본 기억이 있는데요…….

A 그러니까 인칭 개념이 무엇이냐구요. 주어? 아니면 다른 문법 개념?

#인칭

Q 예, 주어 가운데 하나 아닌가요? 1인칭은 '나', 2인칭은 '너', 3인칭은 '그/그녀/그것', 이들 중 어떤 것이 주어로 나오는지 따져서 각 인칭에 분류하는 듯한데요. 그러니까 '너'가 주어로 나오는 소설은 2인칭 시점으로 된

소설이라 할 수 있겠지요.

▲ 그런데요, 말씀하신 주어로 쓰인다는 단어들은 '인칭 대명사'이지 '인칭' 자체가 아닙니다. 말하자면 '나'는 1인칭을 표시하는 대리 표지일 뿐 1인칭 자체는 아니라는 얘깁니다. 1인칭이 무엇이지요?

#인칭 #인칭 대명사

Q 글쎄요, 여태 1인칭 하면 '나'를 떠올렸지 그 개념이 무엇인지는 잘……,

▲ 찬찬히 따져 보기로 하지요. '나'는 무엇이지요? [……] 예, 나는 나, 말하는 당사자입니다. 그럼 '너'는 무엇일까요? [……] 맞습니다, 말을 듣는 상대방이지요. '그'는요? [……] 말을 주고받는 상황 밖에 있는 제삼자입니다. 그럼 이들이 관여된 공통된 상황은 무엇인가요? [……] 얼른 알아차리기 힘드신 모양이군요. [……] 예, 그렇지요, 대화 상황입니다. 대화 상황에서 발화 주체를 가리키는 대명사가 '나', 상대방을 가리키는 대명사가 '너', 대화 상황에 참여하지 않은 제삼자를 가리키는 대명사가 '그/그녀/그것'입니다. 이를 역으로 환산해 보면 인칭이란 대화 상황에서 빚어지는 발화 행위에 관여된 이들의 관계에 대한 개념이라 할 수 있습니다.

그런데 대화가 직접 펼쳐지는 상황이 아니라 글로써 펼쳐지는 발화 상황을 두고 보자면 정황이 좀 다릅니다. 즉 소설과 같은 서술 상황에서 벌어지는 발화 상황 말씀입니다. 서술 상황에서는 무엇보다 2인칭이 성립할 수 없습니다. 직접적인 대화 상황이 아닌 터라 발화를 수신하는 상대방이 실로 있을 수 없기 때문입니다. 그러므로 소설에서는 2인칭 시점이 구성될 수 없는 것입니다. '너'를 주어로 앞세울 수는 있겠지만 그럴 경우 '너'는 실제 2인칭의 표지가 아닙니다. 문맥과 발화적 모의 상황을 검토해야 추론할 수 있겠지만 1인칭의 표지이거나 3인칭의 표지로 쓰였을 것입니다. 단언컨대 서술 상황에서 2인칭 발화 상황은 이루어질 수 없습니다.

여하튼 인칭에 대해서는 이러한 이해를 바탕으로 접근해야 하는데요, 정작 인칭을 기준으로 분류한 유형론이 소설의 어떤 자질을 의미심장하게 탐색하는 데 유효한지 의문이 드는 것이 사실이지요. 지나치게 자명하여 쉽기도 하고 표층에서 확인되는 바를 굳이 개념항으로 상정할 필요가 있는지도 의구심이 듭니다. 무엇보다 한 작품을 유형에 환원했을 때 빚어질 수 있는 문제점이 실제 논의 과정에서 드러났던 것이 결정타였던 모양입니다. 요컨대 시점의 일관성이 유지되지 않을 경우 하나의 소설을 한 유형으로 환원할 수 없을 텐데, 현대 소설의 양상이 공교롭게도 시점의 일관성을 해체하는 방향으로 진전되었던 것입니다. 제라르 주네트Gerald Gennette가 주목한 것이 바로 이러한 지점들입니다. '초점화focalization' 분석의 필요성을 역설하여 서술에 관여된 미시적 단위들을 분석할 것을 요청하였던 것이지요.

#인칭 #인칭 분류론 #이인칭 시점 #초점화 #주네트

그러게요, 시점의 유형에다 한 작품을 대응시키다 보면 잘 맞지 않는 대목들이 거슬리기도 하고 대체 시점 유형을 왜 적용하는 것인지 의구심이 들 때가 없지 않았는데 과연 그런 내막이 있었군요. 그런데 아직도 인칭 분류를 기준으로 시점을 설명하는 것이 일반적인 듯하여 짐짓 염려스럽기도 하네요.

사실 시점이라 하면서도 인칭 개념은 '보다'라는 시점의 핵심 개념에 접근하는 데 소용될 만한 것이 아니었다고 할 수 있습니다. 짐짓 '보다'의 뜻에 직결된 개념 술어를 세우고자 '초점화'를 제안했을 터입니다. 요컨대 서술은 단지 쓰는 것만 요구하지는 않습니다. 쓰기 위해서는 쓸 대상을 보거나 쓸 개념을 알아야 합니다. 쓸 것을 의식에 부쳐 숙고한 다음 쓰게 되는 과정을 염두에 두고 보면, 서술 행위는 '지각·인식'과 '서술'의 조합으로 이루어지게 마련입니다. 따라서 소설의 서술 상황에 관한 논의를 펴고자 한다면 우선 지각·인식 상황을 분석한 뒤에 서술 상황을 분석해야 적절합니다. 초점화 논의는 바로 '누가 보느냐'와 '누가 서술하느냐'의 층위를 변별하여 각 층위에 대한 분석을 수순에 맞게 진행해야 한다고 제안합니다. '보다'는 지각과 인식의 개념을 함께 안고 있기에 환언하자면, '지각·인식의 주체'와 '서술의 주체'를 변별하여 분석하는 것이 방법적 절차인 것입니다. 구조주의의 세례를 받은 이답게 주네트는 '주체' 대신 '지점'을 대입하였는데요, 이를 더하여 염두에 두고 정리하자면, '지각·인식의 지점'과 '서술의 지점'을 분석하여 그 관계를 조합하여 서술 상황에 대해 논급하자고 한 것입니다.

지각·인식의 지점을 '초점자focalizer'라고 합니다. '초점화자'라고도 번역하는데, 주의할 점은 '초점화자焦點化者'이지 '초점 화자焦點話者'가 아니라는 점입니다. 종종 '화자話者' 개념으로 오인하여 잘못 적용하는 경우가 있는데 주의에 또 주의를 기울여야 합니다. 초점자는 보는 지점[자者]이지 말하는 사람이 아닙니다. 각설, 이러한 초점자와 서술자 사이의 관계를 미시적 국면에서 따져 분석하는 것이 초점화 논의의 다음 수순입니다.

이처럼 지각·인식에 관한 분석 개념을 상정하여, 소설의 서술에 관한 것이 단순히 표층의 형식을 논하는 데 있는 것이 아니라는 점을 분명히 한 데 거듭 주목해야 합니다. 소설의 담론은 서사적 소통의 전역에 걸친 항들을 분석하여 서술의 효력을 포괄적으로 해석하기 위해 상정한 서사의 층위입니다. 지각·인식의 지점과 서술의 지점이 같지 않을 수 있다는 전제, 의식의 여과를 거치지 않은 발화는 있을 수 없다는 전제에 대한 통찰이 빛을 발합니다. 서사적 수행의 담론 혹은 서술 층위에서 초점화 개념을 상정하지 않을 수 없는 이유는 명백해 보입니다. 초점화는 단지 인칭 분류론의 한계에 가로막힌 논의의 진전을 이끈 데에만 의의가 있는 것이 아니라, 서사적 수행 본연에 가로놓인 구심적 동력원에 대한 심층적인 논의를 위한 대안을 제시하였다는 면에서 더욱 빛나는 의의가 있다고 하겠습니다.

#초점화 #보다 #지각 #인식 #초점자 #의식의 여과 #인칭 분류론

Q 글을 쓰든 말을 하든 간에 무엇인가 지각하거나 의식한 바가 있어야 표현할 수 있을 테니 지각과 인식의 바탕인 초점화 국면을 전제하지 않을 수 없겠군요. 그런데 초점화의 양상이 하나일 리는 없을 것 같은데 이에 대해 좀 소상한 정보를 전해 주시면 좋겠습니다.

A 그렇습니다. 가령, 자기가 겪은 일을 스스로 직접 이야기

하는 경우가 있을 테고, 남의 일을 보고서 이야기하는 경우나 남의 일을 누군가에게서 전해 듣고 이야기하는 경우가 있을 것입니다. 직접 경험하였는지 여하도 관건이지만 그 일에 대해 온전히 지각하고 인식했는지 또한 적절히 판단하였는지 여하도 이야기의 양상에 관건일 것입니다. 이를테면 알고 있다고 해서 곧이곧대로 이야기하는 것만은 아닐 수 있고 때로는 알지 못하면서도 아는 양 꾸며댈 수도 있잖아요. 지각이나 경험, 인식 등과 표현의 관계 양상이 한 바탕을 이룰 때 이야기가 제시될 수 있으니 둘 사이의 역학 관계를 잘 따져야 사실과 허구를 양단으로 하는 소설의 개연성 여하를 파악할 길이 열린다고 생각하면 되겠지요. 이런 맥락에서 초점화의 양상과 국면이 달리 파생됩니다.

앞으로 얘기를 간명하게 하기 위해 일을 겪고 보고 듣고 하는 등 경험이나 인식에 관여된 것을 '지각'이라 하고 이야기하는 데 관여된 것을 '서술'이라고 하지요. 이야기의 대상이 되는 일이 벌어지는 것을 '사건'이라고 하고요.

우선 초점화의 양상은 지각의 지점과 서술의 지점이 어떠한지 그 위치와 관계를 따져 '내적 초점화'와 '외적 초점화'로 대별할 수 있습니다. 지각 지점이 사건 내부에 위치하면 내적 초점화이고 사건 외부에 위치하면 외적 초점화입니다. 대체로 인물의 지각을 그대로 서술할 경우 내적 초점화가 적용된 것으로 볼 수 있으며, 서술자의 판단이 개입되어 처음 지각의 양상과 서술된 지각의 양상 사이에 차이가 있으면 외적 초점화가 적용되었다고 할 수 있습니다. 처음부터 서술자의 지각이 반영된 서술이라면 말할 나위 없이 외적 초점화이지요. 외적 초점화는 서술자의 지각이 반영되는 상황이므로 '서술자 초점화'라고 하면 되겠군요. 내적 초점화의 경우 인물이 지각의 주역이므로 '인물 초점화'라고 고쳐 말하기도 합니다.

초점화 분석을 하는 사례를 보면 기호로 정리하는 경우가 많은데 이를 이해하기 위해서 기호를 기억해 두어도 좋겠군요. 초점화의 이니셜 'F'에 내외 각각의 이니셜 'I', 'E'를 대응시켜 'IF/EF', 인물과 서술자 각각의 이니셜 'C', 'N'을 대응시켜 'CF/NF'로 표기하는 것이 일반적입니다. 더러 초점화 기호 F나 양상을 표시하는 기호 가운데 한 편을 소문자나 첨자로 표기하여 나타내기도 합니다.

참고로 또 하나의 초점화 양상으로 '영zero 초점화'를 상정하는데요, 이는 실제 서사에서 실현될 수 없는 양상입니다. 말 그대로 지각을 거치지 않고 서술된 양상을 일컬은 것으로, 이는 실로 구현될 수 없습니다. 한 가지 가능성은 이를테면 신탁神託이 사제나 예언자의 입을 빌리지 않고 사람들에게 직접 전달되는 경우와 같은, 액면 그대로 전지자의 직접적 서술에 상응하는 서사일 텐데, 모든 서사가 서술자의 중개를 거치지 않고서 제시될 수 없다는 점만 고려해도, 이는 실현 불가능한, 개념상으로만 가능한 양상이라고 할 것입니다.

이러한 초점화 양상의 분석은 서사의 지각 지점과 서술 지점의 위치와 서로의 역학 관계를 파악할 수 있게 하여 서사의 신빙성Verläßlichkeit을 따지는 기초 데이터로 활용됩니다. 내적 초점화의 경우 지각 지점인 인물이 지각한 바가 인물의 발화를 통해 그대로 전해지는 것으로 설정되는 만큼 신빙성이 높습니다. 제삼자의 지각이 개입되거나 처음부터 제삼자의 지각을 전제로 한 서술은 미덥지 않은 구석이 생깁니다. 물론 인물의 지각 자체가 미덥지 않을 경우 내적·인물 초점화라도 서사의 신빙성이 떨어질 수밖에 없는데 독자의 이해를 교란하는 책략에 활용되기도 합니다. 오히려 서술자의 개입을 통해 사건의 정황에 대한 적절한 이해를 도울 수 있으니 그럴 경우 외적·서술자 초점화로 구성된 서사의 신빙성이 더해질 수 있는 것이지요.

그러므로 초점화 양상을 분석한 결과 자체는 별 의미 없는 미가공 데이터raw data에 불과합니다. 초점화 양상의 조율이 어떻게 이루어지는지, 조율을 통해 어떤 담론적 효력이 발생하는지, 조율의 기제가 텍스트 구성 적소에서 잘 작동하는지 등을 분석하는 일이 이어져야 초점화가 서사 회로로서 구동되는 최적의 의미망을 지을 수 있습니다. 이때 서사의 신빙성이 밀접하게 관여된다는 점을 염두에 두면 좋을 것입니다. 신빙성이 비단 제재의 사실성과 구성의 개연성에 연루된 자질만이 아니며, 담론적 전략에서도 파생되는 자질이라는 점을 또한 기억하면 좋겠습니다.

#초점화 #초점화 양상 #외적 초점화 #내적 초점화 #영 초점화 #서술자 초점화 #인물 #서술자 #경험 #지각 #서술 #신빙성

Q 미시적인 국면들을 꼼꼼히 읽으면서 초점화 양상을 분석하는 연습이 많이 필요하겠군요. 그런데 비슷한 맥락의 논의를 하면서 어떤 경우에는 초점화 양상 말고 '서술상황'을 분석하곤 하던데 초점화도 분석하고 서술상황

도 분석하고 해야 하는 것인가요, 아니면 둘 가운데 하나만 분석하면 되는 것인가요? 어떤 논문을 보면 두 개념을 번갈아 써서 어찌 보면 착종된 듯 잘못 적용하는 것은 아닌가 의구심이 들기도 하는데요, 정리 좀 해 주시죠.

▲ 둘을 동일 층위에 두고 때로 번갈아 쓰는 것이 다소간 혼란을 부를 수는 있지만 틀린 것은 아닙니다. 두 개념이 뒤섞여 있는 것이 사실이니까요. '서술상황Erzählsituationen; ES'은 실제 서술의 양상에 직결된 국면들을 분석하면서 초점화 개념을 변주하여 적용한 개념입니다. 우리나라에서 『소설의 이론』이라는 제목으로 번역된 『서사의 이론Theorie des Erzählens』의 저자 슈탄첼Franz K. Stanzel이 제안한 개념인데요, 크게 '작가 서술상황auktoriale ES'과 '인물 서술상황personale ES'으로 대별됩니다. 이때 작가 서술상황이 외적 초점화에 인물 서술상황이 내적 초점화에 대응됩니다.

사건에 직접 관여되지 않지만 그 전모를 인지하고 있는 작가 입장에서 이야기를 서술하는 상황이 외적 초점화 국면에 상응하며, 사건에 참여하는 인물의 입장에서 이야기를 서술하는 상황이 내적 초점화 국면에 상응하는 것입니다. 개념만 두고 보자면 각각은 다를 바 없지만, 초점화가 지각의 지점에 대한 이해를 앞세우는 데 비해 서술상황은 서술에 관여된 요소들의 '역학적 기제dynamischer Mechanismus'에 대한 이해를 앞세우는 차이가 있다고 할 수 있습니다. 서술의 지점을 작가 입장에 관여된 개념항으로 바꿈으로써, 실제 서사가 지어지는 공정에 대한 생각을 개념의 거점에 더한 것으로 보면 될 것입니다. 그래서 '서술상황'이라고 한 것이지요. 시점이나 초점화 개념보다 진전된 방법적 개념이라고 해도 좋을 것입니다. 어차피 분석을 위한 방법적 개념이니 어느 개념을 선택해서 쓰더라도 무방합니다만, 기술된 서사체인 소설을 분석하는 데에는 서술상황이 좀 더 적절한 개념으로 보입니다. 서술상황 분석을 기본으로 하되 그 근간인 초점화에 관여된 개념항들을 적용한다고 해서 잘못된 것은 아닐 테니 상황 조건에 따라 적절한 맥락에서 적용하면 될 것입니다.

참고로 영 초점화에 대응되는 카메라-눈Kamera-Augen도 제시되는데, 이 또한 개념상으로만 가능할 뿐 서술상황으로는 실현될 수 없는 것입니다. 기실 카메라 렌즈라도 조리개 값이 0(f:0)인 경우는 있을 수 없습니다. 어떠한 경우에도 렌즈에 투사되는 순간 막이 끼일 수밖에 없는 법이지요. 지각의 여과를 거치지 않은 순수하고 순전히 객관적인 서술은 가능하지 않습니다. 각설!

#서술상황 #작가 서술상황 #인물 서술상황 #슈탄첼 #역학적 기제 #카메라-눈 #조리개

초점화에서 서술상황으로 개념이 진전된 국면과 서사의 신빙성에 관한 얘기를 듣다 보니 독자의 이해에 관한 항이 부각된다는 느낌이 드는군요. 담론이 언어 수행의 효과에 관한 것이라고 하니 초점화든 서술상황이든 이해에 관련된 항과의 역학이랄까 그러한 관계에 대한 논의와 연결되는 지점이 있어야 할 것 같은데요…….

그래서 슈탄첼의 서술상황에 관한 논의를 확장시킬 여지가 큰 것입니다. 앞서 얘기했지만, 작가 서술상황은 서술자가 작가의 입장에서, 사건이 벌어지는 서사 세계의 바깥에 위치하여 이야기를 진행하는 서술상황입니다. 따라서 서술자는 서사 세계에 대해 전지全知적인 입장에 서게 되며, 사건의 전모를 객관적으로 인지하여 분석할 수 있는 위상을 지닙니다. 이에 반해 인물 서술상황은 서술자가 인물로 분하여[persona; 인물의 가면을 쓰고서], 혹은 서술자가 등장인물의 내면에 들어가서 그 인물의 눈을 통해 이야기를 진행하는 서술상황입니다. 따라서 서술자는 그 등장인물의 의식에 따라서만 세계를 인식하게 되어, 이야기의 진전이 주관적이기 십상입니다.

이 맥락에서, 시각Perspektive의 양상을 대별해서 서술상황에 대입해 보려는 시도가 주목을 끕니다. 인물 서술상황과 작가 서술상황은 시각의 방향에 따라 각각 내적 조망Innen-Perspektive과 외적 투시Außen-Perspektive 양상에 대응됩니다. 서사 세계 내에 위치한 인물의 시각을 통하여 세계를 바라보는 식이므로 조망하는 양태에 걸맞을 테며, 서사 세계의 밖에 위치한 작가[서술자]의 시각을 통해 세계를 꿰뚫어 보는 식이므로 투시하는 양태에 걸맞을 터입니다. 슈탄첼에 따르면 특히 인물 서술상황에 대응하는 '조망'이 기호론적으로 의미 있다고 하는데요, 이는 지각의 지점이 인물의 조망에서 비롯한 서사일 경우 지각자와 서술자의 주관이 개입할 여지가 커지는 만큼 의미를 해석하는 과정에서 독자의 이해에 부쳐질 여지와 함께 의사소통 측면에서 해석의 여지가 커지게 된다는 얘기입니다.

이에 이어지는 논리적 수순으로, 기존의 시점 논의에서 주요항으로 삼았던 인칭Person 개념을 서술상황에 결부하여 서사의 주관성과 객관성 여하를 판정할 단서를 얻고자 하였는데요, 이 또한 주목할 만합니다. 앞서도 얘기한 바와 같이, 인칭은 의사소통 상황에서 발신자와 수신자 사이의 관계를 따지는 개념입니다. 발신자와 수신자가 같이 있는 상황을 상정할 때 발화의 주역인 화자 층위를 칭하여 일인칭이라 하고 수화의 주역인 청자 층위를 칭하여 이인칭이라 합니다. 대체로 일인칭을 대표하는 지칭인 '나'를, 그리고 이인칭을 대표하는 지칭인 '너'를, 각각의 대명사로 꼽습니다. 의사소통 상황에 직접 관여되지 않은 제삼자를 칭하여 삼인칭이라 하며 그 대명사로 '그, 그녀, 그것'을 꼽습니다. 이를 서술상황에 상관시키면 일인칭 서술상황과 삼인칭 서술상황을 대별할 수 있습니다. 이인칭은 발화의 상대편에 해당하는 항이므로 서술상황에 상응될 수 없습니다. 시점 논의에서도 이인칭 시점이 없었던 것은 이 때문입니다. 더러 '너'를 주어로 삼은 서술이 있지만, 이는 인칭상 일인칭이거나 삼인칭이거나 둘 중의 하나를 대신하는 지칭일 뿐 서술의 수신자 격인 이인칭을 지칭하는 대명사가 될 수는 없는 것입니다. 서술상황에서 이인칭 주어는 당찮은 것이지요.

사실, 서술상황에 관여된 인칭 개념을 곰곰이 따져 보면 일인칭 서술상황마저도 가능하지 않은 것으로 판정됩니다. 슈탄첼이 정리하여 설명하였듯이, 일인칭이란 경험(초점화 개념에서는 지각)의 주체와 서술의 주체가 동일한 자질Identität을 유지해야 합니다. 그런데 경험과 지각의 내용이 의식의 여과를 거치고 서술의 회로를 거쳐 단말의 텍스트로 산출되기까지 경과를 상정하고 보면, 처음 '나'의 자질이 나중 '나'의 자질과 동일한지 여하는 쉬이 단언할 수 없기에 서사의 디테일을 분석하고서 판정해야 합니다. 그런데 많은 경우 일인칭 서술상황으로 보이는 서사에서 경험 층위의 '나'와 서술 층위의 '나' 사이에 동일한 자질이 있다고 보기 어려운 상황들이 드러나고 있어서 거개가 일인칭 서술상황의 거점인 자기 동일성을 유지하지 못하기 십상입니다. 자기 경험을 이야기하기 위해서는 우선 자신의 경험을 기억에 떠올려 정리하여야 합니다. 이 기억을 해석하여 의식한 바를 바탕으로 이야깃거리를 구성하고 이를 상대에게 설득력 있게 이야기하기 위해 다각적으로 표현의 묘를 발휘하여 이야기하게 됩니다. 이렇듯 자기 경험을 이야기에 부치는 서사적 공정을 염두에 두어 보면 일인칭 서술상황이란 불가능한 것은 아니지만 실현하기 몹시 어려운 것임을 인정할 수밖에 없습니다.

기본적으로 서술이란 경험을 의식에 부쳐 생각의 더미로 변환한 다음 표현하는 과정을 거치는 만큼 인칭상 삼인칭일 수밖에 없습니다. 다만 자기 경험을 스스로 서술하는 방식을 모의simulation하여 일인칭 서술상황을 가정할 수는 있겠지요. 그래서 일인칭은 서술 공정상 가상의 것임을 전제해야 합니다. 관건은 경험 층위와 서술 층위 사이의 정합성이 어느 정도인지 따져서 서사의 신빙성을 측량하는 데 있는 만큼 분석의 디테일 면에서 더욱 세심한 주의를 기울여야 할 것입니다.

#작가 서술상황 #인물 서술상황 #시각 #외적 투시 #내적 조망 #인칭 #일인칭 서술상황 #자기 동일성 #삼인칭 서술상황 #모의

헤르메스의 교신

"이놈아! 너 왜 남의 닭을 때려죽이니?"

"그럼 어때?" 하고 일어나다가

"뭐 이자식아! 누 집 닭인데?" 하고 복장을 떼미는 바람에 다시 벌렁 자빠졌다. 그러고 나서 가만히 생각을 하니 분하기도 하고 무안도스럽고 또 한편 일을 저질렀으니 인젠 땅이 떨어지고 집도 내쫓기고 해야 될는지 모른다.

나는 비슬비슬 일어나며 소맷자락으로 눈을 가리고는 얼김에 엉, 하고 울음을 놓았다.

김유정의 소설 「동백꽃」의 한 부분이다. 점순이와 나 사이의 갈등이 엉뚱하게도 닭싸움에 투사되어 우회적인 양상으로 드러나 고조되다가 결국 나가 점순이네 닭을 때려서 죽게 한 뒤에 이어지는 장면이다.

두 인물의 갈등은 감자를 건네는 점순이의 마음을 받아 주지 않은 '나'의 행위에서 비롯하였다. 점순이가 감자를 주는 태도나 언설이 나의 감정을 자극하게 되고 자존심을 여지없이 짓밟아 놓은 데서 갈등이 전개되기 시작한다. "설혹 주는 감자를 안 받아 먹은 것이 실례라 하면 주면 그냥 주었지 '느집엔 이거 없지'는 다 뭐냐. 그렇잖어도 즈이는 마름이고 우리는 그 손에서 배재를 얻어 땅을 부침으로 일상 굽신거린다."라고 하면서 '나'의 점순이에 대한 반감이 고조되기 시작했던 것이다. 특히 '마름 집이고 소작인 집이라서'라는 단서는 이 사건을 심각한 갈등 국면으로 내몬 것으로 보인다. 과연 점순이는 '집' 운운하며 나를 자극하였고, 나는 의식적으로 반응하여 집안의 열등감을 새삼 떠올려 확인한다. 제 집에 없는 것을, "생색있는 큰 소리"를 들으면서까지 받아 먹는다는 것은 분명 자존심 상하는 일이다. 더욱이 '계집애에게 이렇게까지

당하면서 이 따위를 받아 먹어서는 사나이 자존심이 말도 아니지' 하는 심산도 있을 것으로, 점순이의 언행이 나 자신에게 상당히 큰 굴욕감을 주었을 것이 틀림없다. 그리고 이때부터 나는 점순이의 언행을 이해할 때 냉정함을 잃고 감정적으로 대응하기 시작하였을 법하다. 그래서 "나는 고개도 돌리랴지 않고 일하든 손으로 그 감자를 도루 어깨 너머로 쑥 밀어 버렸다."라고 한다. 물론 이것이 화근이 되어 점순이는 내게 "해꼬지"를 하게 되고, 해꼬지는 시간이 더해 갈수록 정도가 심해져, 나와 점순이 둘 사이의 갈등이 파국으로 점점 치닫는 것이다.

그런데 '감자 사건'에 굳이 현실 의식을 갖다 붙인 것은 어디까지나 '나의 의식'이다. 요컨대 위 언설은 인물인 '나'의 지각에 반영된 생각이 고스란히 노출된 것이다. 인물의 지각을 인물이 발화(실은 독백)한 것으로 내적·인물 초점화 양상이 빚어진 것이다. 즉 저간의 사태에서 계급의 차이를 굳이 의식하는 것은 인물인 '나'이다. 감자를 내밀어 갈등의 빌미를 제공했다는 점순이에게는 정작 그런 의식이 없다는 것으로 문맥상 추정된다. "느 집엔 이거 없지"란 언설은 극히 우발적인 것으로 보인다. 감자를 내미는 점순이의 의도는 순수한 듯한데, 그냥 주기 쑥스러워 어색함을 상쇄하고자 억지로 내뱉은 말을 '나'가 오해한 생각이 제시된 것으로 보인다. 상대방 집에도 있는 것을 먹으라고 주는 게 오히려 이상할 터이니, 생색이라도 내어 어색한 상황을 애써 모면해 보리라는 생각에서 내뱉은 말일 것이다. 그래서인지, "제가 준 것을 남이 알면 '큰일' 날 테니 여기서 얼른 먹어 버리라"고 한다고 했다. 그러나 나는 이 말을 달리 이해하는데, 고려하는 맥락이 달라서 그러하다. 점순이는 감자를 건네주는 어색한 상황을 재빨리 끝내고자 '얼른 먹어 버리라'를 강조하여 말한 모양이다. '큰일 난다'는 말은 '얼른 먹어 버리라'는 권고에 단순히 덧붙인 말로, 나의 반응을 촉구하기 위해 관용적으로 뱉은 말에 불과할 가능성이 더 높다. 실제 모종의 '큰일'을 염두에 두고서 한 말은 아닌 것이다. 그러나 나는 이 '큰일 날 테니'를 단순히 건네는 말로 이해하지 않고 '얼른 먹어 버리라' 보다 더 부각시켜 받아들이면서, 그 '큰일'이 두려워 점순이의 호의를 애써 외면하고 만다. '큰일'이란 '이런 것 소작인들한테 주면 집에서 혼나고 그 여파가 너희 집에 미친다'는 소리 정도로 들렸을 것이다. 그 전에 '느 집' 운운하며 내뱉은 소리이기 때문에 더욱 그러하다.

무엇보다 점순이가 감자를 건네는 순간부터 '나'를 향한 점순이의 긍정적인 마음이 읽힌다. 짐짓 점순이가 '나'에게 해꼬지를 할 요량이었다면 닭싸움에 마음을 투사하지 않았을 터, 점순이가 제 마음을 전할 매개체로 감자를 건네었음을 독자들이 의심할 문맥이 형성되지 않는다. 그렇다면 이 이야기의 '서술자' 층위에 상응하는 이의 위상은 어떠한지 궁금해진다. 인물인 '나'와 서술자 사이의 동일성을 전제로 한다면 두 인물의 갈등이 해소되어 '나'가 비로소 점순이의 마음을 알아차리거나 받아들이기 전까지 독자들이 점순이의 마음을 알 수 없어야 옳다. 그런데 이 소설을 읽는 내내 '나'가 왜 점순이의 마음을 저리도 모르고 오판하기만 할까 하며 안타까움을 금치 못하는 것이다. 독자들은 '나'의 오해와 오판 가능성을 염두에 두고서 둘 사이의 갈등이 어떤 결말에 이를지 궁금해 하기 십상이다.

위 인용 부분처럼 위기 상황에 이어지기까지 '나'의 오해는 아직 끝나지 않는다. '누 집 닭인데?' 하는 반문에 대한 해석은 '또 한편 일을 저질렀으니 인젠 땅이 떨어지고 집도 내쫓기고 해야 될는지 모른다.'에 이어져 있다. 이 상황에서 '집' 운운한 점순이의 말은 단순히 화를 표출한 것일 뿐인데, 나는 그렇게 단순하게 받아들이지 못한다. 스스로 '일'을 저질렀다고 생각하는데, 그 '일'이란 어머니가 주의를 주던 '일'과 같은 것이다. 물론 객관적으로 그 두 '일'은 전혀 다른 것이지만, 지금 '나'는 이렇듯 오해하고 있다. 이런 오해 속에서 점순이가 이 일을 묻어 두자고 한 것은 내게 시혜로밖에 받아들여지지 않아서, 여전히 점순이의 의도를 전혀 파악하지 못한 셈이고 보면, 오해로 빚어진 갈등은 다 사그라지지 않았다고 할 수 있다. 그래서 점순이의 말의 의도를 명확하게 이해하지 못하는 것이다.

> 그러다 점순이가 앞으로 다가와서
> "그럼 너 이담부텀 안 그럴 터냐?" 하고 물을 때에야 비로소 살길을 찾은 듯 싶었다. 나는 눈물을 우선 씻고 뭘 안 그러는지 명색도 모르건만
> "그래!" 하고 무턱대고 대답하였다.

여기에서 점순이가 다음부터 그러지 말라고 한 말의 목적어가 빠져 있기 때문에 말의 의도는 애매하다. 일단 가까이는 닭을 죽이지 말라거나 자기를 괴롭히지 말라는 말이겠으며 경황 중에 나는 이런 의미로 받아들였을 법하다. 그러나 여러모로 보아 점순이는 자기의 감정과 호의를 앞으로는 무시하지 말라는 뜻으로 말했을 가능성도 크다. '서술자인 나'의 언설을 빌려 처음에 드러났던, 평소 점순이의 성격을 고려해서 더욱 그렇게 해석할 수 있다. 그런데 '인물인 나'는 그 의도를 애매하게 받아들인다는 데 문제가 있다. 여전히 점순이의 의도를 다 간파하지는 못했다는 말이다. 그래서 점순이가 시혜를 베풀고 있다고 생각하려는 참이다. 그러면서도 '명색을 모른다'고 한 것은 여러모로 다른 판단의 말미나마 생겼다는 점을 시사한다. 그리고 이 순간 이후 인물로서 내가 점순이를 이해하는 맥락이 급격히 변한다. 그러면서 여태 심화되었던 갈등도 급속도로 해소되기에 이른다. 곧 이어지는 대화를 잘 살펴보자.

"요담부터 또 그래 봐라 내 자꾸 못살게 굴터니?"
"그래그래 인젠 안 그럴테야!"
"닭 죽은 건 염려마라 내 안 이를테니"

이즈음 '나'는 점순이의 감정과 호의를 '이해'하기 시작한 것으로 보인다. 오해의 매듭이 풀리기 시작한 것이다. 그리고서 상황은 급전되어 둘 사이의 갈등이 해소되고 점순이의 마음을 '나'가 받아들인다. 특히 '나'는 감각적이고 원색적인 동백꽃의 향취에 취해서 "정신이 아찔한" 체험을 한다. 그 체험의 당사자는 물론 '나'이며 서술의 당사자도 '나'로 드러나 인물 초점화 국면이 연출되어 있다. 일견 의식의 페르소나를 쓴 무의식이 퇴장하고 온전한 의식이 등장한 듯 지각의 지점과 서술의 지점으로서 '나'가 일체가 된 셈이다. 특히 의식과 함께 무의식에 억눌려 있었던 사랑의 감정까지 표면화된다고 해도 좋다. 나 또한 점순이를 마음에 두고 있었던 정황이 들추어졌다고 해도 좋다. 그 감정이 마름과 소작인 사이에 조성된 이데올로기적 강박으로 저층에 억눌려 있었을 뿐이라는 점이 이 순간 드러나는 것이다. 그리고 그 순간만큼은 나와 점순이가 마음을 함께한 때이다. 이때 둘 사이에 오고간 대화가 이러하다.

"너 말 말아?"
"그래!"

인물의 발화를 그대로 제시한 이 대화에서 각각의 발화 당사자는 누구인가? 말하지 말라고 다짐을 받으려 하고 그러겠노라고 다짐하는 이는 각각 누구일까? 점순이와 나 가운데 어느 누가 비밀을 지킬 것을 다짐해 두는지 문맥상 불분명하다. 게다가 '말 말아'의 화제가 제시되지 않아서, 그 비밀의 대상이 무엇인지도 밝혀지지 않았다. 물론 언뜻 생각하기에 '나'가 점순이의 다짐을 받는 것이라고 생각할 만하지만, 이미 닭 죽은 것 염려하지 말라고 이른 점순이의 언질을 고려하자면 다시금 이를 화제에 올려 다짐을 받으려는 '나'의 행위는 측은하기 짝이 없다. 닭 죽은 사실을 불문에 붙이자는 것인지 이 문맥만으로 해석하기 곤란하다. 이 상황에서 최대 화제는 둘 사이에 막 벌인 일이라는 점을 고려해 보면 비밀에 부쳐 두려는 것이 둘 사이의 관계에 관한 것일 개연성이 열리는 것이다.

이 대화 상황은 그 발화 주체가 모호하며 발화의 주제 또한 매우 애매하게 구성된 상황이라서 서술상황을 쉬이 가늠할 수 없다. 일견 이러한 불확정적인 서술상황이 결국 둘 사이의 갈등이 해소되었고 서로의 감정을 확인하여 공감하고 있다는 점을 방증해 주는 서사적 설정이라고 할 만하다. 그래서 이어지는 마지막 부분에는 '점순이와 나'가 공동으로 어떤 갈등에 직면하게 되리라는 점을 암시하는 대목이 기술되어 있기도 한 것이다.

위에서 여러모로 살펴본 대로, 「동백꽃」의 갈등은 표면적으로는 '나'와 '점순이' 사이의 대립으로 그려지고 있지만, 그 심층을 따져 들어 보면, 이데올로기적 강박 관념에 얽매인 '인물 나'가 무의식이 의식의 표면에 떠오른 결과 빚어진 '오해'로써 점순이의 언행과 생각을 판단하려 드는 데서 그런 대립이 빚어진 것이다. 따라서 그 갈등은 '나'의 의식과 무의식 사이의 대립에서 오는 것이라고 할 수도 있을 것이다. 정작 갈등이 해소되는 국면에서 보이는 점순이의 태도를 보면, 점순이가 그 갈등에 깊이 간여하지 않았다는 점을 의외로 쉽게 추론해 볼 수 있다. 이에 비해 그 국면에서 인물인 '나'가 겪는 곤혹을 보건대, 그 갈등 형성에 그만이 연루되어 있음을 알 수 있다.

이런 맥락에서 「동백꽃」을 '일인칭 주인공 시점'의 모범으로 꼽는 생각이 단견임을 지적할 수 있다. 그 초점화 국면에서 초점자와 서술자 사이의 관계 양상이 난맥을 이루어 드러나는 서술상황의 불확정성에 주목하면서 그러하다. 그도 그럴 것은 이 서사의 갈등 구조가 '나'의 의식과 무의식 사이의 대립 국면에서 구축되어 있기 때문이다. 그런 가운데 무의식은 의식의 페르소나를 쓰고서 문면에 등장하는데, 이때 '나'는 사태를 오해하게 된다. 그런데 서술자 층위의 '나'는 그런 상황을 정확하게 파악하지 못하고 연쇄적인 의구심만 증폭한 듯하다. 그래서인지 초점자 '나'의 생각을 그대로 옮기는 가운데도, 일면 객관적인 정황을 그대로 기술하는 면모를 보인다. 그래서 독자 입장에서는 '인물 나'의 인식과 판단이 오해라는 사실을 알 수 있는 것이다. 이렇게 볼 때 서술자 층위의 '나'와 초점자 층위의 '나' 사이에 모종의 괴리가 있다고 지적할 수 있기 때문에, 이 소설이 일인칭 주인공 시점으로 서술되었다고 단정지을 수 없다는 얘기다. 나아가 일인칭 서술상황 또한 구성되었다고 할 수 없다.

—「일인칭 서술상황의 난항」 중에서

Q 그저 시점과 관련하여 인칭 분류를 으레 그리하는 것이구나 하고 보아 넘겼는데 개념을 따져 보니 그런 면면이 있었군요. 그런데 일인칭 서술상황과 마찬가지로 이인칭 서술상황도 모의된 가상적 서술상황으로 보아도 되지 않을까요? '너'가 이야기를 진행하는 소설이 제법 있던데요.

A 일인칭과 달리 이인칭의 경우는 그러한 가상적 상황 자체를 상정할 수 없습니다. 다시 얘기하지만 이인칭이란 발화의 상대에 관여된 개념항이지 발화 당사자 역할에 대응되지 않습니다. '너'를 앞세워 이야기를 진행하게 하더라도 그때 '너'는 발화자에 해당하므로 이인칭으로 환산할 수 없는 표지입니다. 일인칭이든 삼인칭이든 발화에 관여된 역할을 하는 것으로 보아

야 하는 것입니다. 이인칭 서술상황은 개념상 성립할 수 없으며 실상으로도 드러날 수 없습니다. 따라서 이에 대해서는 분석하고 말고 할 문제도 아닙니다.

#인칭 #이인칭 서술상황

단지 개념의 유형이 있다고 단순히 대입하여서 되는 것이 아니군요. 여하튼 어떻게 이야기하여 텍스트가 산출되는가 하는 문제는 서사를 전제하는 한 매우 중요한 관건일 수밖에 없겠습니다.

그렇지요. 거듭 얘기하지만, 서사는 이야기를 통해 의사소통을 활성화하는 기제에 관한 방법적 개념입니다. 같은 이야기라도 최적의 의미를 교류하는 효력을 낳을 수 있도록 하는 것이 관건인 수행적 국면에 관심하는 데에 서사에 대한 이론적 관심이 수렴합니다. 소설을 서사에 관여된 방법적 거점에서 탐색하는 것은 이러한 맥락에서 이해되어야 합니다. 특히 하나의 사건에 관여된 같은 이야깃거리라도 어떤 시각에서 어떻게 언술하느냐에 따라 제각각의 효과와 의미가 산출될 수 있다는 것은 일상적 담화의 장에서도 어렵지 않게 확인되는 바입니다. 소설처럼 좀 더 고도화된 이야기 양식이라면 더욱, 수준 높은 담론의 차원들을 조율하여 기술한 양상에서 차이가 부각되는 국면들이 중요할 터입니다. 앞서 상세한 얘기가 난해할 수 있다며 피했던 문체에 대해서나 초점화, 서술상황에 관한 디테일한 분석은 『소설 공구』에서 다루기로 하고 여기서는 이 정도 이론적인 언급 수준에서 그치기로 하지요.

소설의 요소에 대한 얘기를 이로써 갈음하고 소설의 계보와 전망에 대한 얘기로 넘어가겠습니다. 대체로 소설과 문예 사조의 관계, 매체의 영향과 서사 장르의 위상 변이 등에 대해 얘기할 것입니다. 소설을 보는 시야를 넓혀 이해의 여지를 더할 수 있으면 좋겠습니다.

#서사 #의사소통 #방법적 개념 #수행적 국면

Q 그런데 잠깐만요, 그래도 소설의 '담론'에 대해 언급하는 자리인데, 시점 초점화 서술상황에 대한 얘기만으로는, 그래서 소설의 담론을 이해하는 것이 어떤 의의를 지니는지 궁금증이 해소되지 않거든요. 담론 분석을 한다고도 하고 담론적 실천이라는 말도 있는데, 이데올로기에 대한 논의가 담론 논의 맥락에서 진행되고는 하던데, 담론이 이념이나 어떤 신념 같은 것인가요? 가령 정치 담론, 사회 담론 하는 식으로 이데올로기를 대치해서 달리 쓰는 개념이라고 생각하면 되는 듯하던데요, 소설의 담론을 분석하는 것도 소설에서 주제로 다루거나 소설에 배인 이데올로기 요소를 분석하는 것이라 이해해도 되는지요. 그렇다면 도통 소설의 서술 양상에 대한 것이 소설의 담론 요소라고 한 얘기와 맥이 닿지 않는 것처럼 느껴집니다.

A 저런, 조금 꼼수를 써서 어려운 이 문제를 슬쩍 넘겨 버리려 했더니, 여지 없군요. 지금 언급된 논점은 미셸 푸코Michel Foucault 식의 담론 분석에 관한 방면으로 관심을 넘기게 하는 것입니다. 어떤 이유에서인지 푸코가 제안하고 자신의 사유와 저술의 과정에서 주요한 방편으로 삼았던 것이 담론을 분석하는 과정을 거친 바입니다. 즉 담론 분석이 그의 사유와 저술의 공정을 진전시키는 동력 같은 것이지, 그 연구의 귀결점이나 목적은 아닙니다. 복잡다단한 그의 관심사와 연구의 분기들을 정돈하여 추산해 보건대 그의 관심은 인간을 억압하는 이데올

로기적 기제를 들추어 폭로하는 데 수렴되는 면이 큽니다. 문제는 이데올로기의 장악이 선명하지 않은 때, 심지어 다른 이데올로기가 주류를 이루는 때에 정작 사람들을 못살게 구는 것은, 위세가 꺾였거나 전면에서 사라진 것으로 치부된 적대적 이데올로기인 경우가 다반사라는 점입니다.

사람들이 이데올로기에서 자유로워졌다고 생각하며 일상을 살아가지만, 삶의 전역에 걸친 경험과 생각은 물론 감성에 이르기까지 인지 활동 전반을 의식 이면에서 도저하게 간섭하고 있는 이데올로기의 기제를 직시한 것입니다. 일상에서 오가는 담론들에 저러한 인지적 부조리가 배어 있는 까닭에, 담론의 표층만이 아니라 그 이면에서 사람들의 의식과 활동에 영향을 미치는 담론적 실천discursive practice에 도사린 이데올로기의 음모를 들추어 해체하는 일이 긴요하다는 심산이 이어질 수 있는 것이지요. 푸코가 담론 분석에서 해체적 사유의 단서를 얻고 담론 분석을 이어가며 그 사유의 동력을 발전한 것은 이렇듯 미시적인 담론의 국면들을 섬세하고 적확하게 통찰하는 방법적 혜안에 힘입은 바 크다고 하겠습니다.

#푸코 #담론 분석 #이데올로기적 기제 #담론의 표층 #담론의 이면 #담론적 실천 #해체적 사유 #방법적 혜안

Q 그런데요, 대개 정치 담론, 사회 담론, 문화 담론 하는 식으로 큰 범위로나, 성 담론, 육아 담론, 환경 담론 하는 식으로 좀 더 좁은 범위로나, 담론이라 하면 어떤 이슈의 주제나 이론적 화제를 일컫는 용어처럼 회자되는 듯한데요…….

A 그런 식으로 이름 붙여 담론에 대해 언급하는 것 자체로

는 가타부타 말할 수는 없습니다. 그리 방법적 개념을 한정하여 이름 붙이고서 진전시킨 논의의 방식과 양상에 대해서는, 담론 분석을 바탕으로 하여 저변에 도사린 이념적 저의를 들추어 그 장악력을 무산시키는 지향적 수렴항이 있는지 여하를 두고, 담론 개념이 적절하게 방법적으로 활용되고 있는지 판정할 수 있을 것입니다. 관건은 이슈에 대한 입장이나 비판적 논지를 잠정적으로 확정한 전제에서 다른 관점의 또 하나의 이념항으로 논지를 수렴해 가는 식은 기존의 이데올로기 비판의 방식과 다를 바 없다는 것입니다. 이러한 방식이 담론적 도식 혹은 담론 패턴 면에서는 비판의 대상인 상대 이데올로기와 다를 바 없다는 데 유의해야 합니다. 이데올로기의 담론적 실천은 늘 양단의 한편을 선택하도록 강요하고 다른 편과 적대적 관계 구도를 짓는 데서 명맥을 유지하는 자양분을 얻기 때문이지요. 푸코가 갈파한 것이 이 대목이며 또 다른 이데올로기적 중심을 세울 수밖에 없는 담론적 실천의 지층을 파헤치는 일에서 전향적인 사유의 동력을 얻을 수 있었던 것이지요.

담론이란 어떠한 실체적 주제나 이론적 체계가 아닙니다. 말 그대로 사람들 사이에서 벌어지는 의사소통에 동원되는 담론의 장에서 형성되고 생각이나 경험, 감성 등이 교류되면서 진전되는 구성적 현상인 것입니다. 의사소통을 원활하게 하여 서로의 생각과 감정, 경험 등을 두루 나눔으로써 모종의 효과를 내어 삶의 진전을 이끄는 동력원이 담론의 장인 것이지요. 따라서 담론과 관련하여서 의사소통의 효력을 최적화할 수 있도록 모색하는 전략에 관한 얘기들이 곧잘 오가는 것입니다. 푸코의 관심은 담론적 실천의 과정을 분석하는 것이지 담론 자체에 관한 개념화 또는 실체화가 아닙니다. 푸코에게서 배울 것은 그가 담론을 분석하는 방식입니다. 나아가 삶을 장악한 이데올로기적 기제의 작동 양상을 담론 분석을 통해 들추는 전략이어야 마땅합니다. 담론이란 푸코가 특수하게 쓴 개념 같은 것이 아니라 삶에 편재한 현상입니다.

#담론적 실천 #이데올로기적 기제 #이념적 저의 #담론적 도식
#담론 패턴 #담론의 지층 #담론의 장 #들추는 전략

그러고 보니 담론에 관한 얘기를 시작할 때에 '담론하다'와 같은 용례에 주목하자는 얘기가 새삼스럽군요. 일상적 의사소통의 장에서 펼쳐지는 담화와도 같은 것이라 이해해도 좋은 것이지요? 삶에 편재한 현상이라는 지적이 이와 무관하지 않은 것 같은데요…….

그렇지요, 요즈음 디스코스를 담론이라 번역하여 쓰는 것이 일반적이지만 담화, 언술 등으로 번역하여 쓰는 경우도 많습니다. 어느 경우나 효과적 의사소통을 위한 언어 수행의 전략적 측면에 주목하여 언어 현상을 탐색하려는 의중에서 주목한 언어 수행의 국면을 가리킵니다. 의미론이나 화행론 국면에서 언어학의 관심을 문법에서 담론(언어학에서는 담화라 번역하여 쓰는 예가 많음) 층위로 옮긴 것이나, 리쾨르가 해석학의 관심을 텍스트에서 담론으로 옮긴 것이나, 푸코가 역사나 정치적 이슈 분석의 관심을 이데올로기 분석에서 담론 분석으로 옮긴 것이나, '담론'이 언어의 수행적 국면에 주목하는 방법적 개념이기는 매한가지입니다. 담화라고 하든지 언술이라고 하든지 번역하여 붙인 말이 무엇인지는 전혀 관건이 아닙니다. 지칭하는 기표가 다르다고 기의가 꼭 다를 것은 없다는 점만 염두에 두어도 번역어가 다르다고 해서(심지어 그 원어의 표지가 다르다 해도) 그 개념의 자질이나 쓰임새가 다를 것이라고 예단해서는 곤란합니다. 언어에 대한 관심이 형태나 통사에서 담론으로 바뀔 때에 작동하는 방법적 개념의 이동 동력에 주목하는 편이 온당한 것이지요.

소설에 관해서도, 소위 서사 문법에서 서사 담론으로 분석적 관심의 계열이 이동하는 데에는 서사에 관여된 차원들의 구도에 대한 이해의 방향을 전향적으로 바꿔야 하는 방법적 혁신이 병진해야 하는 것입니다. 소설의 담론을 탐색하는 일은 소설의 차원들을 재편하는 관점과 방법의 혁신을 전제로 하는 기획에서 출발한 야심 찬 실천입니다. 공고한 구조에 대한 믿음으로써 떠받쳐진 문체에 비해 담론에 관한 개념항이나 담론 영역을 가시화하는 차원들은 불확정적 입자들에 대한 관심을 부른 물리학 이론처럼 전향적인 시각과 사유, 그리고 미시적인 단위에서 진전되는 실험적 분석 데이터를 요하는지 모릅니다.

#언어 수행 #전략 #방법적 개념 #방법적 혁신

지평에서

❶ 기존에 일인칭 소설로 분류되었던 소설을 찾아 미시적인 서술상황에 주목하여 읽어 보자. 「동백꽃」(김유정)도 좋고 「날개」(이상)도 좋다. 권하자면 오정희의 「유년의 뜰」이나 「중국인 거리」, 「별사」 등을 읽었으면 한다. 어느 것이라도 이 장에서 얘기한 '초점화'나 '서술상황' 국면을 분석해 보자.

❷ 김종광의 소설 가운데 인터뷰 형식을 빙자한(아무리 생각해 보아도 이 표현이 가장 걸맞음) 소설이 몇 편 있다. 손쉽게 찾기에는 단편집 『낙서 문학사』에 실린 「낙서 문학사 창시자편」이 좋다. 이 소설을 읽고 '초점화'나 '서술상황' 국면을 분석해 보자. 그 담론적 효력에 대한 논의로 확산할 수 있으면 금상첨화다.

❸ 『혼불』(최명희)은 소위 문체의 미학으로 이름난 소설이다(물론 나는 '미학'이라는 말, 더욱이 '문체 미학'이라는 말에 거부감이 있는 편이라 저러한 평가를 달가워하지는 않는다. 다만 이를 바꾸어 담론 층위에서 특유의 미적 요소를 이루고 있다는 말로 이해할 만하기에 그 표현에 전혀 수긍하지 않는 것은 아니다). 할 수 있는 한 『혼불』을 읽어 보자. 전편全篇을 읽지는 못하더라도 제1권의 두세 장 정도만이라도 읽어 보자. 그리고 문장 단위, 문단 단위, 시퀀스 단위로 분절하여 담론의 미시적인 국면을 분석하고, 마음을 움직이는 담론적 효력의 국면을 추출해 보자. 수월하게 일을 하자면, 글의 감각이 감동을 주는 대목을 추려 정리해 보는 정도라도 좋다.

❹ 안드레이 타르코프스키가 연출한 영화들을 한번 보는 것은 어떨지……. 그나마 대중적인 〈희생〉이나 〈노스탤지어〉를 감상해 보면 좋겠다. 아름다움의 범위나 양상을 한정할 수야 없겠지만 서사적 진전이 아닌 서정적 감성이라 할 만한 요소로 특유의 미감을 자아내는 저 영화들을 보자는 얘기다. 물론 그 담론적 효력을 분석해야 하는 것은 함정이다. 이를 통해 같은 이야기라도 다른 소통 회로를 구동하여 얻어지는 서사 담론의 국면들에 대한 이해를 확장해 보자.

더 나은 이해를 위하여

- 백설공주 설화의 이본들을 찾아 읽어 보자. 그림 형제가 채록하여 편한 두 버전을 찾아만 보아도 좋다. 둘의 차이점에 주목하여 디테일을 읽어 보고, 그 차이점이 어떠한지 생각해 보자. 아울러 설화를 모티프로 한 소설을 찾아보자. 같은 설화를 활용하여 다른 결과를 내어 비교해 봄직한 텍스트면 좋다. 비교 가능한 짝을 찾지 못하더라도 설화를 모티프로 변주한 소설을 찾으면 된다. 제재의 원천인 설화와 변주된 소설의 차이점을 분석해 보자.
- 소설을 원작으로 한 영화를 찾아보자. 꽤 많아서 되려 선택하기 어려울 수 있겠는데, 되도록 원작이 정전급canon이고 영화도 완성도 면에서 제법 높이 평가 받는 것을 택하자. 서사로서 공분모를 가지면서도 소통의 매체가 다른 텍스트들을 비교 분석하여 담론적 효과의 국면에 대한 이해의 여지를 확장해 보자.
- 패트릭 오닐 지음, 이호 옮김, 『담화의 허구』, 예림기획, 2004.
- 미셸 푸코 지음, 이규현 등 옮김, 『성의 역사 1』, 나남, 2004.

계보와 전망

Q 소설의 계보와 전망이라 했는데 어떤 얘기를 할지 그 범위가 선뜻 떠오르지 않는군요. 소설의 개념에 대해서는 맨 앞에서 설명을 들은 뒤이기도 하구요. 소설사에 관한 얘기 같은 것인가요?

A 소설사 같은 얘기이기도 하고 아니기도 합니다. 말 그대로 소설의 계보를 추적해서 정돈된 생각에 수렴시키려는 것입니다. 어떤 현상을 기술하는 데 전제가 되기도 하고 그 자질과 가치를 해석하는 데서 관건으로 적용되는 개념의 연원을 추적하고 그 전개 양상과 그 개념에서 파생된 개념이나 방계의 현상을 계보학적으로 살피는 일은, 개념의 오·남용을 피하고, 개념을 적용할 적절한 맥을 짚기 위해서 꼭 필요한 선결 과제입니다. 그러고서야 현황을 온전히 조망하고 앞으로 진전될 양상을 전망할 수 있는 여지를 둘 수 있는 것이지요. 그래서 소설이 왜 하필 소설이냐는 질문은 으레 묻는 단순한 물음처럼 보이지만 소설의 계보를 추적할 때 벼리가 될 만한 중요한 물음입니다.

맨 앞에서 한 얘기이지만 소설의 개념에 대해 다시 언급하기로 하지요. 잊을 만할 때도 되었구요.

소설은 작을 소 자에 말씀 설 자를 써서 '소설小說'이라고 합니다. 그 뜻을 추정해 보면 소소한 이야기를 다루니 소설이라거나, 역사나 신화 같은 장대한 이야기에 비해 규모가 작은 이야기이니 소설이라거나 하는 식으로 이해해도 좋을 법합니다. 이러한 뜻이 실제 소설의 자질이나 양상에 비추어 적확한 만큼 이렇게 이해한다고 해서 잘못될 것은 없습니다. 그러나 소설이 소설인 이유는 따로 있습니다.

소설은 '소인배들이(나) 지껄이는 소리'라는 식으로 낮잡아 이르는 말입니다. 조금 순화해서 굳이 말하자면 '소인 층에서 지어진 이야기'라 할 수 있겠습니다. 순화해서 말한들 그 위상이나 가치가 높아지는 것은 아닙니다. 소설은 잘 알려진 대로 이야기이며 이야기란 소인들 사이에서나 오가는 것일 뿐 이를테면 '문文'이나 '학學' 축에 끼지 못하는 것이라는 생각이 바탕을 이룹니다. 문이나 학, 곧 문학은 소인배들이 감히 넘볼 영역이 아니어서 소인들은 기껏해야 시정市井의 이야기를 지어 말하고 듣고 하는 수준의 향유밖에 할 수 없다는 것이지요. 그 이야기의 양상도 허탄한 공상이나 황당하고 무계한 허구 수준에 그치니 정말이지 소인배들이나 지껄이는 소리 이상도 이하도 아닌 것입니다. '소설'이라는 말을 붙인 문인들의 입장에서 그러합니다.

그래서 소설의 상대어가 '대설大說'일 것 같지만 대인배 곧 문인·학자들은 '이야기'를 지껄이지 않으니 대설이란 것 자체가 어불성설입니다. 소설의 상대어는 사서史書나 경서經書 같은 글이나, 정형을 갖추어 쓴 정격의 시와 같은 글입니다. 문학인 것이지요. 소설은 원체 문학이 아닙니다. 문학 축에 끼지 못합니다.

물론 오늘날의 소설이야 당당히 문학의 거점 장르로서 위상이 높으며, 서양의 노블novel을 번역한 술어이므로 그러한 연원과 무관하게 쓰이고 있으니 굳이 개념의 뿌리를 언급할 이유가 없다고 할 수도 있습니다. 그런데 말입니다, 서양에서도 소설은 본디 소설이었습니다. 물론 '소설·小說'이라는 표현이야 없었지만 그 개념의 일맥이 상통하는 예를 서양에서도 찾을 수 있다는 얘깁니다.

서양에서 르네상스 전에는 문학의 범주가 매우 한정적이었습니다. 무엇보다 라틴어로 쓴 글만 문학 작품으로 인정받았습니다. 정형의 격을 갖출 것이 요구된 것은 말할 나위 없지요. 한문으로 쓴 일정한 형식의 글만 문학으로 인정되었던 동양의 경우와 마찬가지입니다. 같은 제재를 다루었다고 해도 가령 오비디우스의 『변신』처럼 정형의 시 형식을 갖추어 그만한 격에 걸맞은 주제를 표현한 것만 문학의 반열에 오를 수 있고 그렇지 않은 경우는 여항閭巷의 이야기 곧 소설에 불과합니다.

그런데 흔히 문예 부흥기라고도 이해되는 르네상스를 거치는 동안 방언, 곧 라틴어가 아닌 각 나라 각 지역의 언어로 기술한 글도 문학 작품으로 인정받기 시작한 것입니다. 세르반테스의 『돈키호테』는 이에 쓰인 언어가 스페인어일 뿐만 아니라 여기 기술된 내용도 품과 격을 갖춘 영웅적 인물의 고상한 경험이 아니었습니다. 짐짓 소설 같은 이야기를 다룬 글이 문학 작품으로 당당히 인정된 것은 소인배들의 이야기인 소설이 더 이상 시정의 설이 아닌 문학의 장르에 편입되는 반전적 상황을 단적으로 보여 줍니다. 새로운 장르라는 노블의 탄생은 소설이 문학 장르가 된 상황을 대변하는 것입니다.

소설은 그 창작과 향유의 주역이던 소인층이 사회·문화적, 정치·경제적 활동의 주역으로 나서기 시작하던 근대 여명기의 조건과 변수가 작용하여 당당히 문학 장르에 편입되었습니다. 조선 후기에 이르러, 이전에는 장사치라 치부되던 상인들이 득세하여 세상의 전면에 부상하던 때에 발맞춰, 국문 소설이 눈에 띄게 융성하게 된 상황이 저러한 상황과 잘 동조sync 됩니다. 오늘날이야 상인들을 더는 소인들이라고 할 수 없는 터이니 소설이 문학의 권좌를 지키고 있는 것이 별스러울 것 없습니다.

#계보학 #소설 #이야기 #노블 #소인배 #문학 #대설

아, 앞서 들었던 얘기기는 하지만, 다시 들어도 그런 내막과 반전이 있었다는 사실이 흥미로워요. 그런데 소설이라는 말이 소인배들의 이야기에서 유래했다고는 하지만 그렇다고 오늘날 소설이 그러한 이야기의 형식이나 내용과 같을 수는 없잖아요. 당장 고전 소설과 현대 소설의 형태가 차이 있고, 서양의 판타지와 소설의 차이가 분명하지 않습니까? 어쨌든 소설이 새로운 이야기 양식이라 하여 노블이라 했다고도 언급하셨고…….

적절한 지적입니다. 같은 뿌리에서 갈라져 나온 줄기나, 그 줄기에서 움터 핀 꽃과 열매가 다 같을 이유는 없습니다. 때로는 돌연변이 형태가 나올 수도 있고 유사하더라도 그 면면이 다 같을 수는 없습니다. 설사 같다고 하더라도 짐짓 하나의 기준에 다 묶을 수 있을지는 여러 자질과 양상을 검토한 연후에 판정할 수 있는 일입니다. 나중에 파생된 종이 본디 종의 자질과 양상을 진전시킬 가능성도 늘 염두에 두어야겠지요.

근대의 새로운 이야기 양식이라는 '노블'은 기존의 이야기 양식들에 비해 현실 혹은 일상에 대한 관심을 극대화한 면에서 새로움이 가장 크다고 할 수 있습니다. 인물이 활동하는 일상의 현실에서 출발하여 현실로 귀결되는 이야기의 구성이 이전 서사체들의 성향과 크게 차이 나는 점입니다. 꿈에서 현실로 이야기의 구심이 이동한 것이지요. 모두의 판타지에서 나의 현실 이야기로 이행한 것입니다. 근대적 인간은 스스로 생각하여 자신의 존재 근거를 확인해야 하는 주체적 인간인 만큼 이러한 이동 혹은 이행의 국면은 근대의 새로운 문학이라는 노블·소설에서 과시해야 할 선언적 전형轉形과도 같은 것입니다.

새로운 소설은 모든 것을 일상에서 취합니다. 일상의 경험과 감정, 일상적 상념과 사유에서 이야깃거리를 취하고 일상의 지각 가능한 범위에서 구성 요소를 취하여 직조합니다. 무엇보다 극적인 반전은 '일상의 언어'로 이야기를 진행한다는 데 있습니다. 허무맹랑한 허구라도 일상의 범주에 들 수 있는 양태로 가공하여서만 소설의 장에 투사할 수 있습니다. 아무리 어려운 관념적 사변이라도 일상적 담화의 장에 부쳐 소통 가능한 형태로 변주하여서만 소설의 장에 채용할 수 있습니다. 장대한 역사의 사건들도 일상적 생활 세계에 기여할 수 있는 차원으로 가공하여서만 소설의 장에 부칠 수 있습니다. 소설이 그리는 대상이자 소설이 자리한 일상의 장은 그 영역을 확장할 수 있는 여지를 짐짓 소설을 통해 얻습니다. 소설은 인간이 사유할 수 있는 전역을 이야기할 수 있는 까닭에 더 이상 소설에 머무르지 않게 되었는지도 모릅니다.

#소설 #근대 #일상 #생활 세계 #나의 이야기 #모두의 판타지

Q 노블, 이를 번역한 소설이라는 술어, 소설이 근대의 문학 장르라는 얘기, 이를테면 소설 자체가 새로운 양식이라는 점을 꼭 염두에 두어야겠군요. 그런데 굳이 새로운 소설이라 하니 문득 '신소설'이 떠오르는군요. 어찌 보면 새로운 소설을 지향했다지만 온전히 새롭다고 하기에는 곤란한 점이 있었다고 하기도 하고, 신소설이라 했으니 상대적으로 구소설이라 할 소설이 있었다는 얘기이기도 할 텐데요, 우리의 경우 신소설이 나오던 당시의 모습은 어떠했나요?

A 맞습니다. 하필 신소설이라고 이름을 붙인 것으로 보아 신소설 작가들이 구소설로 싸잡았을 소설이 이미 있었다고 추정하기 어렵지 않을 것입니다. 실로 당시 소설이 꽤 인기가 있었습니다. 웬걸요, 춘향전이나 심청전 따위의 고전 소설이 새삼 인기를 끌며 제법 잘 팔렸던 것으로 알려져 있습니다. 이를 구소설이라 하고서 그보다 나은 소설이라며 신소설을 제시하였던 것이지요.

#신소설 #구소설

Q 조선 시대에 지어진 소설이 뒤늦게 인기를 끈 이유가 궁금하군요. 그래도 시대가 바뀌고 사회·문화적 환경이 바뀐 상황에서 낡은 판타지가 인기를 끌었다는 것이 좀 납득하기 어렵습니다만…….

A 바로 인쇄술! 인쇄술이 관건이었어요. 조선 후기에도 춘향전을 비롯한 여러 국문 소설들이 인기를 끌었던 모양이지만 책을 구하기 쉽지 않았습니다. 판각본 혹은 방각본이라고 하듯이,

목판에 글자를 새긴 다음 그 판에 먹물을 묻혀 종이에 찍어서 책으로 묶는 방식으로 소설책을 만들었는데, 공정도 오랠 뿐만 아니라 무엇보다 종이가 귀한 때라 책이 흔치 않았던 것입니다. '전기수傳奇叟'나 '강담사講談師'라고 들어 보셨을 텐데, 소설을 읽어 주는 직업이 따로 있을 만치, 소설이 인기를 끈 반면 책이 많지 않았던 정황을 엿볼 수 있는 것이지요. 소설을 읽고 싶어도 책을 구하지 못하는 상황이 답답할 노릇입니다. 조선 시대에 지어진 소설이 정작 당시에는 잘 유통되지 못하였다니 아이러니합니다.

그런데 서양의 근대 문물이 유입되면서 인쇄 기계가 도입됩니다. 소위 제책사가 생겨 대량으로 책을 찍어 낼 수 있게 됩니다. 비싼 기계를 도입한 만큼 많이 팔릴 책을 낼 방도를 궁리하면서 타산하였을 텐데 마침 소설의 인기에 착안하여 국문 소설을 낼 생각을 한 것입니다. 소위 '딱지본' 소설이 나오게 된 것입니다. 춘향전을 위시하여 딱지본 소설은 흥행에 성공하였던 것으로 알려져 있습니다. 전업 작가專業作家를 표방하던 신소설 작가들이 이에 고무되었던 모양입니다.

신소설은 딱지본 소설의 대항마 격입니다. 구소설 못지않은 흥행을 예견하며 출판 시장에 과감히 출사표를 던진 셈이지요. 새로운 소설 상품이라는 선전 콘셉트를 앞세워서 말입니다. 물론 기존에 흥행하던 소설의 결점을 개선하였다는 점을 전면에 내세웠지요. 이를테면 구소설이 권선징악이라는 주제를 천편일률적으로 제시하고 있어 식상할 뿐만 아니라 교훈을 앞세운 나머지 흥미가 떨어진다는 식으로, 기존 '히트 상품'의 가치를 깎아내리는 전술을 펼칩니다. 새로운 소설이라면 꿈같은 이야기 말고 현실적인 이야기여야 한다는 점도 강조하였지요. 새로운 세상이 열리고 있는 현실에 대한 관심을 촉발한다는 점에서 새로운 소설에 주목할 것을 독려하였던 것입니다. 물론 그들이 새롭다고 한 세상은 일제의 강제 점령으로 식민지화된 현실의 암울함보다는, 일제의 시책과 서구 문물의 긍정적 면을 부각하여 그에 대한 부화附和와 찬사로 일관된 한계가 뚜렷합니다.

#인쇄술 #딱지본 소설 #구소설 #권선징악 #교훈 #신소설

Q 아하, 그러고 보면 신소설 작가들 중에 친일 행적을 일삼은 이들을 떠올리고 보면 그 한계를 가늠할 수도 있겠군요. 어쨌든 구소설에 비해 신소설이 새로이 진전된 형식을 보인 것은 사실 아닌가요?

A 이 또한 그렇기도 하고 그렇지 않기도 합니다. 무엇보다도 새로운 소설을 내걸고 구소설의 한계를 넘어선다면서 구소설이 안은 문제들의 조목을 언급했지만 정작 그들이 낸 소설에서도 그 조목에 걸리는 한계에 봉착한 면이 큽니다. 사실 구소설의 한계로 지적한 지점들이 판타지 경향의 서사체라면 그리할 만한 이유와 적절한 소통의 맥락이 있는데 이를 일방적으로 폄훼한 혐의가 없지 않습니다. 아무리 신제품 광고를 한다지만 기존 제품을 깎아내려도 너무 깎아내렸습니다. 더하여 새로운 소설의 경향은 이러이러해야 한다는 입장을 너무 선명히 한 터라 기성의 문학 장르에 비해 형식과 내용 모든 면에서 분방한 성향을 띠어야 했던 소설을 한정된 영역에 가두어 놓는 반동反動을 자행한 꼴이기도 합니다.

여하튼 신소설이 등장하고서도 딱지본 소설의 인기는 시들지 않았다고 합니다. 이 형태 고전 소설은 제가 어릴적이니까 70년대까지도 장터에서 어렵지 않게 구할 수 있을 정도로 장수한 판본이기도 합니다. 오늘날도 소설 판본 형태는 아니라도 고전 소설이 매체를 바꿔서라도 면면히 전승을 지속하고 있는 것을 보면, 새로운 소설의 등장과는 별도로 판타지에 대한 사람들의 요구가 끊이지 않는 모양입니다. 기실 근대 소설이 대두할 때 새로운 서사 형태에 대한 요구가 커서 그러했겠지, 현실에서 실현할 길 없는 욕망을 채우거나 현실에서 풀 길 없는 갈등을 해소할 수 있는 판타지 세계에 관한 이야기의 효력이 사라진 것은 아닐 터입니다. 최근 들어 판타지 서사가 여러 매체를 통해 형태를 달리해 가며 성행하는 것을 보면, 판타지를 전근대적 서사 양식이라고 치부하는 것이 얼마나 무모한 판정인지, 혹은 무지한 단언인지 가늠해 볼 수 있습니다.

#신소설 #근대 소설 #판타지 #전근대적 서사

Q 서사의 형태에, 그러니까 내용과 그에 걸맞은 형식에 변화가 이는 것은 시대적 요구 또는 독자의 요구에서 기인한다는 말씀이겠군요. 그런데 창작 편과는 달리 이해 편에 대해서는 그 양상을 가늠하기 어려운 면이 큰데, 어떻게 시대나 독자의 요구에 대해서 논급할 수 있을까요?

A 날카로운 질문입니다. 시대의 요구, 독자의 요구 운운했지만 실은 당대의 문학적 판도를 총괄한 뒤에 이를 바탕으로 추론하는 경우가 대부분입니다. 시대·독자의 요구를 전제로 현황을 분석한 것이 아니라 되려 그 역방향이니 엄밀히 말해서 성립할 수 없는 논점이지요. 혹 실로 기록되었거나 증언된 관련

자료가 있다고 해도 그 요구의 전말을 읽기에는 방증해야 할 부분이 많은 까닭에, 수용자적 요구에 대해서는 분석하기 곤란한 경우가 대부분입니다. 다만 디테일을 제하고 글자 그대로 시대적 요구나 독자의 요구에 대해 범박한 논점을 상정한다면 역방향의 추론이라도 무의미한 결론은 아닐 것입니다. 대개 '문예 사조'를 추론 맥락에 이끌어 들인다면 단서를 얻지 못할 바는 아닙니다. 말이 나와서 얘기지만 시대적 요구 또는 독자의 요구에 관한 논항은 은유로 받아들이는 편이 좋겠습니다. 그도 안 된다면 이 논항은 폐기해도 나쁠 것은 없을 것 같군요. 여하튼 이에 대해 얘기를 꺼낸 것은 문예 사조를 배경으로 전면에 드러나는 현상을 해석하는 방향에 대해 더 얘기하고 싶어서입니다.

#시대적 요구 #문예 사조

그렇다면 소설은 어떤 문예 사조와 어떤 관계에 있습니까? 특정 문예 사조와 특별히 더 관계가 있고 그러한지요?

우리가 논의 선상에 올린 소설이 근대 이후에 탄생한 소설을 가리키는 만큼 소설에 관여된 문예 사조는 계몽주의와 리얼리즘에까지 내려와야 합니다. 그도 그럴 것이 인간의 이성을 앞세워 문학의 고상한 품격 같은 것에 가치의 기준을 두었던 고전주의에서 소설 따위를 인정했을 리 만무하지요. 천재적 개인의 오성을 중요시하고서 작가를 그 총화로 꼽았던 낭만주의에서는 시인이 아닌 소설가 따위에 작가의 위상을 줄 리 없습니다. 대체로 소설은 현실의 일상적 개인이 주역인 이야기를 다루는 만큼, 개인의 발견을 단서이자 주제로 하는 계몽주의와 맥이 가장 잘 닿습니다.

계몽주의Enlightenment는 무엇보다도 인간 이성의 재발견에 포커스가 맞추어집니다. 고전주의에서 이성은 누구나 발휘할 수 있는 역량이 아닙니다. 이성은 특별한 지적 수련을 거친 철인哲人들도 겨우 얻을 수 있는 능력이며 이성적 수행을 통해 진리의 세계에 다가서려는 노력을 게을리하면 그마저도 상실할 위기에 처한다고 보는 편입니다. 보통 사람들의 경우 이성에 가까운 역량을 갖출 수는 있지만 그들이 접근할 수 있는 영역은 진리의 세계일 수 없으며 잘해야 선善의 가치를 실현하려는 의지를 수련할 수 있는 정도로 한정됩니다. 그런데 근대를 연 계몽적 이성은 깨인 사람 누구나 얻을 수 있는 능력입니다. 누구라도 세계를 방법적으로 회의함으로써 '의심하는 나'를 발견할 수 있다면 그의 존재는 확증되는 것입니다. 생각하는 나는 곧 존재하는 것이며 그 존재는 곧 세계의 주체로서 선 이성적 존재입니다. 그래서 계몽적 이성의 작용은 '개인의 발견'으로 귀결되고 그 귀결점에서 다시금 개인의 존재적 수행이 발흥됩니다.

계몽적 이성이 발견한 개인이 바로 소설의 주인공이 될 만한 자격을 얻습니다. 물론 근대적 개인은 고전주의적 개인과 달리 이성적으로 완성된 존재가 아니라 이제 막 이성에 눈을 뜬 존재입니다. 그러므로 근대적 개인은 숱한 문제 상황에 싸인 채 이를 헤쳐 나가야 하는 과업의 늪에 빠진 형국에 처합니다. 세계의 모든 것을 의심한 상황이니 그의 존재를 도울 조력자도 확정할 수 없습니다. 과업은 온전히 스스로 수행해야 하는데 세계는 문제투성입니다. 그러니 근대적 개인은 그 자체로서 '문제적 개인'에 불과하게 됩니다.

계몽적 이성이 세운 문제적 개인이 바로 소설의 주인공입니다. 이성에 눈을 떴을 때 세계의 총체성이 눈앞에 펼쳐지던 고전 시대의 주인공과는 처지가 백팔십도 다릅니다. 무지의 상태에서 이성에 눈을 떠 세계를 알게 되었을 때 과업 수행의 상급賞給을 온전히 누릴 수 있었던, 그래서 이성의 빛을 좇아 한 방향으로 매진하기만 하면 되던 주인공들과는 전혀 다른 것입니다.

문제적 개인에게 이성은 세계를 밝히 볼 수 있는 경로가 맞지만 그리 밝혀진 세계는 어둡기 그지없는 모습입니다. 혁명으로 뒤바뀌었다는 근대의 현실은 근대적 혁명의 이념과는 너무나 크게 괴리되어 있었던 것입니다. 모순된 현실의 실상 앞에 우리의 문제적 주인공은 허울만 주체일 뿐 주체적인 역할을 할 수 없는 상황에 절망할 수밖에 없습니다. 낭만주의 계열로도 분류되고 계몽주의 계열로도 분류되어 다소 혼선이 있는 '성장소설Bildungsroman'의 주인공은 판타지의 영웅일 뿐 계몽적 주인공이 될 수 없습니다. 우리의 주인공은 숱한 시련을 넘어서더라도 성장에 성공할 수 없는 운명과도 같은 현실에 내몰려 있을 뿐이니까요.

계몽주의의 이념은 이성적 역량으로 세상을 밝히 볼 수 있는 주체적 개인의 발견을 지향하지만, 정작 현실의 개인은 그러한 이념을 실현하기에는 현실의 벽이 높다는 사실을 인식할 수밖에 없는 모순이 발생합니다. 이 모순을 소설이 문제 삼는 것이지요. 소설은 그 주인공인 근대적 개인이 처한 현실에서 출발하여 현실로 돌아오는 이야기인 만큼, 이념과 현실 사이의 모순된 면면을 재현하는 데 공을 다합니다. 그래서 소설은 비극적 세계관을 투사하여 지어지기 십상입니다. 희랍의 비극이 그나마 운명에 순응하면 그래도 살길을 찾을 수 있다는 전언을 주는 데 반해, 근대의 비극인 소설은 순응하여 살길을 모색할 방향조차 찾을 수 없는 현실의 완강함을 확인시키고 맙니다.

소설은 비극보다 더 비극적입니다.

#계몽주의 #리얼리즘 #계몽적 이성 #방법적 회의 #개인의 발견 #성장소설 #모순 #비극

Q 계몽주의 소설이라 하면 일찍 깨인 선각자가 무지와 몽매에 빠진 이들을 깨우쳐 주어 세상을 밝힌다는 메시지를 전하는 것이라 알고 있었는데 전혀 뜻밖이군요. 계몽주의에 대해 잘못 알고 있었던 것인가요?

A 잘못 안 것도 맞고 그렇지 않은 것도 맞습니다. 칸트Immanuel Kant는 계몽을 얘기하면서 개인적 계몽만이 아니라 대중적 계몽을 얘기합니다. 계몽이란 이성에 눈을 떠 무지의 상태에서 벗어나는 것이라 했는데, 먼저 깨인 사람이 대중을 무지에서 깰 수 있도록 깨우침으로써 스스로 무지의 상태에서 벗어날 수 있도록 이끌 수 있다고 한 것이지요. 이 맥락을 섬세히 이해하지 못할 경우 계몽이란 선각자가 대중들을 무지의 상태에서 벗어나게 해 주는 것이라고 단언할 우려가 있는데, 지금 말씀이 그러한 경우이겠군요. 여하튼 누군가의 깨우침으로 계몽한다 하더라도 그 깨우침은 무지의 상태에 있다는 것을 깨우치도록 하는 데까지 적용될 뿐, 계몽은 주체적으로 이루어야 하는 것

이 옳습니다.

#계몽 #주체적 #칸트

Q 가령 신소설가들 이후 문단에 가장 강력한 영향력을 미치던 이광수의 소설 경향을 계몽주의로 설명하고 하는데요, 계몽주의가 저러하다면 좀 걸맞지 않은 구석이 있는 듯합니다. 계몽주의와 관련하여 우리 현대 소설의 계보를 점검해 주시면 좋겠습니다만…….

A 타당한 의구심입니다. 계몽주의의 테제는 개인의 발견, 이성에 눈을 뜬 주체에 관한 기획이 기조를 이룹니다. 이광수의 『무정』을 볼까요.

가장 전면에 부상한 주인공인 '영채'는 제법 깨인 인물입니다. 여성이면서도 당시의 사회·문화적 환경에 비추어 보면 상당히 진보한 인물형으로 설정된 편입니다. 그에게 부과된 현실적 조건은 과연 문제적 개인으로서 영채의 자질을 돋보이게 하는 인자입니다. 주인공 격인 다른 세 인물도 영채와는 밀도 면에서 차이가 있지만 현실의 문제적 상황을 헤쳐 나갈 과업을 짊어진 이들로서의 면모가 제법 그럴싸합니다. 이들이 서로 얽히게 되는 사건의 진전 양상도, 당시 소설의 형편을 감안할 때 상대적이기는 하지만, 제법 함량이 있습니다. 과연 우리 근대 소설의 본격적인 출발점에 있는 작품이라고 할 만하지요. 그런데 그러한 양상이 끝까지 유지되지 못하고서 방향성을 상실한 채 끝난 형국이 되어 소설 전체를 두고 평가할 때까지 그러한 평을 유지할 수는 없습니다. 대체로 '삼랑진 수해' 시퀀스가 전개되면서부터지요.

물론 전작全作 장편이 아니라 신문 연재 소설이며 연재의 연속성 면에서도 저해를 받은 터라 방향성을 끝까지 유지하기 힘들었던 면을 인정하여 아쉬움 정도만 표하고 말아도 좋을 것입니다. 허나 계몽주의 소설의 전범典範이라는 타이틀과 함께 근대 소설의 출발점이라는 명예로운 가치를 부여하기에는 석연치 않은 구석이 있기에 문제 선상에 올릴 필요가 다분합니다. 『무정』은 과연 계몽주의 소설의 전범이라는 자격을 갖추고 있을까요?

이전 부분들에서 기미가 없지 않았지만, 삼랑진 수해 현장을 목도하면서부터 네 주인공은 위기의 조선을 구할 '판타스틱 포Fantastic 4' 혹은 조선 '어벤저스'(이상 판타지 SF 영화 제목이자 캐릭터 팀 이름)가 된 듯합니다. 무지몽매에 허덕이는 조선인과 조선을 구원할 영웅을 자처하며 실로 그 뜻을 실행에 옮기고자 모두들 유학을 결의하고 유학길에 오릅니다. 그들이 귀국하여 경성 거리에 섰을 때 조선에는 서광이 비쳐 조선의 미래가 밝히 빛난다고 했습니다. 그렇게 '무정 판타지'는 끝을 맺습니다. 그렇습니다, 『무정』은 영웅들의 판타지입니다. '개아個我의 발견'이라 했던 방향성을 잃고서 계몽주의 소설은커녕 소설(노블)에도 미치지 못한 채, 이전과 겉모습은 달라도 본색은 판타지나 진배없는 형태의 서사물이 나온 셈입니다. 아니 처음부터 방향을 잘못 잡았다기보다 근대 소설의 지향을 오인하였다고 하는 편이 적절해 보입니다.

#이광수 #무정 #영웅 #판타지

Q 그렇다면 계몽주의 계열 소설의 계보를 기점부터 다시 세워야 할 듯한데, 어떤 작품부터 계보를 시작해야 할까요?

▲ 반드시 계몽주의 소설의 계열과 계보를 정리해야만 하고 또 그 기점을 세워야만 하는 것은 아닙니다만, 근대 문학의 자질에 직결된 장르종인 만큼 이 계열 소설의 자질에 근사한 작품의 양상을 가늠해 보는 것이 무의미한 일은 아닐 것입니다.

저는 우리 소설사에서 계몽주의의 이념에 근사한 작품 세계를 구축한 소설로 염상섭의 『삼대』를 꼽습니다. 이 소설 정도는 되어야 계몽주의의 계열에 들 수 있다고 생각합니다. 통상 리얼리즘의 역어로 쓴 사실주의 계열로 분류하는 것이 일반적인 듯한데요 제 판단은 다릅니다. 리얼리즘에 대해서는 뒤에 언급하겠습니다만 이를 사실주의라고 번역하는 것은 적절하지 않은데, 그리 번역한 사실주의의 맥락에 대보든 리얼리즘의 자질에 비추어 보든『삼대』는 리얼리즘 계열의 소설로 보기 어려운 구석이 많습니다. 대신 계몽주의의 테제에 상당히 근사한 면면을 구현하고 있다고 볼 여지가 큽니다.

잘들 아실 테고 제목만으로도 짐작할 수 있듯이 이 소설은 조의관·조상훈·조덕기 삼대의 얽히고설킨 삶의 역정을 담은 소설입니다. 여기에 조덕기의 친구 김병화가 가세하여 신세대 젊은이들이 겪었을 사회적 문제에 대한 이야기로 서사적 자장을 넓힌 작품입니다. 통상 구한말, 일제 강점기로 넘어서는 과도기적인 혼돈이 삼대 인물 간의 갈등으로 극화되고 식민지 상황에서 빚어진 문제 상황과 이념적 갈등 양상이 젊은 세대의 문제 의식과 쟁점으로 극화된 것으로 알려져 있습니다. 적절한 요약이며 타당한 이해입니다.

당시 시대상과 인물의 행위 등이 실감 있게 기술된 터라 사실성이 극대화된 소설이라고 평가되는데 이 또한 틀림없습니다. 다만 그러한 기술에 더하여 모종의 판정을 내리는 진술을 드러내거나 이념적인 태도를 시사하거나 하는 식으로 비판적인 언술이 가해지는 것은 아니어서 리얼리즘의 요소가 채용되거나 그 자질이 배이는 것은 아닙니다. 대신 혼돈의 시대를 지나는 가운데 이상理想과 달리 주어진 현실적 조건 속에서 자기 자리를 발견하고 그 자리에서 시대를 지내는 이들의 방황과 고뇌, 그리고 의지가 전면에 부상합니다.

가령 조덕기의 조부 조의관은 구시대의 가치를 대변하는 수구적인 인물로 설정되어 있다고 이해되는데, 낡은 질서를 지키려 한다는 점만으로 그 위상을 낮잡아 볼 것은 아닙니다. 걷잡을 수 없이 밀려드는 신문명 신문화의 격랑에 휩쓸리지 않고서, 누대에 걸쳐 축적되어 온 삶의 양식과 이념이 일거에 소거되는 상황을 손놓은 채 지켜보고만 있어서는 안 된다는 신념에 찬 인물의 모형이 조의관에게 투영되었을 것입니다. 요컨대 조의관은 그 나름의 의식으로 자신과 자신이 딛고 선 자리를 지키려는 문제적 개인인 것입니다.

조덕기의 아버지 조상훈의 경우는 그야말로 이상과 현실의 괴리 속에서 방황하는 문제적 개인입니다. 소위 개화라 하는 서구화의 격랑에 떼밀린 유학파이지만 식민치하의 불안정한 현실에 온전히 대응하지 못한 채 방황하는 불안한 존재자의 모습을 보입니다. 이 또한 주체적 개인의 발견이라는 계몽적 이성이 직면한 부조리한 상황에 대한 반증이라고 볼 여지가 다분한 것이지요. 저는 조상훈에게서 계몽주의의 이념과 현실적 실상 사이의 괴리에 선 문제적 개인의 처지가 얼마나 고통스러웠을지 가늠할 눈금자를 얻습니다. 그에게 부과된 문제 상황이 개인의 문제는 아닐 터이며 그의 부조리한 행위가 그의 잘못만은 아닐 터입니다.

조덕기는 윗 세대의 인물들에 비해 의식과 식견, 태도 등에서 주체로서의 자질을 뚜렷이 부여 받은 인물입니다. 계몽적 자아의 면면을 잘 갖춘 인물이지요. 제법 합리적으로 사고하고 판단하며 갈등 상황에서 비교적 치우침 없는 시각과 자세를 견지하려고 노력하는 모습이 인상적입니다. 시대를 고민하고 문제 상황에 담대히 맞서려는 의지를 키울 줄 아는 인물이라서 미덥습니다. 작가가 어느 인물의 편을 들거나 하는 구도는 아니지만 이야기의 판을 짜고 서사를 진전시키는 구심을 조덕기에 둔 것으로 미루어 이 소설의 지향을 눈치챌 수 있습니다. 시대상과 인물상의 사실성이 표면에 돋보이지만 이 면이 이 소설의 전모를 대변하는 것은 아닙니다. 소설 전역에 편재한 계몽적이고 합리적인 이성을 미덥게 보는 시각과 의식에 더 주목해야 할 필요가 큽니다. 『삼대』는 우리의 소설이 명실상부 근대문학의 장르로서 본격 궤도에 접어든 당시의 현황을 여실히 볼 수 있게 한 조명탄과도 같습니다.

시끌벅적하여 관심이 집중되었지만 정작 궤도를 잘못 맞춰 지향점이 엉뚱한 데 향한 듯한 이광수의 경우에 비해, 계몽주의 맥락에서 주목되지 않은 염상섭이 오히려 계몽주의를 지향하는 본 궤도에 들었음을 확인할 수 있는 면이 많아 보입니다. 「만세전」은 이인화가 남북을 종단하듯 당시 조선 사회의 면면에 직면하여 의식을 깨우는 장면들로 가득차 있습니다. 「표본실의 청개구리」만 하더라도 단편이지만 과학적 시선에 가까운 냉철한 눈으로 사상事狀을 응시할 것을 역설합니다. 그의 소설 전역을 계몽주의 계열에 편입시키자는 얘기는 아니니 오해는 없기 바랍니다만, 염상섭이 지향한 근대적 가치에 대한 자세를 읽을 수 있는 단서를 계몽주의적 지향에서 찾을 수 있다는 얘기입니다.

#계몽주의 소설 #삼대 #염상섭

Q 염상섭의 소설에서 계몽주의 계열의 단서를 찾을 수 있다는 얘기가 흥미롭군요. 흔히 사실주의나 자연주의 경향의 작가로 알려져 있는데 말이죠. 그러고 보니 사실주의라고 하면 곤란하다는 언급이 있었는데, 리얼리즘을 번역하면 사실주의 아닌가요?

A 그리 번역하면 안 됩니다. 적절하지 않다가 아니라 안 된다고 했습니다만, 리얼리즘의 개념이나 자질을 오독하게 하는 번역인지라 그리 과하다 싶을 정도로 얘기하는 것입니다.

요컨대 '리얼real'은 '팩추얼factual'이나 '액추얼actual'이 아닙니다. 실제 세계, 사실 세계에 상응하는 현상은 감각에 부쳐진 대상이어서, 변함 없는 참된 세계의 실체나 실재를 온전히 반영하지 못한 헛것에 불과합니다. 참된 것이 별도의 이데아계에 있거나 개체에 내재해 있거나 하는 차이가 있을지언정 참된 진리의 영역에 속하는 것은 감각 가능한 실제 사실이 아닙니다. 진리는 모름지기 실제 세계가 아닌 실재 세계에서 찾을 수 있으니, 진리를 추구한다면 현상 너머나 현상 이면의 실체나 실재에 다가서려고 노력해야 합니다.

문학이 참된 가치를 구현하려 한다면 실제 사실을 모사하려 해서는 안 되며 참된 실재를 모방해야 마땅한 결실을 구할 수 있습니다. 리얼리즘 문학론은 이처럼 사실 너머의 실재를 모방한 문학에 절대 가치를 부여하는 입장을 앞세웁니다. 그래서 리얼리즘 입론의 모두冒頭에서는 문학적 모방은 사실을 거울에 비추듯이 있는 그대로 모사하는 것이 아니라고 단언합니다. 그러한 모사는 소박한(naive; 뉘앙스를 따라 옮기면 '천박한'이 걸맞은 표현임) 방식에 불과하다는 것이지요.

리얼리즘에서 일컫는 반영은 왜곡된 현상 이면의 본디real 모습을 재현하는 것을 말합니다. 그러니 리얼리즘을 사실주의라고 번역하는 것은 잘못입니다. 혹 '현실주의'라고 하는 경우도 잘못하기는 마찬가지입니다. 굳이 옮기자면 본질주의나 이상주의 정도 될 테지만 이렇게 하면 다른 개념어와 혼동할 여지가 생기거나 불필요한 오해의 여지가 있기에 번역하지 않고 쓰는 편이 온당해 보입니다. 리얼리즘은 그냥 리얼리즘이라고 쓰게끔 놔두기로 하지요.

염상섭은 될 수 있으면 소설에서 벌어진 일들에 대해 전지적 입장에서 참견하기를 달가워하지 않는 듯, 비판적 언술을 제시하거나 이념적 태도를 비추는 언설을 좀처럼 드러내지 않습니다. 냉소적 태도를 드러내는 경우라도 인물의 발화를 통해 드러내며 그조차도 편을 들어 결론에 이르는 식으로 쟁점화하지 않으려는 양상으로 처리하곤 합니다. 무엇보다도 발화의 심층에 대한 판정을 할 단서를 암시는 하되 직접 제시하지 않는 식입니다. 그러므로 그의 경향을 리얼리즘에 대응시켜 함수를 지으려는 것은 적절하지 않습니다. 리얼리즘에서 천박한 방식이라 했던 자연주의의 경향에 대응될 여지가 남을지언정 말입니다. 물론 한 작가의 경향을 특정 시각이나 사조에 대응시켜 단정하는 것 자체가 온당한 이해 방향은 아닙니다.

#리얼리즘 #리얼 #실재 #실제 #사실 #사실주의 #현실주의 #자연주의

Q 그래도 얘기가 나왔으니, 리얼리즘 계열의 계보에 대해서도 짚고 넘어가면 좋겠습니다. 특히 일제 강점기의 카프KAPF 그룹을 중심으로 리얼리즘 경향의 소설이 많이 나왔던지라 제법 얘깃거리가 있을 듯합니다.

A 리얼리즘은 대체로 세 단계 혹은 세 유형으로 대별됩니다. 첫 번째는 앞서 언급하였듯이 소박한 리얼리즘으로 자연주의에 해당하며 엄밀히 따지면 리얼리즘의 유형에 포괄될 것은 아닙니다. 그래서인지 첫 번째 단계라는 식으로 얘기하곤 합니다.

두 번째는 비판적 리얼리즘입니다. 사회의 문제 상황을 구조적 모순 때문에 빚어진 것으로 보고 그 문제의 지점과 원인을 들추어 비판적인 견지에서 이야기함으로써 본연의 가치와 자질을 회복한 세계의 형상을 돌이키도록 하는 데 문학 예술의 본질이 있다는 식의 입론입니다.

세 번째가 바로 카프 그룹에서 주창하던 사회주의(적) 리얼리즘입니다. 이는 레닌을 중심으로 이론화되어, 구 소비에트 연방에서 정식화된 사회주의·공산주의 식 문학 예술 강령에서 채택한 이념이자 실천적 방안입니다. 소위 문학 예술의 도구성과 당파성을 앞세워 문학 예술의 사회주의 이념적 가치를 역설한 것으로 유명합니다.

본격적인 리얼리즘 입론의 단계인 비판적 리얼리즘과 사회주의적 리얼리즘의 지향에서 엿볼 수 있듯이, 리얼리즘은 모순된 것으로 전제된 현실을 넘어선 본연의 세계에서 찾을 수 있는 본질적이고 참된 가치를 구현하는 것을 목표로 합니다. 본질에서 한참 멀어졌던 식민지 현실에서, 깨인 작가들이 지향할 문학적 목표는 대체로 일치했을 법합니다. 이론적 혹은 이념적 입장에만 동조하고 창작의 방향은 달리했던 소위 '동반자 작가'에서부터 실제 항일의 장에 적극 나섰던 급진적 사회주의자들에 이르기까지, 의식과 실천의 실제 면면이 제각각일지라도, 소설이 인간 본연의 가치를 조명하여 현실의 모순에 대응해야 한다는 데 생각의 공분모가 있었던 것입니다. 일제의 교묘한 탄압과 카프의 내적 분열에 직면하여 카프가 공식적으로 해산(자발적으로 해산계를 제출한 터라 해소라고도 하지요)하면서 리얼리즘 진영이라 할 만한 계열의 혼선이 빚어진 것이 사실이지만 일제 강점기 문학장에서 리얼리즘에 직·간접적으로 관여된 현상의 자장이 넓은 것은 부정할 수 없습니다. 각설.

현진건은 완성도 높은 리얼리즘 계열의 소설로 이미 이름이 높습니다. 「운수 좋은 날」은 몇 번 달리 보려고 해도 걸작이라 할 수밖에 없습니다. 당시 수준을 상대적으로 대놓지 않더라도 말이죠. 김 첨지가 직면한 현실은, 개인의 능력이나 성품, 성실성 여하 등과 무관하게, 주어진 운명과도 같은 것으로 전제됩니다. 선한 의지를 가지고 열심히 일하여 조그마한 소망을 이루는 데서 행복을 찾으려는 그의 생각과 달리 현실은 가혹한 형벌을 내려 그의 삶을 비극에 내몰고 맙니다. 그가 맞은 비극도 그에게만 닥친 것이 아니라 그의 가족이 맞이한 비극이라서 공명이 더 큽니다. 운수가 최고조에 오른 날에 운수가 가장 사나웠다는 아이러니는 그를 비극에 몬 현실이 운명과도 같다는 등식조차 잘못된 것으로 돌려 세웁니다. 비극의 요인은 희랍의 비극처럼 운명이 아니라 운명보다도 가혹한 현실이라는 것이지요. 현대의 비극인 소설은, 이성의 작용이 그러한 것을 본딴 듯이, 감정이 한 틈도 끼어들 여지도 없이 참으로 냉정한 시선으로 현실을 응시할 뿐입니다. 극도로 슬프면 눈물도 나오지 않듯이, 이는 눈물조차 허용치 않는 비극 위의 비극입니다.

리얼리즘 계열의 소설은 희랍의 비극이 그러했듯이 인간사의 거창한 문제를 응축하여 전함으로써 극적인 효과를 낳습니다. 개별적인 사안이라도 인간 일반의 일로 환산하여 사유할 수 있는 여지를 크게 하는 데 이 계열 소설의 성패가 달려 있습니다. 소소한 일상에서 벌어지는 일에서도 인간 본연의 가치에 연결시킬 요소를 발견함으로써 실재를 소환하려는 사유의 방식이 의미심장한 서사적 수행을 낳는 것입니다. 현상 이면의 참된 실재를 밝히 보던 아리스토텔레스의 밝은 눈이 어두운 세상을 밝히 볼 줄 아는 소설가의 더 밝은 눈으로 진화하는 데 성공한 셈입니다.

#리얼리즘 #비판적 리얼리즘 #사회주의 리얼리즘 #구조적 모순 #현상 이면 #참된 실재 #현진건 #운수 좋은 날 #비극적 세계관 #아리스토텔레스

Q 아리스토텔레스는 참 여러 면에서 소설에 관한 이론에 영향을 끼쳤군요. 여하튼 리얼리즘에 상대되는 편이랄까요, 소설에서 이야기할 현실이 그리 비극적이기만 한 것도 아닐 수 있고 또 소설이 세상사를 응축해서 이

야기해야만 하는 것도 아닐 듯한데요, 가령 모더니즘 계열의 소설은 어떠한지요?

▲ 모더니즘 계열이라 하지만 모더니즘이 어떤 사조나 어떤 입장이다 하고 잘라 얘기할 수 있는 것은 아닙니다. 다만 리얼리즘이 현실의 모순된 문제항을 집중적으로 응시하여 그 문제의 연원을 실재론의 관점에서 이야기하려는 것이라면, 모더니즘은 현실의 다양한 국면들을 응시하여 근대 세계의 다면을 이야기하려는 경향을 아우른다고 할 수 있습니다. 다면을 이야기하는 만큼 하나로 모이는 이론적 입장이나 거점이 되는 방법적 개념을 상정할 수 없는 것이지요. 그러니 모더니즘 문학 이론이나 모더니즘 비평 방법 등이 별개로 주어져 있는 것도 아니고 한데 모아 정리하여 제시할 수 있는 이론적 체계가 있는 것도 아닙니다. 그래서 '모더니즘적 입장' 정도를 얘기할 수 있을 것입니다.

모더니즘적 입장의 공분모를 상정할 수 있는데, 이는 이성에 대한 신뢰입니다. 말 그대로 모더니즘은 근대에 관한, 혹은 근대를 위한 입론입니다. 거듭 얘기하지만 근대의 철학적 기반은 이성입니다. 이성의 작용을 절대적으로 신뢰하는 것이 모더니즘적 인식의 바탕을 이룹니다.

이성 작용의 한 국면은 과학적이고 객관적으로 세계를 인식하는 것입니다. 감정에 얽매이지 않고 편견에 치우치지 않는 합리적인 세계 인식을 가능하게 하는 것이 이성의 작용입니다. 이러한 이성으로써 인류는 이미 근대 과학 문명의 빛나는 면을 완성했는데, 이성적 근대인이라면 이러한 근대 세계에 찬사를 보내야 마땅합니다. 이러한 국면이 문학에 이어져 문학도 지성의 소산이라는 견지에서 '주지주의' 경향이 비롯됩니다. 객관적 세계 인식이라는 맥락에 비추어 보면 문학은 원체 이 맥락에 부합할 수 있는 것이 아닙니다. 그래도 문학적 관념을 눈에 보이듯이, 귀에 들리듯이, 또는 손에 만져지듯이 하는 식으로 지각 가능한 대상으로 대체하여 표현할 수 있다면 객관화된 양태의 문학적 결구를 얻을 수 있다는 심산을 품을 수 있습니다. 이른바 '객관적 상관물'로 주관을 대체하여 짓는다면 문학도 이성의 작용에 부쳐질 만한 대상이 될 수 있다는 것이지요. 흔히 이미지즘과 주지주의가 동일 선상에서 논의되는 것은 이런 정황과 관련 있습니다. 독자 입장에서도, 표상된 이미지 관계를 환산하여 이해하려면 이성을 구동해야 할 테니, 주지주의의 기법은 문학의 모더니즘적 모색이 가능함을 입증한다고 하겠습니다.

소설이라면 시에 비해서는 주관적인 정서나 관념보다는 일상에서 모두들 경험할 수 있는 것들을 제재로 삼기 십상인 만큼 이미지즘과 같은 식의 복잡한 공정을 덜 수 있을 것입니다. 대신 일상의 경험을 최대한 객관적인 시각으로 이야기하려는 식의 방식이 요구될 터입니다. '세태 소설'로 묶을 수 있는 소설의 양태가 눈에 띄는 것은 이러한 맥락에서일 것입니다. 도시의 세태를 관망하며 빈들빈들 거리를 어슬렁거리는 배회자(flâneur; '산책자'로 번역하는 경우가 많은데 뉘앙스는 배회자에 가까운 듯함)가 근대 세계의 이야기꾼이 되어 그 시선으로 포착한 세계상을, 별다른 여과를 거치지 않은 채 써낸 결과들이 모더니즘 소설의 중요한 계열을 이룹니다. 물론 세태에 대한 시선이 객관적인데 고정된 채 소설 전역에 걸쳐 유지될 수는 없는 터라 온전히 주지주의에 부합하는 사례를 찾을 수는 없을 것입니다. 그래도 근대 세계의 다채로운 면모를 파노라마로 투영하듯이 조형하려는 의중이 담긴 세태 소설의 양태는 모더니즘적 입장에서 모색할 수 있는 최선의 서사 전략이 적중된 소산일 것입니다.

#모더니즘 #이성 #이미지즘 #주지주의 #객관적 상관물 #세태 소설 #배회자 #산책자

Q 세태 소설하면 꼽히는 박태원의 『천변풍경』 같은 소설이 그러하겠지요?

A 예, 세태 소설하면 떠오를 소설이 『천변풍경』입니다. 경성 청계천 주변의 풍경을 그린다는 심산으로 천변의 풍경이라 이름 붙였을 것입니다. 당시 이 소설을 두고 최재서는 영화의 기법에 비견하여 비평하였을 만큼 카메라의 렌즈와 같다는 객관적 시점과 객관적 서술 양상에 주목하였던 모양입니다. 박태원 스스로도 영화를 의식하고 썼던 모양이구요. 짐짓 풍경을 그리듯 세태를 소설에 옮겼다고 할 만하겠지요.

그런데 이 소설이 객관적 시점이나 객관적 서술로 일관된 것은 아닙니다. 되려 첫 문장에서부터 서술자의 주관적 판단이 개입하는 등 객관적인 관찰의 소산이라고 보기 어려운 언설들이 허다합니다. 무엇보다 천변의 악한 격인 '민 주사'에 대한 비판적이고 냉소적인 시선을 중심으로 세태를 서술하는 구도인지라, 서술자의 시선이 치우침 없이 유지되는 형국은 아닙니다. 그래서 천변의 풍경을 그린 그림의 화첩이기는 하되, 보이는 대로 화폭에 옮긴 풍경화만 모은 것이라기보다, 보이는 구석마다 의미를 덧입혀 재구성한 비구상 소묘처럼 보이는 화폭들이 곧잘 눈에 띕니다. 과연 '세태'를 그리노라면 그렇게 되겠구나 싶기도 합니다.

#세태 소설 #박태원 #천변풍경 #영화 기법 #객관적 시점 #객관적 서술

Q 그렇군요, 『천변풍경』을 비롯한 세태 소설의 다른 면을 알게 되었는데요, 이성 작용의 한 국면이 그러한데 다른 한 국면은 또 어떠한지 궁금해지네요.

A 이성 작용의 또 한 국면은 비판적이고 성찰적으로 세계를 인식하는 것입니다. 간혹 '정신 똑바로 차리라'는 식으로 충고하거나 '이성적으로 대응하라'고 다독일 때가 있는데, 이 말은 곧 이성의 작용이 성찰이나 비판적 사고에 이어진다는 점을 돌이키게 합니다. 그래서 모더니즘 계열 문학의 또 한 국면은 근대 세계의 문제점을 성찰하고 비판하는 데 거점을 두고 펼쳐집니다. 일견 리얼리즘의 방식과 유사해 보이지만, 여기서 비판이나 성찰의 지점은 모순이 응축된 현상이 아니라 근대 세계에 편재한 다양한 문제 상황들입니다.

모더니스트들은 세계가 이미 파편화된 상태라고 진단하고 있으므로 문제에 접근하는 방향 또한 구조적 차원에서 접근하는 리얼리스트들의 방향과 다를 수밖에 없습니다. 특히 급진적인 입장을 취하는 이들은 근대 세계가 이미 회복할 수 없는 상태로 문제적인 만큼 비판이나 성찰을 넘어선 방식으로 세계를 원점에 돌려놓아야 한다고 여기기도 합니다. 이른바 '아방가르드avant-garde'로 통칭되는 일련의 예술적 움직임이 문학에도 자장을 드리워 초현실주의나 다다이즘에서와 같은 파괴적 전략을 구사하는 기법이 제안됩니다. 이러한 경향 또한 비판적 이성 작용의 극대화된 양태로 볼 수 있어 모더니즘의 중요한 계열에 올릴 수 있는 것입니다.

잘 아시겠지만 우리의 경우 이상이 쓴 시와 소설에서 이러한 경향의 단면을 볼 수 있습니다. 그는 다다이즘의 기법을 적극적으로 채용한 작가입니다. 이미 회복 불가능의 상태로 전락한 근대 세계의 모든 질서를 부정해야 하는데, 문학의 질서인 '문법'을 파괴하는 것이 저 기법의 기본 전략입니다. 이상의 시나 소설에서 흔히 볼 수 있는 광경이지요.

그런데 말입니다, 이상의 그러한 기법은 성공적이었을까요? 다다이즘의 원천지인 유럽의 경우를 생각해 봅시다. 가령 프랑스어 문장을 띄어쓰기 없이 쓴 예를 상정해 보면, 대체로 무슨 말인지 알아차릴 수 없을 것입니다. 그도 순서대로 스펠링을 지켜 쓰지 않았다면 더욱 그러할 것입니다. 문법을 파괴하여 의미를 알 수 없게 구성하는 데 성공할 가능성이 매우 커 보입니다. 그런데 국어로 쓴다면 어떨까요? 안타깝게도(?!) 국어는 음절 단위로 표기하는 언어입니다. 그러니 아무리 어절을 붙여서 쓴다고 해도 다소 어려움은 있을지언정 해독 불가능할 정도는 아닐 것입니다. 이상이 다다이즘을 흉내내어 쓴 작품 가운데 특히 소설의 경우, 그 의미를 파악하기 어려울지는 몰라도, 읽지 못할 대상은 없습니다. 그러니 실험실에서 이런저런 색다른 아이디어를 구현해 보려고 여러 양상의 적용을 궁리한 정도로 보는 편이 온당해 보입니다.

다만 이상의 소설이 서사의 새로운 영역을 보여 준 데 이의를 달 일은 아닙니다. 특히 인간 의식의 심층을 이야기한 것은 이전 서사체에서 찾아볼 수 없는 시도입니다. 앞서도 지나가듯 언급한 바 있지만, 이렇듯 인간의 심층 의식이나 무의식을 이야기하는 양상은 '모던한 서사'에서 특화한 시도입니다. 모더니즘 소설이 독보적인 자질로 계열화될 수 있는 가능성이 이로써 열렸습니다. 이성 작용을 극대화하는 서사적 수행이 이러한 계열에서 의미심장한 진전을 이룬 것이지요. '아름다움도' 감각이나 감성의 직관으로 얻는 것이 아니라 치밀한 분석과 논리적인 사유를 통해 궁리하여 '알아야 한다'는 전제에서 도출된 '미학'적 공리에 부합한 난해한 소설이 모더니즘의 한 단면에 서식하였던 것입니다.

진전된 형태의 모더니즘 소설은 쓰기에도 읽기에도 어렵습니다. 모더니스트들은 모던한 세계의 다층과 다면을 이야기하면서도 심층적이고 다각적인 차원들로 이룬 남다른 기법을 구사하고자 도모합니다. 같은 이야기라도 더 깊은 사유를 이끌고 더 넓은 의미를 대입할 수 있는 가능성을 열어 두는 식으로 이야기하려고 하니 수월하게 접근할 수 없게 되지요. 때로는 기법을 먼저 창안해 두고서 이에 걸맞은 이야깃거리를 구상하고 이야기의 짜임새를 세워 이야기를 펼쳐 나가기도 합니다. 이 계열의 소설이 읽기 사나운 것은 이런 정황에서 비롯된다고 하겠습니다.

이상의 소설은 물론, 박태원의 「소설가 구보씨의 일일」, 최명익이나 허준 등의 소설이 만만치 않은 것은 주지의 사실입니다. 시대를 내려와 보건대, 허윤석의 『구관조』나 박상륭의 『칠조어론』은 난해한 소설의 수위에 꼽히는 작품이죠. 한글 세대를 자처한 김승옥의 소설들도 쉽게 읽을 텍스트들은 아닙니다. 이인성이나 최수철의 소설에 비할 바는 아닐지 모르겠습니다만……. 등등, 우리 소설사에서 모더니즘 계열을 이루는 소설의 면면을 보자면(물론 함량과 완성도가 일정한 수준에 이른 경우만 보아야겠지요), 만만하게 대할 수 없는 텍스트들로 가득차 있습니다. 과연 '텍스트'이지요. 누가 소설을 소인배들이 지껄이는 수준 낮은 이야기라고 하겠습니까.

소설은 더 이상 소설이 아닙니다.

#모더니즘 #이성 #비판적 사고 #아방가르드 #초현실주의 #다다이즘 #문법 파괴 #심층 의식 #무의식 #미학 #난해한 소설

학창 시절에 이인성의 소설을 읽고 무슨 말인지 몰라서 자책한 적이 있는데 그럴 일은 아니었군요. ……, 그런데 오늘날의 소설 양상은 이전과 사뭇 달라 보이는 면이 있습니다. 어려운 소설을 찾아보기 어려워졌습니다. 간혹 난해해 보이는 소설도 모더니즘 계열에 비할 바는 아닌 것 같습니다.

그렇지요?! 그와 같은 예들을 아울러 이를테면 포스트모더니즘 경향이라 할 수 있습니다. 소설이 모더니즘에서 벗어나려고 모색한 결과가 드러난 셈입니다. 소설조차도 이성적 활동의 도구가 되어 버린 상황을 비틀어 보기 시작한 결과라 할 수 있습니다.

사람들이 소설을 왜 필요로 하지, 소설을 통해 무엇을 얻으려 하지, 소설이 사람들에게 선사해야 할 것은 무엇이지, 등과 같은 질문을 던졌음 직한 것이지요. 미학의 보조 텍스트가 필요하다면 소설 말고 차원 다른 순수 예술에서 찾을 일이지 하필 소설을 미학적으로 입증해야 할 대상으로 삼을 일은 무엇인가 하는 식의 의문은 시의적절하기까지 했을 것입니다. 왜냐하면 세상은 더 이상 이성만으로 지탱되는 세계가 아닌 형국으로 변모해 가고 있었으니까요.

돌연변이에 가까울 만큼 형질이 바뀌고 몸집이 커진 '매스' 미디어mass media가 생산해 낸 결과물들은 사람들의 문예적 감성과 의식 사이 양단의 거리를 좁히는 효과를 가져 왔습니다. 대중들은 충분히 똑똑해졌고 문예 소비자로서 권한을 행사할 줄 아는 이들이 되었습니다. 그들의 문예적 요구는 문학장을 크게 요동치게 했습니다. 문학은 더 이상 미학을 방패 삼아 독자 위에 군림할 수 없습니다. 문학이 가장 대중적인 장르(종)인 소설을 앞세워, 똑똑해진 대중의 문예적 요구에 화답한 것은 수순에 가깝습니다. 그 수순의 제일은 감성의 소환입니다.

소설이 감성을 부름으로써 나타난 표층의 변화는 소설이 전에 비해 쉬워진 것입니다. 독자들이 애써 이해하려고 다가서게 하는 것이 아니라 소설이 독자들의 이해 지평에 다가선다고 할까요, 소설이 쉬워집니다. 그렇다고 전전前前 시대처럼 마냥 쉬워서 다시 소설小說로 돌아선 것은 아닙니다. 이 시대 독자들은 전전 시대는 물론 전 시대 독자들의 수준과 차원이 다를 만큼 똑똑해진 이들입니다. 많이 배웠고 많이 압니다. 모르는 것을 알 수 있는 방법도 많고 알아가는 경로도 간소해졌습니다. 정보 시대를 사는 독자들에게 쉬운 수준은 이전 독자들에게 어려운 수준을 넘어섭니다. 좀 어색한 표현이지만, 미학이 대중화되기도 하였지만 대중이 미학화되기도 하였습니다. 이를 포스트모더니즘 이론에서는 '미학적 대중주의'라고 정리하지요. 독자의 지적 지형이 달라진 형국에서 문학장의 지형이 달라질 수밖에 없는 것입니다.

감성이 소환된 자리에서 재미가 다시금 기지개를 켜는 것 또한 수순이겠지요. 모던 소설에서 벗어나려 하는 포스트모던 소설은 쉽고 재미있습니다. 이때 재미라고 해서 한 차원에만 국한하여 감각 단말의 재미라고만 여긴다면 이제는 곤란합니다. 포스트모던 시대의 재미는 다양한 면들에 포진해 있습니다. 그 재미의 여지는 생각하는 재미에도 열려 있고 알아 가는 재미에도 열려 있습니다. 소설로 구현할 수 있는 재미의 스펙트럼이 어느 경향의 사조 때보다 폭넓게 형성되어 있는 것이지요. 포스트모던 전략은 현상을 이해하는 데 폐쇄적 조건으로 작용했던 범주와 영역을 해체하는 데 있습니다. 장소적 제약을 소거하여 공간을 기획하는 원리와도 닮아 있어, 저는 포스트모던 전략을 '공간 전략'이라고 바꿔 불러 이해하곤 하는데 과연 그럴싸합니다.

독자들에게서 빼앗았던, 아니 애초에 그들에게 주지도 않았던 '해석의 권한'을 돌려주어 해석의 여지를 여는 것이 포스트모더니즘 문학 현상의 구심을 이룹니다. 최근 소설이 쉬워졌다는 것도 재미있어졌다는 것도 해석의 여지가 넓어진 정황의 방증입니다. 같은 소설을 두고 평가할 수 있는 난이도의 정도나 재미의 양상에 대한 반응은, '이다/아니다' 양향으로 환원할 것이 아니며, 어떤 면에서 그러하며 어떤 면에서 그렇지 않다는 식이나, 그런 재미가 어떻게 드러나고 그러한 재미가 어떤 효과가 있지 하는 식에 대입하여 '여지를 환산' 하여 가늠할 성질의 것입니다. 실체 아닌 구성적 개념에 부쳐야 하는 것이지요.

#포스트모던 #포스트모더니즘 #매스미디어 #대중 #미학적 대중주의 #재미 #난이도 #공간 전략 #해석의 권한 #해석의 여지 #구성적 개념

Q 그러고 보면 쉬움이나 재미도 그렇지만 최근 판타지가 부활한 듯한 인상이 있는데 이도 모더니즘에서 벗어나는 움직임으로 이해할 수 있을까요?

A 잘 보셨습니다. 모더니즘은 이성을 제일로 둔 터라 확증할 수 없는 모든 것을 허황한 것으로 보고 거론조차 할 가치가 없는 것으로 보았지요. 사실도 아닐 뿐더러 그렇다고 사실에 근사한 효과를 내는 개연적 허구도 아닌 판타지는 일고一考의 가치도 없는 것이었습니다. 리얼리즘 계열도 그러하지만 모더니즘 계열의 소설에서 판타지를 의미심장하게 다룰 리 없습니다. 혹 다루더라도 이성적 활동에 위배되는 반동 인물에다가나 뒤집어 씌울 부정적 자질 요소로 설정하기 일쑤입니다. 그런 판타지가 오늘날 다시금 소환되고 있는 현상이 뚜렷합니다. 이성을 중심에 두는 모더니즘적 태도에 대한 반동이겠지요.

#판타지 #소환

Q 사람들이 다들 모더니즘, 포스트모더니즘에 대해 알고 있는 것은 아닐 테고, 판타지를 요구하는 데에는 어떤 심산이 깔려 있을까요? 문학적 판타지의 효력이라고나 할까요, 그런 것이 있을지 있다면 어떤 것일지요.

사람들은 누구나 판타지를 가지고 있습니다. 현실적으로 실현하기 어렵거나 불가능하기 때문에 마음에 묻어 둘 뿐이죠. 때로는 현실적으로 용납할 수 없는 허황하거나 부도덕한 판타지를 품는 경우도 있습니다. 당연히 입 밖에 꺼내는 것조차도 허용되지 않기 때문에 마음 깊이 묻어 두겠지요. 의식 심층이나 무의식 저층에 묻은 판타지를 때로 꺼내어 은밀한 곳에서 가상으로나마 이루어 보려는 심산 또한 누구에게나 있습니다. 소설은 누구에게나 그 가상의 공간을 기꺼이 내주는 친절한 매체입니다. 그 판타지 공간을 모더니스트들이 폐쇄했던 것을 포스트모더니스트들이 다시 열어 모두에게 공개합니다. 매체도 더는 소설에만 국한되지 않습니다. 판타지를 실로 구현하기에 최적의 환경을 제공하는 여러 매체를 통해 판타지의 가상 공간이 다양한 구심에 구성되기에 이르렀습니다. 판타지가 더는 판타지에 그치지 않는 셈이지요.

그렇다고 포스트모던 서사체들이 온통 판타지투성이인 것은 물론 아닙니다. 또한 판타지를 다루는 경우라도 숫제 판타지 제재와 판타지 구성으로 일관되지는 않습니다. 판타지가 허탄한 가공의 허구에 국한되는 것도 아닙니다. 일견 사실과 허구의 경계를 넘나들며 판타지의 효과를 최적화하는 선에서 구성이 지어지고 담론이 진행됩니다. 앞서 '소설의 공간' 장에서 얘기했듯이, 가상 공간이란 실제 장소가 아닌 것을 그럴싸하게 꾸며 실감을 부여한 '허구적 장소'가 아닙니다. 가상 공간은 사람들이 '실로 가진' 판타지를, 실현된 양 감각하고 사유하게 하는 공간입니다. 이는 그 자체의 물리적 연장은 없지만 소설과 같은 조작적 매체를 통해 구현되어 '실로 구성된' 공간입니다. 가상 공간은 가상이지만 '실재 공간'[virtual-real space]입니다.

이러한 가상 공간이 불러일으키는 중층 작용을 통해 포스트모던 판타지는 이전 시대들의 판타지와 위상이 다른 공간을 기획하는 거점이 됩니다. 그 거점은 사실과 허구, 의식과 무의식, 이성과 감성 등 이원적 대립항의 구분이 무색해지는 임계점에 놓입니다. 이 거점에서 포스트모던 서사체들은 다른 어떤 시대의 서사체들보다 인간이 존재로서 거듭나고자 수행하는 실존적 기획의 여지를 드넓게 열어 줍니다. 이들은 디지털 단말과 네트워크의 조합이 선사한 정보 시대의 값진 선물이지요.

#판타지 #가상 공간 #가상-실재 공간 #포스트모던 #허구적 장소 #무의식

Q 변화된 사회·문화적 조건이 소설의 양상에 영향을 주는 것은 어쩌면 자명해 보입니다. 최근 디지털 매체나 네트워크 환경이 급속히 발전하면서 판타지에 기반한 가상 공간의 창출이라 하신 현상적 징후가 농후해진 것도 사실이고요. 하지만 축복과도 같았던 근대의 빛이 더할수록 구석의 그늘은 더 짙어져만 갔습니다. 이러한 근대적 부조리가 포스트모던 시대에도 없을 것이라는 보장은 없어 보입니다만…….

A 우리는 서사적 가상 공간이 드넓은 축복 받은 시대를 사는 행운을 누리고 있습니다. 운명이나 현실이 준 비극이 더는 힘을 미치기 힘들 것입니다. 물론 이 시대의 행운조차도 인간을 갈림길로 내몰 운명의 일부이기는 하지만요……. 그렇습니다, 정보·통신 기술의 발달이 최고조에 이르고 이를 바탕으로

고도로 치밀하게 짜인 네트워크 환경이 우리를 둘러싸 삶의 부가 가치를 최적으로 끌어올립니다. 그런데 그 이면에 도사리고 있을 부조리를 늘 염려해야 한다는 지적은 적절합니다. 소설이 이러한 시대적 이면을 감시하는 역할을 잘 감당해야 하는 것은 소설이 타고난 운명인지도 모릅니다.

소설은 인간 삶의 밝은 면을 더욱 빛나게 하는 이야기도 생산해 왔지만, 늘 사회의 어두운 면에 주목하여 이를 들추는 이야기를 생산하면서 체급을 키워 왔습니다. 포스트모던 소설의 부각된 자질을 강조하다 보니 판타지에 관여된 현상을 앞세워 얘기했는데요, 앞서도 운을 뗐듯이 그만이 이 계열의 전면은 아닙니다. 포스트모던 시대의 그늘진 구석에 소설이 관심하지 않을 리 없으며 실로 그런 관심에서 파생된 서사적 결실이 수다합니다. 다만 상대적으로 전면에 부상한 정황을 우선 고려하게 되는 것이지요.

여하튼 포스트-포스트모던을 논하게 될 정도로까지 오늘날의 서사적 전경이 전향된 면이 크지는 않습니다. 선제적으로 대응하는 차원에서 주목을 요하는 현상은 포스트휴머니즘post-humanism으로 우선 명명된 일련의 입장들입니다. 포스트모던 조건 속에서 인간에 대한 개념은 이미 전대와 달라졌습니다. 이성적 주체로서 규정되던 인간에게서 주체로서의 자질이나 이성적 존재로서의 자질을 빼어 온 반면, 감성을 지녀 합리적이지 않은 경우가 있는, 또한 마음(이성적 작용)이 여려서 치우친 생각을 범할 우려가 있는 인간으로서의 자질을 부여한 터입니다. 인간이 완벽한 존재라는 존재론적 이상을 포기할 수밖에 없었던 것이지요. 대신 인간적 결함을 디지털 단말의 활용과 네트워크 활동을 통해 보완할 줄 아는 지혜를 가진 존재라는 새로운 희망을 담기도 합니다.

이런 정황을 염두에 두고 보자면, 인간 고유의 자질에 관여된 개념 요소를 아예 소거한 기의를 '인간'이라는 기표에 사상한 '포스트휴먼posthuman'을 앞세우는 것이 시기상조라고 생각할 수도 있고, 현황의 일면을 과하게 분석하여 오판한 만큼 기우에 불과하다고 생각할 수도 있습니다. 특히 인공 지능artificial intelligence의 기능이나 진화 가능성에 대해, 과학적 견해와 구시대의 에스에프SF적 발상이 착종된 판단을 성급하게 내림으로써, 허탄한 공상으로 지은 미래상을 밑그림으로 앞으로의 일을 묵시론적으로 예단하여 불필요한 논쟁을 유발할 수도 있습니다. 여하튼 통찰력 있는 전망이든 부당한 예단이든 미래상에 대해 쉬이 단정하기 힘들 정도로 오늘날 디지털 네트워크 기술은 진전되고 있습니다. 그러므로 포스트휴머니즘이든 포스트포스트모더니즘이든 간에 새로운 이론의 체계를 세우기 위해 인위적 입론을 조장하여 '말'을 키우는 것보다, 현황과 이에 대한 서사적 대응 양상에 대한 성찰적 조망을 더 섬세하게 수행하여 '생각'을 키우는 편이 현재로서 더 온당한 방향이라고 저는 생각합니다. 여하튼 소설이 여러 조건과 변수에 따라 다른 형태로 재구성되거나 전혀 다른 양식으로 재편될 가능성에는, 그 태생이 그러했듯이, 늘 노출되어 있는 것이 사실입니다.

#포스트모던 #포스트-포스트모던 #포스트휴먼 #디지털 #네트워크 #미래상 #에스에프(SF) #인공 지능(AI) #가상 공간 #서사적 대응 #재편 가능성

좀 더 두고 볼 문제이군요. 여하튼 오늘날 소설의 변수와 파생 조건과 관련하여서는 역시 다양한 미디어를 통해 서사가 유통되고 있다는 점이 관건일 텐데요, 이에 대해 얘기를 좀 더 진전시켜 보기로 하지요.

포스터만 하더라도 일찍이(『소설의 양상』에서) 영화의 영향을 염려하면서 소설이 실감을 자아내는 데 그쳐서는 영화에 살해될 것이라고 다소 끔찍한 상황을 전제로 얘기했습니다. 역사는 발전하지만 예술은 여전히 그대로라면서 창의적인 마음(정신)의 다양한 기제를 통해 새로운 사실들을 다루어야 한다고 역설하기도 하였지요. 인간의 본성이 같지 않으며 당대에 근본적인 변화를 목도했으니 현실을 또는 사실을 직시해야 한다고 하였습니다. 가능성에 대한 전망을 또한 역설했는데요, 인간성의 발전을 소설의 발전이 내포한다, 라는 식의 전망을 내놓기도 했습니다. 백여 년 전에 제시한 전망임을 고려하면, 소설의 요소에 대한 얘기와는 달리, 꽤나 진취적인 언명입니다. 새로운 매체의 출현을 염려하면서도 이에 적극적인 대응이 필요하다는 생각은 누구나 할 수 있을 법하지만 그렇다고 딱히 아무나 할 수 있는 생각은 아니거든요.

물론 포스터의 생각은 이론적 성찰을 거치지 않은 선언적인 것이라, 분방하기는 하지만 즉흥적이기도 한 주관적 생각일 뿐입니다. 특히 인간성의 발전 등에 대한 운운은 포스트모던적 사유에 익숙한 우리가 보기에 인본주의적 사고 방식의 문제점을 가득 안고 있어서 위험해 보이는 언설입니다. 애초에 인간 모두를 아우를 만한 속성을 규정할 수도 없을뿐더러 인간의 자질을 일방향으로 모아 정리할 수도 없는지라, 인간 본연의 실체에 대한 관념이나 인간의 발전적 면모에 대한 신념 등은 이를 떠올리는 것 자체가 당찮습니다. 오늘날과 같이 변화의 속도감이 특히 큰 환경에서는 더더욱 그러하겠죠. 이러한 환경 속에서 소설의 방향이 어떠해야 할지가 고민거리인 것은 사실이지만, 막연한 걱정을 앞세워 불필요한 불안감을 안을 필요는 없습니다. 포스터가 소설을 위협할 요인이라고 염려하던 영화만 하더라도 중요한 구성 요소와 기법의 아이디어를 소설에서 빌려와 결정적 변화의 전기를 얻습니다.

#포스터 #영화 #변화의 속도감 #소설의 방향

Q 예? 영화의 기법이 소설의 기법을 차용하였다구요? 일반적으로 오늘날의 소설이 영화와 같은 미디어의 기법에 착안해서 새로운 기법을 창안하여 쓴다고 알려져 있는데 정반대의 말씀을 하시니 다소 당혹스럽습니다.

A 일반적으로 알려진 정보가 잘못된 것입니다. 물론 오늘날 일부 작가들 사이에서, 특히 장면 전환이 빠른 구성이나 영상 효과로써 구현된 시각적 이미지의 형상화 양상 등을 글로써 구현해 보려는 심산을 하는지, 짧은 문장을 구사한다든지 사건 단락의 잦고 빠른 단속斷續을 병렬하는 식으로 구성의 속도감을 살려서 영화에 근사한 효과를 내고자 애쓴 결과가 보이곤 합니다. 대체로 그러한 모색을 한 작가들은 다양한 매체에 노출된 독자들을 위해 선진적으로 소설의 변화를 꾀하는 첨병 역할을 하고 있다는 데서 보람을 찾고 뿌듯해 하는 듯합니다. 평론가나 문학 연구자들 사이에서도 그러한 변화의 의의를 앞세워 소설이 지향해야 할 점으로 공공연히 규정하기도 합니다. 미처 변화의 선봉에 서지 못한 이들은 기선을 뺏겼다는 심산에

서 조바심치며 뒤늦게나마 대열에 합류하여 기선을 다시 빼앗아 역전시키기라도 하려는 듯 호기를 부려 오버 페이스하기도 합니다. 영화를 닮지 않고서는 소설이 시의에 뒤쳐지는 것처럼 치부하는 프레임frame마저 짜인 듯합니다. 소설이여 영화를 닮아라, 물론 영화를 넘어서지는 못할지언정!!!

그런데 난센스도 이런 난센스가 없을 것입니다. 문장 짧게 쓰고 사건의 단속을 빈번하게 지어 구성한다고 해서 소설이 영화를 닮는 것은 아닙니다. 영화라고 해서 장면 전환이 빠르게만 구성하는 것도 아닙니다. 짧은 신scene이 빈번히 바뀌고 테이크take가 짧아서 바쁘게 진전시키는 것만이 영화 구성의 전부가 아닙니다. 매우 긴 테이크의 배열을 통해 특유의 미적 효과를 거두는 영화가 적지 않습니다. 한 영화 전역의 구성이 일정한 속도감을 내는 장면 배열로만 이루어지지도 않습니다. 숏shot이나 컷cut의 배열에 상응하는 몽타주montage는 한두 가지 양상에 국한되는 구성 기법이 아닙니다. 몽타주의 양상을 조율함으로써 단순한 '영상 세포'에 불과한 숏이 영화 전체, 그러니까 말하자면 영화의 온전한 몸이 숨쉬고 움직일 수 있도록 작용하는 요소가 될 수 있는 것입니다. 숏의 배열이 짧은 테이크에 부쳐질 수도 긴 테이크에 부쳐질 수도 있는 것이지요. 바로 영화의 구성을 일컫는 방법적 개념인 몽타주는 영화에 생명력을 불어넣는 섭리입니다.

바로 이 몽타주의 원리가 소설의 구성 원리에서 차용된 것입니다. 처음 영화는 영화라고 할 수 없을 만큼 단순한 영상물이었습니다. 뤼미에르 형제가 사람들을 불러 모아 돈을 받고 상영한 이래 영화는 당시 사람들의 호기심을 부르는 마술과도 같은 신이한 발명품이었습니다. 평평한 순백의 스크린에 빛이 비치자 펼쳐진 '움직이는 사진'에 첫 영화 관객들의 반응은 대단하였습니다. 저 멀리서 플랫폼을 향해 돌진해 오는 기차의 영상에 압도된 관객들이 실로 기차를 피하려고 의자 밑에 몸을 숨기거나 도망치는 등 소란이 벌어진 해프닝은 잘 알려져 있습니다. 진기한 발명품이 자아낸 놀라움이 인구人口에 회자膾炙되어 사람들의 호기심을 자극하였을 터, 영화의 인기는 대단했던 모양입니다.

그런데 저 앞에서 언급했던 바와 같이, 글자 그대로 '활동사진motion pictures' 수준을 벗어나지 못한 영화는 신상품 출시 효과가 희미해지던 분위기와 함께 인기가 시들해질 수밖에 없었습니다. 이차원의 평면 스크린에서 실감 넘치는 삼차원의 환영幻影illusion이 펼쳐짐으로써 사람들 사이에 불러일으켜진 환상은 환상일 뿐 그말고는 재미를 부를 요소가 없었던 것입니다. 특히 소설에 비해서 말이죠.

이미 얘기했던 바입니다만, 문학을 전공한 그리피스 감독은 영화의 재미를 부를 요소를 궁리하면서 찰스 디킨즈의 소설을 떠올렸습니다. 기본적으로 소설이 부르는 재미가, 같은 이야기라도 다른 효과를 부르는 구성 기법에 있다는 데 주목한 셈이지요. 단순한 이야깃거리라도 구성하기 나름으로 복잡한 이야기로 지어 흥미진진한 소설이 되는 점에 관심한 것입니다. 그래서 소설 구성의 원리와 기법을 영화에 도입하려고 궁리하였던 모양입니다. 그 결과 소설의 구성에 상응하는 편집 개념을 영화에 적용하여 소위 몽타주 기법을 창안합니다. 촬영한 필름 롤 그대로 빛을 투사하여 연속적 영상을 상영하는 식으로는 기껏해야 연극에서와 같은 극적 상황을 스크린에 연출한 양태 이상의 효과와 재미를 낼 수 없음을 확인하고 그 한계를 넘어설 궁리를 하던 터입니다. 소설에서 연속적인 사건으로 이루어진 이야깃거리를 그대로 기술하지 않고 이야기 마디에 따라 분절하여 분절체들을 재구성 배열함으로써 이야기의 효과를 극대화하는 기법을 영화에 적용할 수 있겠다고 착안한 것은 신의 한 수와도 같습니다. 시간의 흐름에 따른 연속체인 이야기를 분절하여 구성의 묘를 살릴 수 있는 것도 그러하지만, 특히 그리피스에게 흥미로웠던 것은 동시에 전개되는 사건을 교차 서술함으로써 긴장감을 자아내는 소설의 기법이었습니다. 유명한, 동시에 악명도 높은, <국가의 탄생>의 긴박감 넘치는 장면들을 연출하기 위해 교차 편집 기법을 활발히 적용한 것은 영화사에서 기념비적인 일이었습니다.

이렇듯 편집 기법이 채용되면서부터 영화는 서사 장르에 편입될 수 있었고 소설과 어깨를 나란히 하는 위상을 얻게 됩니다. 단순히 영상 촬영 기술만 있으면 누구나 찍어서 상영할 수 있었던 활동 사진 수준에서 탈피하여, 필름 컷을 재배열 편집하여 구성의 묘를 살림으로써 서사체를 지을 줄 아는 안목과 기법을 요하는, 재미와 영상미를 갖춘 예술 작품이 될 여지가 영화에 열린 것입니다. 서사적 긴장감을 구현할 수 있으니 러닝 타임 또한 길게 해도 좋은 여건이 조성되기도 합니다. <국가의 탄생>이 장편 영화의 효시라는 사실을 이 맥락에서 떠올려 보면 좋겠군요.

영화가 오늘날처럼 양껏 이야기를 펼칠 수 있게 된 것은 소설의 구성 방식과 기법 등에 착안하여 영화도 소설처럼 만들려는 모색과 오랜 실행의 결과입니다. 잘못된 상식적 정보와 달리 소설이 영화에 미친 영향은 지대하며 오늘날에도 소설과 영화의 호혜적互惠的 역학 관계는 그런 구도를 띱니다. 매체의 파급력 면에서 소설이 영화를 따를 수 없지만, 사람들이 이야기를 통해 소통하고자 하는 바가 어떠한지 등을 고려하자면 서사체의 영향력 역학을 따지는 기준을 직시적인 효과에만 둘 수는 없는 일입니다.

영화와 소설의 관계는, 어느 한편이 다른 한편에 영향을 주었다고 해서 그 위상이 위계 관계로 얽힌 채 일방적인 영향력이 절대화된 관계 구도를 띠지 않습니다. 둘의 관계에 대해 서사의 원리나 자질 등을 고려하여 호혜적인 역학을 따질지언정 위계를 세우는 일은 해서도 안 될뿐더러 그리할 수도 없습니다. 매체의 차이에서 비롯되는 근본적인 소통 공정의 차이를 전제로 각각의 위상이 서사라는 공역共域에 세워질 수 있을 따름입니다.

우리들은 은연중 무엇인가를 이해하기 위해서 대상들을 비교에 부치고 비교할 때에는 그 공분모보다 변별 자질을 부각하려 하기 십상입니다. 대상의 자질을 수월하게 이해하는 데 이러한 비교·대조 방식이 유용하며 어떤 다른 이해 방식이라도 이 방식을 전제로 적용되는 편이기에 이 방식을 폄훼할 이유는 없습니다. 다만 비교 대상 중 어느 한편에 우위를 두는 식으로 귀결될 결과를 도출하고 만다면 뜻밖에도 편벽된 사유의 여지를 조성할 우려가 있는 것입니다. 영화와 소설의 관계처럼 애초에 호혜적인 양항일 경우에는 더욱 그러합니다. 어느 한편이 주도적 위상을 점할 수 있는 구도가 애초에 지어진 것이 아니라는 점을 재삼 강조해 두고 싶군요.

#소설 기법 #영화 기법 #서사 기법 #영화와 소설 #소설과 영화 #호혜적 관계 #서사적 공역 #숏 #컷 #신 #테이크 #구성적 배열 #몽타주 #교차 편집 #삼차원 환영 #서사적 긴장감 #디킨즈 #그리피스 #국가의 탄생 #잘못된 상식 #프레임

헤르메스의 교신

영화에서 카메라는 실체 아닌 구성 기제이다. 그런데 카메라-아이camera-eye를 소설의 별스러운 기법인 양 상정하는 것은 서사적 역학 구도를 염두에 두지 않아 비롯된 오해다. 혹 카메라-아이를 그렇듯 상정한다 하더라도 영화에서조차 그런 시점으로 만들어진 실례는 찾아볼 수 없으니 금세 난항에 부딪힐 수밖에 없다. 조작되지 않은 카메라-워크는 있을 수 없기 때문이다. 그런데도 소설에 적용된 영화 기법이라면서 시점 논의 맥락에서 카메라-아이에 관한 얘기가 오가는 것은 난센스다. 특히 우리 소설에 대해 논하면서 영화 기법을 적용한 전범처럼 꼽는 『천변풍경』은 이런 맥락에 비추어 재고할 여지가 다분하다. 요컨대 그런 논의는 대개 최재서의 입론에서 비롯되었다.

> 문제는 재료에 있는 것이 아니라 보는 눈에 있다. 주관의 막을 가린 눈을 갖이고 보느냐 아모 막도 없는 맑은 눈을 갖이고 보느냐 하는 데서 예술의 성격은 규정된다. '막을 가리지 않은 맑은 눈'이란

말에 논쟁은 집중될 것이다. 키네마에 있어서의 캐매라의 존재는 이 문제에 대하야 우리에게 적지 않은 서광을 던져 준다고 나는 생각한다. 사람의 눈이 캐메라와 마찬가지의 기능을 발휘치 못함은 말할 것도 없다. 그러나 예술가가 될 수 있는 대로 캐메라적 존재가 되랴고 하는 노력과 밋 그 노력이 어느 정도까지 성공한 실례를 우리는 현대문학에서 얼마던지 구할 수 있다.

최재서는 '주관의 막'이 없는 '맑은 눈'이 카메라와 상응하며 이는 곧 객관성을 지닌다고 전제한다. 뒤이어진 논의 맥락까지 고려하자면, 소설가는 최대한 그런 카메라에 육박하려고 노력해야 한다고 한다. 물론 "소설가는 카메라인 동시에 이 카메라를 조정하는 감독자일 수 있다."고 함으로써, 객관적이기에 일률적인 숏들을 만들어 낼 법한 카메라와는 달리 주관적인 "개성"을 개입시킬 수 있다고 주장한다. 그는 분명히 카메라와 이를 조정하거나 화면을 연출하는 사람을 개별적인 실체로 전제하고 논의를 펴고 있다. 그렇지만 적어도 소설과 영화에서 공통된 시점 문제를 의식하고 논의에 나선 것으로는 보인다.

이때 소설가의 카메라적 시선은 사태의 외양에만 향해 있지 않고, 가장 주관적인 영역이라 할 수 있는 "자기 자신의 내면 세계"에까지 향해 있다고 한다. 물론 여기에는 착종이 있다. 이를테면 논의의 서두에서 잠정적으로 얘기하듯이 "주관을 객관적으로 보았다"는 점을 부각시키기 위해 이런 논지를 제시한 것으로 보이지만, 실상 문맥상으로 당착이 있는 것이 분명하다. 자신의 내면 세계를 보는 눈은 원천적으로 '주관의 막'이 중첩된 '탁한 눈'일 테니 말이다.

한편 『천변풍경』에 대해 논급하여, 영화를 보면서 카메라를 의식하지 않듯이, 이 소설을 읽으면서 작자를 의식하지 않는다고 하는 데 같이 주목할 여지가 있다. "작자의 위치는 이 작품 안에 있지 않고 그 밖에 있다."는 말과 함께 카메라적 존재로서 소설가의 의의를 분명히 드러내기 때문이다. 과연 그는 「날개」를 '리얼리즘의 심화'라는 견지에서 파악하려고 했기에 대상의 객관성보다 이를 관찰하는 시각의 객관성을 부각해야 했을 것이다. 그점이 결론으로야 잘 드러난 듯하여 신선한 충격이었을지 모르지만, 중요한 논리적 전제를 도출하는 데 모순이 노정되어 있는 만큼 타당한 입론으로 받아들일 수 없다. 특히 카메라와 소설가의 관계를 단적으로 설정하려 한 데 이론의 여지가 없을 수 없다. 단선적인 상식으로는 논의를 심화할 수 없다.

기실 그는 이런 입장에서 『천변풍경』에 대해 상당한 불만감을 표한다. 그 이유는 「날개」에서와 같이 카메라를 조정하는 감독자의 개입 흔적이 없다는 것이다. 그런데 조작 없는 카메라는 없다. 카메라 자체가 연출자의 의식의 개입으로 빚어지는 시점의 조정을 받는다. 카메라는 카메라와 조정자를 아우른 개념이다. 카메라만 외따로 존재하는 실체가 아닌 것이다. 이런 맥락에서 최재서가 『천변풍경』의 대목들을 분석해 놓은 것은 잠정적인 가설로만 인정해야 한다. 가령 다음과 같이 시점 문제와 관련된 논의는 시점의 역학을 고려하여 재고할 여지가 다분한 것이다.

> 즉 우리가 키네마를 보면서 캐메라의 존재를 의식치 않는 거와 마찬가지로 우리는 이 작품을 읽으면서 작자를 의식치 않는다. 작자의 위치는 이 작품 안에 있지 않고 그 밖에 있다. 그는 자기 의사에 응하야 어떤 가작假作적 스토리를 따라가며 인물을 조종치 않고 그 대신 인물이 움즉이는 대로 그의 캐메라를 회전 내지 이동하였다. 물론 그 캐메라란 문학적 캐메라–소설가의 눈이다. 박씨는 그의 눈 렌즈 우에 주관의 몬지가 안지 안토록 항상 조심하였다. 그 결과는 우리 문단에서 드물게 보는 선명하고 다각적인 도회 묘사로서 우리 앞에 낱아나잇다. 이 작품을 읽은 사람이면 이 방법에 있어서의 작자의 성공을 어느 정도까지 인정할 것이다.
>
> 그러나 우리는 『천변풍경』에 있어서 캐메라를 지휘하는 감독자

적 기능에도 마찬가지 정도로 성공을 보여 주지 못하였음을 섭섭히 생각한다. 박씨의 캐메라는 그가 향한 곧을 잘 촬영하였다. 그러나 그보다 몬저 박씨는 자기의 캐메라를 어듸로 향할가, 그리고 장면 연계에 어떠한 의도를 줄까? 이런 점에 대하야 소설가에 소설 기술 이상의 그 무엇이 필요하다 함은 더욱 진리일 것이다. 기술 이상의 그 무엇이란 결국 묘사의 모든 디테일(세부)을 관통하고 있는 통일적 의식–그것은 사회에 대한 경제적 비판일른지도 모르고 또 인생에 대한 윤리관일른지도 모른다.

과연 카메라-아이라 할 법한 시점을 염두에 두고 『천변풍경』에 대해 논급한 바다. 소설가의 눈을 즉 서술자의 시각을 문학적 카메라에 견주어, 서술자가 서사 세계의 외부에 위치하여, 인물의 행위를 주욱 따르며 기술하고 있는 상황을 이렇듯 분석하고 평가한 것이다. 객관적인 시각으로써 사태를 관찰하고 여기 아무런 의식의 개입 없이 그대로 기술하는 방식, 그것이 서사적 시점 논의에 비추어 보아 카메라-아이 기법이라는 점은 의심의 여지 없다.

그렇지만 앞서 언급한 대로 카메라-아이가 '주관의 먼지' 하나 앉지 않아 온전히 맑은 렌즈일 수는 없다. 소설가의 눈이 문학적 카메라에 견주어진다면, 그 눈을 움직이는 신경의 작용이 있을 법하다. 카메라를 움직이는 모종의 동인이 있어야 하는 것이다. 물론 서술자의 의식이 개입하는 정도가 희박한 경우라면 그래도 이런 식으로 카메라-아이를 상정해서 이해할 수 있을 것이다. 최재서는 『천변풍경』을 두고서 이런 식으로 이해하려 했던 것이다. 따라서 이념적 의식이 제거된 그 소설의 디테일을 비판할 거점이 마련된 셈이었을 것이다. 이를테면 이념적 시점의 부재를 약점으로 부각할 수 있었던 것이다.

그렇지만 『천변풍경』의 디테일을 검토해 보면, 이렇듯 환원해서 논급할 수 없음을 금세 깨닫게 된다. 카메라-아이에 가장 걸맞은 듯 보이는 모두冒頭만 하더라도 실은 객관적인 카메라의 초점이 맞춰져 묘사가 진행되지는 않는다.

정이월에 대독 터진다는 말이 있다. 딴은, 간간히 부는 천변 바람이 제법 쌀쌀하기는 하다. 그래도 이곳, 빨래터에는, 대낮에 볕도 잘 들어, 물 속에 잠근 빨래꾼들의 손도 과히들 시립지는 않은 모양이다.

"아아니, 요새, 웬 비웃이 그리 비싸우?"

주근깨 투성이 얼굴에, 눈, 코, 입이, 그의 몸매나 한가지로 모두 조그맣게 생긴 이쁜이 어머니가, 왜목 욧잇을 물에 흔들며, 옆에 앉은 빨래꾼들을 둘러보았다.

"아아니, 을말 주셨게요?"

그보다는 한 십 년이나 젊은 듯, 갓 서른이나 그밖에는 더 안되어 보이는 한약국집 귀돌 어멈이 빨랫돌 위에 놓인 자회색 바지를 기운차게 방망이로 두드리며 되물었다. 왼편 목에 연주창 앓은 자국이 있는 그는, 언제고 고개를 약간 왼편으로 갸우뚱한다.

첫 번째 문장은 정확히 서술자의 언설이다. 뒤에 이어진 문장들이야 가령 영화로 표현한다면 극화하여 드러날 수 있지만 이 문장만큼은 내레이션으로 처리해야 한다. 사실 뒤이은 문장에서도, 예컨대 '딴은'이나 '그래도', '않은 모양이다' 등과 같은 표현을 엄밀히 따져 보자면, 그 어느 한 문장 서술자의 개입이 배제된 것은 없다. 그나마 그 서술자는 관찰자 입장을 견지하려는 듯 인물들의 지각과 인식에 쉬이 개입하려 들지는 않는다. 그리고 인물들의 발화를 그대로 전함으로써, 말하자면 객관성을 유지하려고 한다. 서술자 자신의 지각과 판단이 아니고서는 쉬이 단정하는 어투가 없다. 그렇다고 하더라도 서술자의 지각과 판단은 인물들의 담소와 행위를 기술하는 가운데도 꾸준히 간섭하고 있다. '청계천 빨래터'의 풍광을 묘사하고 빨래하는 아낙들 사이에 벌어지는 담화를 카메라-아이로써 기술하는 것은 분명 아니다. 서술자가 인물과 배경을 제시하면서 주관적이거나 전지적인 입장을 떠나 자신의 역할을 카메라 렌즈의 그것처럼 제한하는 정도이지, 맑은 카메라 렌즈로 촬영한 영상이 그대로 구현되어 있는 것은 결코 아니다.

게다가 그런 서술 상황이 일관되게 펼쳐지는 것도 아니다. 당장 다음 대목인 '이발소의 소년' 절에서만도 서술자는 두드러진 전지자적 태도를 견지한 서사를 전개하고 있다. 물론 그런 태도는 전면에 드러나지 않고, 인물을 초점화하여 서사를 펼치는 식으로 드러난다. 다소간 착종의 여지가 있는 것이 사실이지만, 굳이 얘기하자면 '시점 숏'으로 이루어진 서사가 펼쳐져 있는 것이다. 기실 '청계천 빨래터' 절도 시점 숏으로 이루어진 것이지 서사 세계의 외부에 위치한 카메라에 포착된 숏들로 이루어진 것이라고 할 수 없다. 서술자 역할을 하는 듯한 어떤 인물의 시점에서 카메라-워크가 이루어진 것으로 여겨지는 것이다. 롱 숏과 클로즈 숏이 교차적으로 배열된 듯 서술되고 있는 것이, 영화의 '소프트 컷'으로 편집된 장면적 몽타주나 묘사적 몽타주를 연상시킬 뿐이다. 이런 식으로 영화 기법을 '환기'하는 것은 사실이지만, 극단적인 카메라-아이는 찾아볼 수 없다.

이런 식의 카메라-워크와 숏 배열은 영화에서 흔히 쓰이는 것이며, 그런 정황을 연상시키는 전개 방식 또한 소설에서 흔히 운용되는 '서사 기법'이다. 물론 『천변풍경』에서 이런 양상이 지속되어 있다면 그나마 최재서의 견해에 수긍할 만은 할 것이다. 그러나 다음과 같은 기술 내용도 곧잘 드러나 있어, 카메라-아이는 『천변풍경』의 시점을 규정할 수 없는 것으로 드러난다.

> 오늘도 이발소 창 앞에가 앉아, 재봉이는 의아스러운 눈을 들어, 건너편 천변을 바라보았다. 신수 좋은 포목전 주인은 가장 태연하게 남쪽 천변을 걸어가고 있었던 것이다. 우리가 이미 알고 이는 바와 같이, 그는 가운데 다방골 안에 자택을 가지고 있다. 그러한 그가 종

로에 있는 그의 전으로 나가기 위하여, 그 골목을 나와 배다리를 건너는 일 없이, 그대로 남쪽 천변을 걸어, 광교를 지나가더라도 우리는 별로 그것에 괴이한 느낌을 갖지 않아도 좋을 것이다. 그 노차는, 먼저 다리를 건너, 북쪽 천변으로 하여 광교에 이르는 그것과, 어느 편이 좀 더 멀고 가까운 것이 없는 까닭이다. 그러나 소년의 관찰에 의하면, 그는 일찍이 남쪽 천변을 걷지 않았다.

인물 재봉이를 초점화하여 포목전 주인의 행로를 기술하는 것으로 전제되어 있다. 지각의 주체는 분명 재봉이이며 서술의 주체는 서술자이다. 그런데 실상은 재봉이가 명목상 초점화자로 상정되었을 뿐 그의 지각 내용이 온전히 드러나 있지 않고 오히려 서술자의 지각이 배인 듯하다. 작가 서술상황에서 기술되었기 때문이다. 재봉이의 시선이 전제되었고 그가 관찰한 바를 바탕으로 기술한 것이지만, 그의 지각은 서술에 종속되어 있는 것으로 드러난다. '재봉이는 의아스러운 눈을 들어'라고 하거나 '소년의 관찰에 의하면' 하는 식으로, 인물의 지각이 온전히 기술된 것이 아니고, 서술자의 지각과 판단에 한정된 선에서 기술되어 있다. '우리는~ 좋을 것이다.'처럼 서술자가 독자를 향해 말을 건네는 듯한 양상도 보인다. 서술자의 힘이 강하게 드러난 셈이다. 이런 맥락에서 "그러나, 재봉이는 마침내 한 개의 새로운 사실을 발견해 내고야 말았다."나 "그러나, 그것은, 물론 이제 여남은 살이나 그밖에는 더 안된 소년이 능히 알아낼 수 있는 그러한 문제가 아니었다. 마침내, 그는 그것을 이발소 주인에게 말하고, 그에게서 그 까닭을 배웠다." 같은 언설이 이어질 수 있는 것이다.

서술자는 인물의 내면을 꿰뚫어 보고 있으며 서사 세계의 면면을 속속들이 아는 것으로 여겨진다. 만약 이 대목을 영상으로 처리하려면 내레이션 처리하거나, 비연속적인 숏들을 교차 배열함으로써 이 대목의 내용을 연상시킬 만한 몽타주를 구성해야 할 것이다. 하나의 컷에서 시점이나 배경조차 일정하게 유지되지 않는 만큼, 아예 병렬적인 몽타주를 안출해야 하는 것이다. 이런 맥락에서는 관객들의 지각과 인식에 관념적 형상을 구현하는 수법이 짐짓 효과적이기 때문이다.

카메라의 렌즈는 그 자체로는 객관적인 형상을 그대로 받아들여 재현하는 것으로 여겨질지 모른다. 그렇지만 이는 절대적인 실체로 전제되었을 때만 그렇다. 기제로서 실제 촬영에 적용될 때에는 연출자나 카메라맨의 조종을 받을 수밖에 없다. 카메라에 포착되는 영상은 객관적 실체 아닌 상호 주관적 구성체이다. 더욱이 포착된 숏들은 편집에 의해 재구성되고서야 스크린에 투사된다. 영화는 그렇게 만들어진다. 결국 우리가 영화 기법을 차용하여 서사적 시점의 한 국면으로 전제하고 있는 카메라-아이란 영화의 기법조차도 아닌 셈이다. 그것은 영화에서조차도 이상적인 숏을 구현하는, 이론적인 기법 정도로 인식될 법하다. 『천변풍경』을 영화 기법에 대응시켜 이해할 수 있다는 것은 맞는 얘기지만, 그 대응 관계는 이 작품에만 적용되는 함수가 아니라 기실은 소설 전반에 걸쳐 적용되는 함수인 것이다. 어떤 소설도 영화 기법으로 설명할 수 있다. 소설이든 영화든 서사가 원형질을 이루고 있기 때문이다. 특히 시점을 거론할라치면 두 서사 기법 간의 함수를 되새기기 십상이다.

—「영화 기법과 서사 기법의 함수」 중에서

Q 위상의 우열을 따지는 것이 타당하지 않다고는 하지만 오늘날 눈부신 기술을 등에 업은 소위 디지털 매체들이 맹활약하고 있는 현황을 못 본 체할 수는 없지 않겠습니까? 소설과 같은 전통적 매체가 저들 매체에 비해 대중의 요구에 발빠르게 부응하기에는 뒤처지는 면이 있는 것도 사실이고요. 소설이 영화와 어깨를 나란히 한다는 원론적인 생각만을 고집하는 것이 온당한지 의구심이 듭니다만…….

▲ 맞습니다. 위상의 격차를 논외로 한다손 치더라도 매체의 차이에서 오는 영향력을 무시하는 것은 옳지 않습니다. 디지털 기술과 정보 통신 네트워크의 비약적 발전을 통해 전에 없이 수월한 커뮤니케이션 환경이 조성된 현황에 비추어 소설의 위상에 대해 모색할 여지가 있는 것입니다. 의사소통의 기본 수단인 언어의 두 국면 중에서도 말에 비해 순발력이 한참 처지는 글이 오늘날 디지털 매체의 대중적 수월성을 따를 수 있을리 만무합니다. 그렇지만 상대적으로 순발력이 결여된 매체의 속성 자체가 글의 장점입니다.

의사소통을 수월하게 하기 위해서는 전언message과 반응feedback 사이의 격차를 줄이는 방편을 채택하는 것이 일반적입니다. 분명한 메시지의 교신을 통해 소통에 소요되는 시간이나 비용cost을 줄이는 것입니다. 그렇다고 모든 의사소통의 상황이 그러한 것은 아닙니다. 일회적이고 단선적인 회로를 통해서만은 전달될 수 없는 사변적思辨的 메시지나, 메시지 표지를 넘어선 정서나 은유적 개념 같은 것을 소통에 부치는 상황이라면, 신속하고 수월하게 교신이 이루어지기 어렵습니다. 되려 신속하고 수월한 교신이 풍성한 사유의 여지나 교감의 자장 형성을 가로막는 요인이 될 뿐입니다. 이러한 의사소통 상황에서는 순발력 넘치는 매체를 쉬이 적용할 수 없으므로 최소한 보조적인 매체로서라도 글과 같이 소통을 지연시킬 수 있는 매체를 채용하는 편이 온당합니다.

기실 언어로 변환되지 않고서는 어떠한 매체를 동원하더라도 의사소통이 원활할 수 없습니다. 아니 불가능합니다. 가령 시청각을 통해 접수된 정보들은 의식의 여과를 거친 뒤라야 유효한 수용체로 변환될 수 있는데, 의식의 작용은 언어를 바탕으로 정보를 처리하는 공정으로 이루어지는 까닭입니다. 그러므로 어떠한 매체를 통하든지 의사소통 과정에서 최종 단계의 정보 처리는 언어 공정으로써 이루어진다고 할 수 있습니다. 말하자면 언어는 의사소통의 근간을 이루는 매체이므로 이를 다른 매체와 같은 레벨에 두고 우열을 따지는 것 자체가 당찮은 셈입니다. 처음부터 언어[그도 글!]를 매체로 하여 제작 유통되는 소설이, 시청각 기자재를 매체로 하여 제작 유통되는 영화나 미디어 콘텐츠에 비해 즉각적인 피드백을 이끌기에 적당하지는 않지만, 밀도 높은 사유나 지난한 의식 활동을 요구하는 커뮤니케이션 상황에서라면 더없이 긴요한 도구로 활용될 것입니다. 각각의 매체는 적절한 의사소통 상황에 따라 최적화된 담론적 효력을 거둘 수 있게끔 쓰이는지 여하를 따져야 마땅합니다. 소통 상황의 조건이나 변수와 무관하게 어떤 방식과 과정이 최적인지를 먼저 전제하고서 제일로 판정된 것을 모든 조건 변수에 대입하여 어떻게든 최대한의 효과를 내려는 식으로 적용되어서는 곤란합니다.

#매체 #미디어 #의사소통 #커뮤니케이션 #디지털 #네트워크 #소통 상황

Q 이를테면 매체의 선택과 운용도 가장 최선의 것이 실체적으로 주어진 바가 없으므로 상황과 맥락에 따라서 구성적으로 선택 운용해야 한다는 얘기겠군요.

A 그렇지요. 무엇인가 실체적 개념을 상정하고서는 대상들을 양단으로 구분하는 방식으로 현상을 이해하려 한다면 필시

한편을 중심에 세우고서 다른 편을 주변적인 것으로 폄훼하는 식이 되기 십상입니다. 그렇게 해서는 현상의 가치 관계를 왜곡할 가능성이 커지고 의미망을 온전히 짤 방향을 잘못 설정하게 될 공산이 커집니다. 어느 한편에 절대적인 의의를 부여하게 되는 형국에 빠지고 말지요. 그러다 보면 수단이나 방법이던 것이 본질인 것처럼 오인되어 본말이 전도된 형국이 연출되게 마련입니다. 미디어는 말 그대로 중계 매체로서, 메시지가 온전한 소통에 부쳐질 수 있도록 돕는 수단입니다.

그러므로 어떤 한 미디어가 소통 상황 전역에 걸쳐 유력하게 작용할 수만은 없습니다. 상황 맥락의 조건에 따라 매체가 선택적으로 운용된다는 얘기는 옳습니다. 연극이나 뮤지컬, 티비 드라마 같은 극적 매체가 필요할 때가 있고 영화나 소설 같은 서사 매체가 긴요할 때가 있는 것이지요. 소설이라도 전형적인 기술 매체인 책을 통해 최적의 효과를 낼 수 없다면 발달된 네트워크 환경에 최적화된 형태의 기술 매체writing media를 활용해도 좋을 터입니다. 여러 매체 사이를 가로지른 형태의 새로운 매체 형태를 구상해도 좋겠지요. 관건은 좋은 이야깃거리를 발굴하고 최적의 구성과 담론을 모색하는 데 있을 텐데, 최선의 담론적 효력을 발전할 만한 구동력 좋은 단말의 매체를 안출하는 과정이 진전될 필요가 있겠지요.

#매체 #미디어 #중계 #극적 매체 #서사 매체 #기술 매체 #네트워크 #가로지르기 #담론적 효력

Q 영화를 극적 매체가 아니라 서사 매체라고 한 것은 영화가 소설의 구성과 기법을 차용하였다는 점을 염두에 두고 한 얘기처럼 들리는데요, 그래도

극화된 영상으로 연출된다는 점에서 온전히 납득하기는 어려운 면이 있습니다…….

▲ 영화는 소설이나 연극 가운데 어느 편에 가까운지 묻는 것 자체가 난센스여서 이를 화제로 얘기를 꺼내는 것부터가 모종의 저의를 품은 것처럼 여겨질지 모르겠습니다. 당연히 영화는 연극 쪽에 가깝다고 생각하기 십상이니까요. 그런데 이는 타당하지 않은 생각입니다.

우선 중학교 국어 시간에 배웠음 직한 영화[시나리오]와 연극[희곡]의 차이점에 대해 떠올려 보시죠. 둘은 배우들의 연기를 통해 이야기를 전한다는 점 외에 공통점을 찾기 힘듭니다. 표현할 수 있는 범위 면에서 연극은 영화를 따를 수 없습니다. 한정된 무대에서 등장할 수 있는 배우의 인원이 한정될 수밖에 없는 사정 탓에 연극에서 구현할 수 있는 바는, 컴퓨터 그래픽[CG] 기술까지 동원하여 표현의 영역을 무한대에 가깝게 확장한 오늘날 영화의 경우에 비할 바 못 됩니다. 둘의 공통점으로 분명한 듯한 배우들의 연기 면에서도, 관객 앞에서 실시간으로 진행되는 일회적 연기 상황과 여러 번 재촬영의 여지를 두고 진행되는 연기 상황은 그 공분모가 의외로 크지 않습니다.

짐짓 둘의 매체를 따지자면, 연극은 구성된 이야기를 관객 앞에 가설된 삼차원 무대에서 실시간으로 보여주는 데 반해, 영화는 별개의 시간·공간에서 연출·촬영한 영상을 편집하여 관객 앞에 펼쳐진 이차원 스크린에 상영하여 보여 줍니다. 매체의 형태와 자질이 별개인 셈입니다. 연극의 제시 방식이 그야말로 극적 제시인 데 비해 영화의 제시 방식은 그렇지 않습니다. 배우들의 연기는 완료된 상황이고 이를 촬영한 필름 또는 로우 파일raw file이 주어진 상황에서 편집 등 사후 공정이 진행되면서 영화의 저본이 완성되어 갑니다. 특히 편집의 방향과 기법에 따라 같은 영상 더미라도 다른 텍스트가 여럿 산출될 여지가 있는 만큼, 어떠한 경우라도 영화는 극적 제시를 구현하는 매체를 전제하는 장르로 분류될 수 없습니다. 앞서도 얘기했듯이 편집을 통해 사후 구성된다는 점에서 서사 매체를 적용하는 장르로 보는 편이 온당한 것입니다.

#영화 #이차원 스크린 #사후 공정 #편집 #서사 매체 #연극 #삼차원 무대 #실시간 상연

그렇군요, 표현 가능한 영역의 차이만으로도 영화는 연극보다 소설에 가까울 수 있겠군요.

실은 구현할 수 있는 영역 범위를 고려할 때 영화가 소설을 따르기 힘든 측면이 강했습니다. 영상 기술의 한계로 인해, 소설에서 이야기하는 세계를 영화로 구현할 수 없는 경우가 있는 것이지요. 애니메이션으로나 가능하지 실사 영화로 불가능한 경우가 심심치 않게 있었던 것입니다. 그런데 기술의 발전에 힘입어, 불가능하던 것이 가능해지기 시작하면서 영화가 소설을 따라잡아 어깨를 나란히 하게 됩니다. 가령 톨킨의 소설 『반지의 제왕』은 한때 영화로 만들 수 없는 대표적 소설로 꼽혔지요. 애니메이션으로 오래전에 각색되기는 했지만 실사 영화로 각색한다는 것은 언감생심이었습니다. 그런데 피터 잭슨이 과감한 도전장을 내밀었고 결국 <반지의 제왕> 삼부작을 영화로 전환하는 데 성공하였습니다. 급진전된 컴퓨터 그래픽 기술을 활용하여 기술적 한계를 극복하였던 것입니다. 정황을 살펴 적확히 말하자면, 이 영화의 제작 과정에서 컴퓨터 그래픽 기술이 진일보하였습니다. 이후 영화의 표현 영역이 소설에 근사한 데 이르게 되어 일견 소설의 지위를 다시금 위협하였다고 할 수도 있겠습니다. 그러나 이는 현상의 말단만 보고 단선적으로 판단한 우려입니다. 되려 이런 과정에서 기술 서사체의 대표 격인 소설의 위상이 거듭 확인된 측면이 큽니다. 무엇보다 매체의 차이에서 비롯된 방법적 자질에 대한 이해를 바탕으로 상황에 최적화된 매체의 채용과 미디어 사이의 횡단 가능성에 대한 타진이 긴요하다는 점이 실로 부각된 측면 또한 크지요. 미디어는 소통의 방법적 수단이라는 점을 재삼 돌이키게 됩니다.

#표현 영역 #소설 #영화 #영상 기술의 한계 #컴퓨터 그래픽 #반지의 제왕 #매체의 차이 #횡단

Q 여하튼 오늘날 미디어의 양상을 보면, 시청각 이미지를 앞세운 매체들이 대중들의 감각을 장악한 듯하거든요. 읽고 생각하여 이해하는 데 시간이 소요되는 글에 대한 문식력literacy이라고 할까요, 많든 적든 간에 글을 읽고 사유하여 자기 생각으로 체화하는 식의 역량이 저하되는 것은 아닌지 염려되는 면이 없지 않습니다.

△ 디지털 기술의 발전과 정보 통신 네트워크의 확산에 따라 다변화되고 대중화된 미디어가 인간 커뮤니케이션의 전역을 장악하는 듯합니다. 어느 시대 어느 사람들이건 간에, 읽고 생각하는 것보다 눈으로 보고 귀로 듣고 손으로 만져 얻는 감각적 정보에 재빠르게 반응하며 감각적 소통 방식을 선호하게 마련입니다. 디지털 매체 환경에 익숙해진 대중들이 다른 방식,

특히 글을 통해 진행되는 지난한 소통 방식을 선호하지 않거나 심지어 그런 소통에 선뜻 나서지 않으려는 경향을 보이는 현황이 감지되는데 이는 어쩌면 당연한 현상인지도 모릅니다. 물론 이런 상황이 우려를 자아내는 것도 사실이지요.

그런데 말입니다, 이런 현황이 두드러진다고 보는 것이나 이에 대해 우려를 표하는 시선이 일견 선입견일 수 있습니다. 이미지와 관념, 감각과 사유 등을 나누어 어느 한편이 다른 편에 비해 표나게 차이나는 점을 앞세워 가치의 위계를 두는 통에 결정적인 차별점이 있는 양 편견을 두게 되고 이로써 현황을 오판하게 했을 수 있음을 생각해야 합니다. 각각의 적용 맥락에 따른 효력을 따져 보아야 하는데 그렇지 못하게 생각의 여지를 봉쇄한 정황을 되려 우려해야 하는 것입니다. 감각적 정보라도 유효한 정보로 활용하기 위해서는 관념적 정보로 변환하는 인지 과정을 거쳐야 한다는 점에서, 이미지가 비단 일차적 감각에 귀속되는 것은 아니며 필시 이차 삼차의 공정을 거쳐야 합니다. 그러므로 이미지와 관념, 감각과 사유를 이원적 변별항으로 나누어서만 보는 것은 온당하지 않은 견해를 앞세우는 것에 불과합니다. 여하튼 어떠한 맥락에서라도 감각이나 이미지에만 유력한 표지를 부여하는 것은 타당하지 않습니다. 게다가 이미지나 감각적 소여라고 해서 반드시 관념이나 사유의 결과보다 수월하게 쓸 수 있고 쉽게 이해될 수 있으리라고 생각하는 것도 관견管見에 불과합니다.

미디어의 양상을 감각과 사유로 나누어 각각에 대응시키는 것이 말처럼 쉽지가 않습니다. 과연 그러고 보면 우리가 무엇인가 편을 나누어 가치 판단의 기준을 세우는 데 익숙해진 통에 현상이나 사태의 진면을 놓치는 경우가 다반사인 것 같습니다. 말하자면 실체 개념을 전제하는 데 너무 익숙합니다. 따지고 보면 실체를 얼른 가늠하기 어렵거나 실체가 확인되지 않는 경우가 많은데도 말입니다. 매체 간의 차이가 유의미한 정도가 아니므로 이를 고려할 필요가 없다고 하거나 기성 매체의 의의를 고평高評하는 견해도 없지 않은데 이 또한 실체를 전제한다는 점에서 여일한 담론적 실천이지요. 눈에 띄는 차이 자체를 무시하는 것 또한 온당하지 않습니다.

지금껏 한 얘기는 상황 맥락과 환경 조건에 따른 매체 활용의 유효치를 바탕으로 이해하자는 입장이 바탕이라는 점 분명히 해 두고 싶습니다. 예컨대 소설의 기법과 영화 기법의 호환성이 크다는데 영화 가운데 소설의 기법에 근사한 양상을 살필 수 있는 사례는 어떠하며 그 경우 어떤 의의가 있는지 묻는 식이면 좋겠습니다.

#디지털 #네트워크 #미디어 #대중화 #감각 #사유 #이미지 #관념 #매체의 차이 #영화 기법 #소설 기법 #호환성

Q 그럼 그러한 예들을 좀 얘기해 주시지요.

A 적지 않은 예들을 얘기할 수 있겠습니다만, 크리스토퍼 놀란 감독이 연출한 영화들을 대표적으로 거론할 만합니다. 저는 놀란의 영화를 좋아하는데요, 서사의 여러 요소나 자질을 잘 이해하여 영화를 통해 구현하고 있는 점을 특히 좋아합니다. 우선 놀란 감독의 출세작이라 할 수 있는 <메멘토Memento>에

대해 살펴보기로 하지요.

제목에서 드러나는 바와 같이 이 영화는 '기억'에 관한 영화입니다. 주인공 레너드는 '단기 기억 손실증'이라는 특이한 증후군 환자로 나옵니다. 이전의 기억 전체나 일정한 기간 동안의 기억을 상실한 것이 아니라, 얼마간 시간이 지난 일을 온전히 기억하지 못하는 것입니다. 레너드가 기억하는 한 그 단편들을 모아 붙인 몽타주가 이 영화의 전모입니다. 그의 아내가 집에서 괴한에게 살해당하는 일을 겪은 후부터 그러한 증상이 생긴 것으로 확인되는데 이 또한 그의 기억의 단편을 모아 정리한 연후에 확인이 가능해집니다.

그 기억의 단편들은 기본적으로 시간 역순으로 이어 붙여지는데 기억 단말의 시작점과 끝점이 역순으로 배열되는 식으로 구성됩니다. 각 기억의 단위가 시퀀스를 이루는데, 각 시퀀스의 마디마다 흑백 영상으로 처리된 시퀀스들이 삽입되어 사건 전개 면에서 궁금증을 자아내지요. 나중에 밝혀지는 바이지만 흑백 영상 시퀀스들은 레너드의 기억이 시간 순으로 배열된 것으로 컬러 시퀀스의 처음과 흑백 시퀀스의 끝이 맞물려 하나의 신을 구성하게 됩니다. 그 지점에서 기억의 편린들을 몽타주하여 궁금증을 자아내던 사건의 전말이 드러나는 식으로 영화 전체의 구성이 완성됩니다. 그렇다고 사건의 전모에 대한 확연한 판단이 가능해지는 것은 아니어서 여전히 의문이 해소되는 것은 아닙니다만, 짧은 기억 편린들의 시작과 끝을 역순으로 배열하여 구성 자체의 긴장감을 자아내는 편집의 묘가 이 영화의 서사적 자질을 지지하고 있다고 할 것입니다.

소위 스포일러 우려도 있고, 실은 해석의 여지가 있어서 자세한 사건의 내막을 얘기하지는 않겠습니다. 관건은 두 방향으로 진행되어 오던 서사의 선이 만나면서 사건의 내막을 이해할 수 있는 단서가 제시되는 한편 '기억'이라는 이 영화의 제재에 대한 전언이 전해집니다. 단기 기억 손실증 탓에 기억을 믿지 못하기에 중요한 정보를 몸에 문신으로 새겨 다른 이가 조작하거나 지울 수 없도록 하여 신뢰할 만한 기록을 보유한 레너드의 의식과 행위 사이에서 아이러니 관계가 드러남으로써 메시지가 제시되는 식이지요. 그런데 만약 온몸에 문신으로 새긴 기록이 왜곡된 것이라면요?

#기억 #메멘토 #몽타주 #신 #시퀀스 #구성 #배열 #영화 서사

Q 사실을 기록한 것이라 전제된 역사 기록이 왜곡된 경우와도 유사한 결과가 나겠군요.

A 빙고! 이 영화는 기억의 휘발성에 대한 단적이 극화인데, 기억의 한계를 보완하는 기록은 과연 신뢰할 만한지 묻는 이야기가 요체입니다. 단편적인 기록의 조합을 통해 과거 일을 재구하여 기억을 되살리는 과정에서, 원천 자료인 기록과 이를 조합하는 의식에 조작이 가해질 때 생길 수 있는 문제점에 대해 염려하고 있는 것이지요. 기억의 편린에 상응하는 시간 동안 진행되는 시퀀스를 역진·병진하는 배열에 부치는 편집을 통해 구성이 곧 스토리가 되고 담론이 되는 형국을 연출하여 서사적 소통 회로 설계 자체의 흥미를 자아냅니다. 영화의 서사적 구성에 해당하는 몽타주의 역학을 십분 활용함으로써 최

적의 서사적 효과를 발하여 흥미를 이끄는 데 성공한 영화로서 <메멘토>를 '기억'해도 좋을 것입니다. 기억과 기록이 기본 자질이자 주요 기능인 서사 매체와 서사 자체에 대한 메타 층위의 서사로서 손색없는 텍스트이기도 합니다.

기억은 기본적으로 시간에 관여된 현상입니다. 그런데 지나간 시간을 순차적으로 배열하는 식으로 기억이 일지는 않습니다. 되려 기억은 시간의 역순으로 추념追念한 결과입니다. 시간 순서에 따라 기억에 부치려고 하여도 지난 사건을 낱낱이 다 기억에 떠올릴 수 없으니 그리 부쳐진 기억이 실로 일어난 일의 수순 그대로의 것인지는 단언할 수 없습니다. 기억은 시간에 관여된 현상이지만 시간적 수순을 재구성하는 과정이 개입될 수밖에 없는 터라 종내는 공간 현상이 되게 마련이라는 점은 앞서 시간·공간 장에서 얘기한 대로입니다. 기억은 시간을 공간적으로 재편하는 인지 방식이라고 할 수 있는 것이지요. 기억에 관한 이야기인 <메멘토>는 기억의 공간적 위상 도식을 잘 보여줌으로써도 과연 기억에 관한 서사로서의 면모를 과시합니다. 시간을 공간으로 재편하는 서사의 위상을 대변하기도 하는 것이지요. 놀란 감독의 영화에서 이러한 양상을 곧잘 찾을 수 있습니다.

#기억 #메멘토 #시간 #시간 재구성 #시간의 공간화

Q 〈인셉션〉이란 영화도 놀란 감독의 영화 맞지요? 그 영화도 소설 읽듯이 재미있게 보았던 기억이 있습니다만…….

A 맞습니다. <인셉션Inception>도 소설과 영화의 관계와 관

련하여 거론할 만한 영화입니다. 무의식의 저층에 자리한 기억의 영역에 침투하여 경험과 생각을 훔친다는 설정을 바탕으로 이야기의 얼개를 짠 영화이지요. 시간의 수순에 따라 휘발된 경험과 의식을, 무의식 영역에 지층을 이루고 있는 기억의 공간에 재편함으로써, 침투 가능하고 횡령 가능한 대상으로 삼는다는 점을 모티프로 삼는데 몹시 흥미롭습니다. 사람들의 인지 공정에 비추어 볼 때, 무엇이든 의식 작용에 부쳐져야 인지 가능한 대상으로 환원되어 인지 공정에 회부될 수 있습니다. 이 과정이 시간 순차적 현상을 공간화하는 과정인데, 특히 기억에 관여되는 면이 큰 경우에 이러한 공간화 인지 공정이 활발히 작동하게 됩니다. <인셉션>은 이러한 공정에 대한 이해를 바탕으로 인간의 의식과 무의식 양단에 걸친 인지 현상의 스펙트럼을 서사의 제재와 구성, 그리고 담론 층위 전역에서 자재資材로 활용하여 흥미로운 서사적 결구를 게시한 셈입니다.

공전의 히트작 <인터스텔라Interstellar>도 보셨을 것입니다. 이 영화는 아예 공간에 관한 서사라는 점을 앞세웁니다. 행성 사이 우주 공간의 차원들에 대한 이야기를 근간으로 하고 있는 것입니다. 시간 격차가 큰 영역들 간을 시간에 구애됨 없이 자유자재로 오갈 수 있다거나 상이한 시간대의 장소가 마주하고 있다는 설정 등이 다차원의 공간에 관한 생각의 여지를 열게 합니다. '우리는 길을 찾을 것이다. 늘 그랬듯이!', 오프닝 시퀀스의 이 멘트가 인간의 공간적 수행의 국면을 대변한다고 해도 좋겠습니다. 우리는 문제가 되는 일의 경과를 돌이켜 사유하고 경험을 모의함으로써 새로운 해결의 길을 모색할 수 있습니다.

인간의 인지 능력이 비약할 수 있는 여지는 공간 능력에 있는 것입니다. '인터스텔라'는 비단 이 영화의 제재나 배경을 드러내는 데 그치지 않고 인간의 공간 능력에 대한 은유인 셈이지요. 영역 사이를 오가는 횡단적 인지 역량이 인간의 창발적 역량의 터가 된다는 점을 재삼 떠올려 보아도 좋겠습니다.

내친김에 최근작 <덩케르크Dunkirk>도 보지요. 이 영화는 대놓고 시간의 공간적 구성에 관한 서사라는 점을 앞세우기라도 하는 듯, 매체 자원resources을 공간 감각을 드높이는 데 적용합니다. '덩케르크'라는 표지를 지닌 역사적 사건을 제재로 하면서도 정작 전장戰場에서 벌어지는 전투 장면 등의 디테일을 묘사하는 데 크게 관심하지 않는 대신, 전장의 감성적 수용체를 영상 인자들로써 구성하여 전하는 데 연출 역량을 집약한 듯한 결과를 제시합니다. 오프닝 시퀀스에서 영화관을 가득 채우는 총성의 울림은 그 자체로서 전장의 공포를 관람석에 앉아서 실로 체험하게 합니다. 소위 임장감臨場感 높은 경험을 하게 하는 것이지요. 고작 이차원 평면[스크린]에 비친 영상과 사방의 스피커에서 울리는 소리가 경험의 실상이지만, 그 현장에 실로 임한 듯한 공간 체험을 유도하는 가상의 효과를 내는 것입니다.

좀 전에 언급했듯이 <덩케르크>는 역사적 사건을 제재로 하였지만 정작 그 사건의 현장을 온전히 재구한 드라마가 아닙니다. 이 영화를 두고 회자되었던 '이 영화는 전쟁 영화가 아니다.'라는 말이 이를 대변합니다. 전쟁에 관여된 역사적 사건을 다루고 있으며 전장을 주요 배경으로 장면과 시퀀스를 이어 가지만 정작 전쟁 영화라면 있어야 할 주요 인자들이 빠져 있는 식입니다. 전투 신이 펼쳐지지만 총탄이 빗발치고 사상자가 속출하는 가운데 전우애에서 비롯한 희생의 파토스를 그린 감동의 연출이라고는 찾을 수 없습니다. 등장인물들 간의 대화도 극히 절제된 양상이며 연출된 신들의 감각도 매우 건조하거나 차갑게 전해지는 느낌입니다. 절체절명의 난장에 내몰린 이들이 느낄 절망적 고독감과 냉엄한 공포감처럼, 전장에 선 이의 처지에서 느낄 법한 감각이 영화관을 채운 듯한 기운이 조성된 것입니다.

기실 전장에 투입된 일개 군인은 전투가 벌어지고 있는 정황 전역을 의식할 필요가 없으며 그렇게 할 수도 없습니다. 살육의 장에 내몰린 상황에서 그저 제 목숨 하나 부지하면 된다는 심산을, 전투에서 승리해야 한다는 의무감이나 국가를 위해 자신을 희생해도 좋다는 충성심이 이길 수는 없습니다. 전우의 안위를 염려하는 갸륵한 마음을 부정할 수는 없겠지만 누구보다 자신이 죽음의 위기에서 벗어나야 한다는 의식이 본연의 마음일 수밖에 없습니다. 절대 고독에 상응하는 처지가 전장의 실존에게 부과된 상황입니다. 드라마틱하게 펼쳐지는 전투 장면의 실감보다는, 한 군인이 겪는 냉엄한 공포가 전장의 실상에 더 근사할 터입니다. <덩케르크>는 여러 신과 시퀀스를 통해 전장의 그러한 실상을 공감각 형상으로 구성하여 제시합니다. 공간 서사의 일면이라 할 수 있는 셈이지요.

#놀란 #인셉션 #인터스텔라 #덩케르크 #소설과 영화 #영화와 소설 #매체 자원 #서사 공간 #공간 서사

Q 그 영화는 저도 재미있게 보았는데요, 제가 느낀 재미에다가 그러한 해석을 견주어 보니 흥미로운 장면 중 놓친 게 많은 것 같습니다. 제 주변에서

는 전쟁 영화라면 으레 있어야 할 화려하고 박진감 넘치는 전투 신이 없어서 실망했다는 반응이 대부분이었는데, 그런 측면에 주목하고 보면 매력이 없지 않겠군요.

▲ 예, 저는 이 영화를 아이맥스 포맷으로 세 번 보았는데요, 매력 넘치는 서사 공간을 만난 기쁨에 들떴던 기억이 새삼스럽군요. 특히 좌초된 배 안을 무대로 벌어지는 시퀀스에 가장 크게 매료되었던 것 같습니다. 주인공(이라 하기 좀 그렇긴 하지만요)을 포함한 몇몇 사병들이 좌초된 배 안에서 밀물 때를 기다려 전장에서 벗어날 수 있기를 고대하는 장면들로 이루어진 시퀀스입니다. 배 안에서 극도의 불안감에 싸여 숨죽인 이들을 휘감은 적막은 그 자체가 긴장감을 자아내기에 손색없는 공간 요소로 작용합니다. 그들이 느꼈을 법한 감각이 스크린의 영상과 영화관 전역을 울리는 소리를 통해 전해집니다. 관객들은 스스로 그 배에 타고 있는 듯한 느낌을 체감하며 그 상황에 몰입하게끔 이끌리기 십상입니다. 실제 배 안에 있는 것은 아니지만 실로 느껴지는 임장감을 통해 가상의 공간이 구축되고 있는 것입니다. 흔히 말하는 실감이나 박진감과는 다른 차원들로 구성된 서사 공간이 제시된다고 해도 좋겠습니다.

이 영화의 축을 이루는 세 개의 이야기 선이 하나의 점에 수렴되는 구성은 <메멘토>의 구성을 떠올리게 합니다. 스토리 시간상 동시에 진행된 이야기를 다른 담론 시간대에 병치하여 구성하다가 덩케르크 작전이 완료되는 시점에 모음으로써, 작전을 성공으로 이끄는 데 기여한 이들 간 협력의 가치가 부각되며 '덩케르크'라는 서사 공간이 지어지는 효과를 발합니다. 병치의 양상 또한 수렴점에 이를수록 교차 편집cross cutting의

빈도가 잦아지고 그 간격이 짧아지면서 서사 진전의 긴박감과 긴장감이 더해집니다. 서사 공간을 연구하는 저로서는 이러한 시퀀스들로 구성된 이 영화를 세 번씩이나 넋이 나간 듯 볼 수밖에 없었는데요, 서사 공간 구성의 차원들과 메커니즘이 최적으로 적용된 회로를 보여 주는 텍스트를 얻은 기쁨에 들떴던 감회가 생생합니다.

최적의 회로가 적용되었다는 점은, 공감각을 부르는 매체의 활용 면에 국한된 요소들의 짜임새 있는 활용에 관한 것만은 아니며, 무엇보다 서사의 진전과 구성 과정에서 지어지는 공간 국면에 관여된 인지 요소들에 관한 것입니다. 어떤 소설보다 최적의 공간 자질을 잘 구현한 점이 신선한 충격으로 다가온 것이지요. 그러고 보면 놀란 감독은 서사의 원리와 자질 등에 대한 통찰력이 상당한 듯합니다. 영문학 전공자라는 이력이 새삼스럽기도 하군요. 여하튼 제가 주목하는 서사 텍스트 가운데 수위에 꼽을 만한 몇은 놀란이 연출한 영화입니다. 그가 늘 각본에 참여하는 만큼 그의 담론 연출은 물론 서사 구성의 통찰력이 존경스러울 정도로 빼어난 점을 인정하지 않을 수 없습니다.

소설 작가들이 긴장해야 합니다. 본말이 전도된 정보를 맹신한 탓에 영화 기법을 소설에 차용한다는 식으로 여기는 무지함의 수렁에서 허우적댈 것이 아니라, 서사의 기저에서 그 자질과 메커니즘에 박진한 서사적 결실을 제시하는 너른 지력과 통찰력을 소설 작가들이 시샘하며 배워야 합니다. 소설의 위기는 매체의 힘이 불균형을 이루는 역학 관계에서보다 서사의 자질과 서사적 수행의 여러 역동적 국면에 대한 이해의 여지를 통찰하지 못한 채 올드 미디어의 안정된 기반에 안주하고 그 이상의 것을 경계하는 못난 심산에서 비롯됩니다. 불필요하거나 부적절한 타성의 부산물에서 파생된 헛된 의구심에 불과한 것이지요. 이 위기의 상황은 서사의 동력과 회로를 심히 이해할 것을 요구하는 때입니다.

#덩케르크 #서사 공간 #병치 #병렬적 몽타주 #교차 편집 #영화 서사 #서사의 동력 #서사 회로 #소설의 위기

Q 기법 면에서라면 영화를 따를 바 없겠구나 싶기도 합니다. 그렇지만 서사 공간에 대한 관심이 제기되었던 조건과 맥락을 돌이켜 보면, 공감각의 차원들과 효과로써 서사 공간을 구현한 영화에만 주목하는 것도 온당하지 않은 것 같다는 생각이 듭니다만…….

A 타당한 지적입니다. 거듭 강조하지만 각각의 매체에 특화된 기법적 수월성이라고 할까요, 효과적이고 순조로운 서사적 소통을 돕는 방편을 활용할 수 있는 여지를 더하는 방향으로 각각의 매체가 안출되고 진전을 거듭해 오는 현황에 주목할 필요가 있습니다. 그 진전 양상을 보면, 매체들 사이의 경계를 넘어 영역을 가로지르는 형국이 잦습니다. 이러한 정황을 잘 보여 주는 사례로 놀란의 영화를 꼽을 만한 것이지요. 대체로 각본 작업에 함께한 경우가 더욱 그러한데요, 소설과 영화의 서사적 공분모를 명징하게 보여 주는 놀란 감독 특유의 통찰이 놀랍습니다. 감각적 국면에서 공간 이미지를 빚어서 실로 제시하는 단선적인 재현에 관건이 있는 것이 아니라는 점, 서사에 관여된 기제로 동원된 방편들로써 공간 감각과 공간 사유를 촉진하는 수렴점을 제시하는 데 주요 관건이 있다는 점을 명증해

준다는 면에서 그렇습니다.

가령 놀란의 연출과는 다른 방향에서 영화적 서사 공간의 국면을 잘 보여 주는 예로 이준익 감독의 영화를 꼽을 수 있습니다. 그가 연출한 영화는 특별한 감각적 이미지의 구현을 통해 남다른 영상미를 자아내는 식과는 대체로 거리가 있습니다. 그런데도 서사 공간을 구현한다는 것은 관객들의 교감을 부르는 특유의 서사 진전 양상에 주목한 해석입니다. 놀란의 영화에서 관객들이 전장의 공포와 황량함에 대한 감각이나 우주적 다차원의 시공간에 대한 감각을 느끼도록 하여 서사 공간을 열어 준다면, 이준익의 영화에서는 관객들이 영화에서 펼쳐지는 가상 공간에 함께 어우러짐으로써 그 감각을 북돋운다는 점에서 서사 공간을 열어 준다고 할 수 있겠습니다.

이러저러한 해석의 디테일은 실전편 혹은 외전이라 할까요 텍스트 해석의 방법과 실제 국면에 대해 다룰 다음 저작을 기약하기로 하지요. 현재 다른 책을 쓰는 일을 시작한 터라 개봉 박두까지는 아니지만 그래도 머지 않아 자습서를 겸한 실전 해석을 위한 책을 낼 생각입니다. 이 책에 호응이 있어야 가능한 일이겠지요.

여하튼 소설이 더 이상은 소설에 국한되지 않습니다. 애초에 문학의 장르가 아니었던 계보를 이해하여 소설이 그 외연을 확장하고 내공을 다지는 일에 골몰하는 정황을 소설의 현황 속에서 여럿 확인하고 있습니다. 소설이 반드시 살아 남아야 하는 이유는 없으며 소설이 혹 사라진다 해도 아쉬워하거나 슬퍼할 이유는 없지만, 오늘날 서사의 경연장에서 또는 서사적 거래의 장에서 소설이 여러 영역을 가로지르는 서사적 수행의 구심이 되는 현황을 조망해 볼 때 긍정적인 가치의 여지를 전망할 수 있는 것은 사실입니다.

소설은 소설이 아닙니다.

#서사적 소통 #매체 #특화 #기법적 수월성 #가로지르기 #횡단 #이준익 #서사 공간 #서사적 거래 #서사의 경연장 #서사적 수행

Q 소설이 소설이 아니라는 얘기는 그 위상이 말 그대로의 본디 소설과 다르다는 것이기도 하고, 소설이 글로 쓰여진 형태의 소설에만 국한되지 않는다는 얘기라고 받아들이면 되겠지요?! 그러고 보면 소설에 필적할 상대가 영화에만 국한되지는 않는 것 같습니다만…….

A 그렇습니다. 오늘날 서사적 소통에 동원되는 매체가 말이나 글에 국한되지 않는 것은 물론 영상 매체라도 영화나 TV에 국한되지 않습니다. 소위 뉴 미디어라는 말도 한물간 지칭처럼 여겨질 정도로 최근 미디어의 발전상은 더 나아갈 영역이 있을까 싶을 정도로 정점에 치닫고 있는 인상입니다. 그런데 이러한 미디어가 소통에 부치려는 콘텐츠 거개가 이야기 자원입니다. 이른바 '스토리텔링story-telling'이 부상하는 것은 이런 정황에서 비롯합니다.

미디어 자원을 가장 최적으로 활용하고 미디어 기술의 진전을 이끄는 최정예 장르라면 '광고'를 꼽아도 좋을 것입니다. 단시간에 상품 구매 의욕을 불러일으키도록 순발력 넘치는 담론적 효력을 발휘해야 하는 광고의 디테일에 최근 들어 스토리를 입히는 일이 잦아졌습니다. 아니 유행에도 가까운 듯합니다. 가령 스마트폰의 기술적 우월성이나 기능적 수월성을 강조하여

'역설'하기보다, 당해 제품을 활용하여 일상에 특별한 사용자 경험user experience; UX을 더함으로써 삶의 감동과 재미를 더할 수 있다는 점을 '보여 줌'으로써 관심을 돌이키는 식입니다. 자막을 통해서나 나레이션을 통해서 친근한 톤으로 이야기 들려주듯이 또는 보여 주듯이 광고의 디테일을 진전시키면서 당해 제품을 자연스럽게 노출시켜 시야에 들게 하는 담론 패턴이 보입니다. 말 그대로 '이야기하기'입니다.

유사한 기능을 하는 제품군 가운데 유난히 내 경험에 친숙하여 삶의 진전에 도움이 될 것이라면 이를 택하는 편이 나을 것은 말할 나위 없습니다. 상대화된 경험에 대한 이야기이지만 그것이 내 경험에 이어질 수 있다면 그 경험을 자기화함으로써 삶의 진전을 도모하는 인간의 문화적 예지를 떠올림 직합니다. 경험을 공유하는 데 유력하게 동원되어 온 '이야기'가 광고의 전략적 수단으로 채용된 것은 그래서 놀랍지 않은 현상입니다. 소위 '콘텐츠'를 요하는 다방면의 산업 영역(제조업이든 서비스업이든)에서 이야기로써 소통의 효과를 최적화하려고 실천적 방안을 고안하고 실로 수행적 결과물을 제시하는 것 또한 그리 놀랄 일은 아닙니다. 되려 이제서야 이야기의 효력을 새삼 주목하였다는 점이 놀랄 일인 것이지요.

스토리텔링은 그 조어 그대로 이야기를 잘 지어 잘 전함으로써 의사소통의 효과를 최적화하려는 구성적 과정에 주안점을 둔 개념입니다. 같은 이야기라고 해서 다 같은 이야기가 아니라는 서사론의 바탕을 이루는 생각이 적확하다는 사실을 여실히 증명하는 것이지요. 소설이 환기한 서사에 대한 관심이 문화를 이루는 차원들에 대한 관심으로 확산되는 중요한 계기이기도 합니다. 그저 아무렇게나 스토리를 입힌다고 다 같은 의미나 가치를 산출할 수 있는 것은 아니라며, 단순히 유행어처럼 회자되는 말의 분위기에 현혹된 즉흥적 발상에 주의를 촉구하는 감시의 시선이기도 합니다.

소설의 계보와 현황을 조망하면서 그 지평을 전망하는 일은 무척 긴요합니다. 그만큼 관여된 술어나 방법적 개념에 대한 정돈된 생각을 바탕으로 삼는 자세가 요구됩니다. 소설이 소설이 아닌 시공의 조건과 변수는 무엇이며 그 작용의 양상은 어떠한지 등에 대한 진전된 생각의 여지를 열어야 하는 것입니다.

소설은 열린 공간입니다.

#소설 #서사 #스토리텔링 #광고 #콘텐츠 #문화

지평에서

❶ 김시습의 『금오신화』와 박지원의 『열하일기』·『방경각외전』 등을 찾아보자. 흔히 '한문 소설'로 일컬어지는 이야기 편들이 실려 있는 책인데, 이들을 과연 '소설'이라 할 수 있을지 생각해 보자. '小說'이나 'Roman', 또는 'novel' 등의 의미적 외연과 내포를 잘 따져 가며 오늘날 '소설'이라 칭하는 서사 장르의 영역과 자질 등에 대해 정리해 보자.

❷ 이청준의 단편 소설들을 읽고 감상이나 비평적 견해를 피력해 보자. 이미 읽은 것을 다시 제시하여도 좋고 아무 것이나 눈에 띄는 대로 읽어도 좋다. 「석화촌」도 좋고 「소문의 벽」도 좋고 「비화밀교」도 좋고 「선학동 나그네」도 좋다. 혹 읽지는 않았어도 누구나 배웠음 직한 「눈길」도 좋다. 한 편을 읽어도 좋고 그의 소설 모두를 읽어도 좋다. 그리고서 읽은 소설을 분석적으로 비평하여 보거나 그의 소설에 드러난 주제 의식의 범위와 층위 등을 정리해 보자.

❸ 이승우의 『끝 없이 두 갈래로 갈라지는 길』을 읽어 보자. 아울러 보르헤스의 「끝없이 두 갈래로 갈라지는 길들이 있는 정원」을 찾아 읽어 보자. 보르헤스 전집이 번역되어 나와 있으니 어렵지 않게 찾을 수 있다. 두 소설의 공분모를 이룰 상수와 둘을 변별할 변수를 찾아 도시圖示해 보자. 이를 통해 소설의 자질과 변용의 여지 등에 대한 다각적인 생각을 들추어 보자.

❹ 현대인들이 처한 상황적 고통의 국면들에 주목해 보자. 복잡다단하게 얽히고설킨 관계와 그 속에서 다중적으로 짊어진 역할의 중압에 짓눌린 실존적 한계 상황으로 관심을 돌이켜 보자. 현실에서 출구를 찾지 못하여 고통이 가중되는 상황에서 '서사'를 통한 소통의 여지를 궁리해 보자. 소설의 효용 가치, 나아가 다매체 장에서 파생되는 서사의 효용 가치에 대한 전망을 세워 보자.

더 나은 이해를 위하여

- 오늘날 일상에서 접할 수 있는 다양한 양태의 서사물을 경험한 바에 대해 주변 사람들과 이야기 나누어 보라. 다른 사람들의 경험이나 생각과 견주어 가며 서사의 의의와 가치, 임계점 등에 대한 견해를 다층에 걸쳐 집적集積해 보자.
- 이재선, 『현대한국소설사』, 민음사, 2000.
- 게오르크 루카치 지음, 김경식 옮김, 『소설의 이론』, 문예출판사, 2007.
- 최유찬, 『문예사조의 이해』, 이룸, 2006.

색인Index

ㄱ

ㅅ